Martin Moser

Hochschwab

Zwischen Salzatal und Murtal

52 ausgewählte Touren

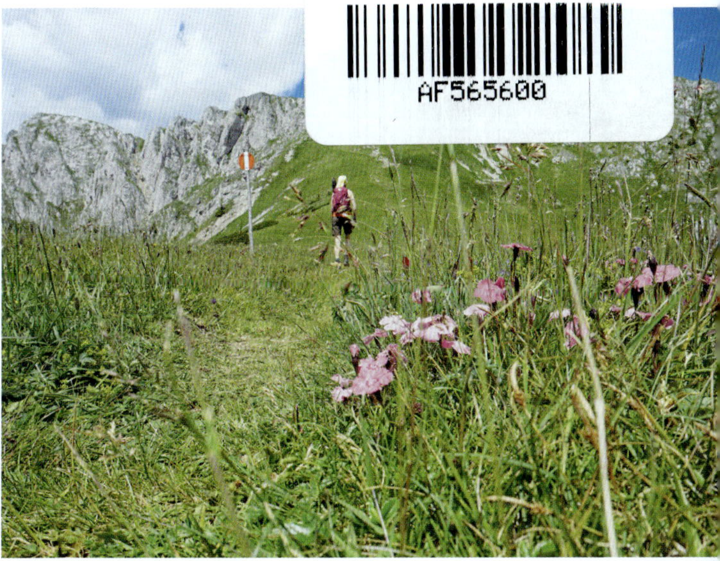

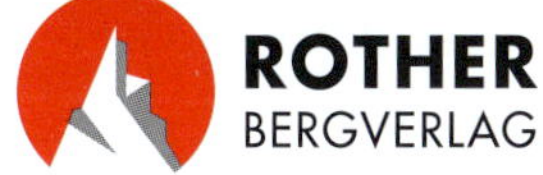

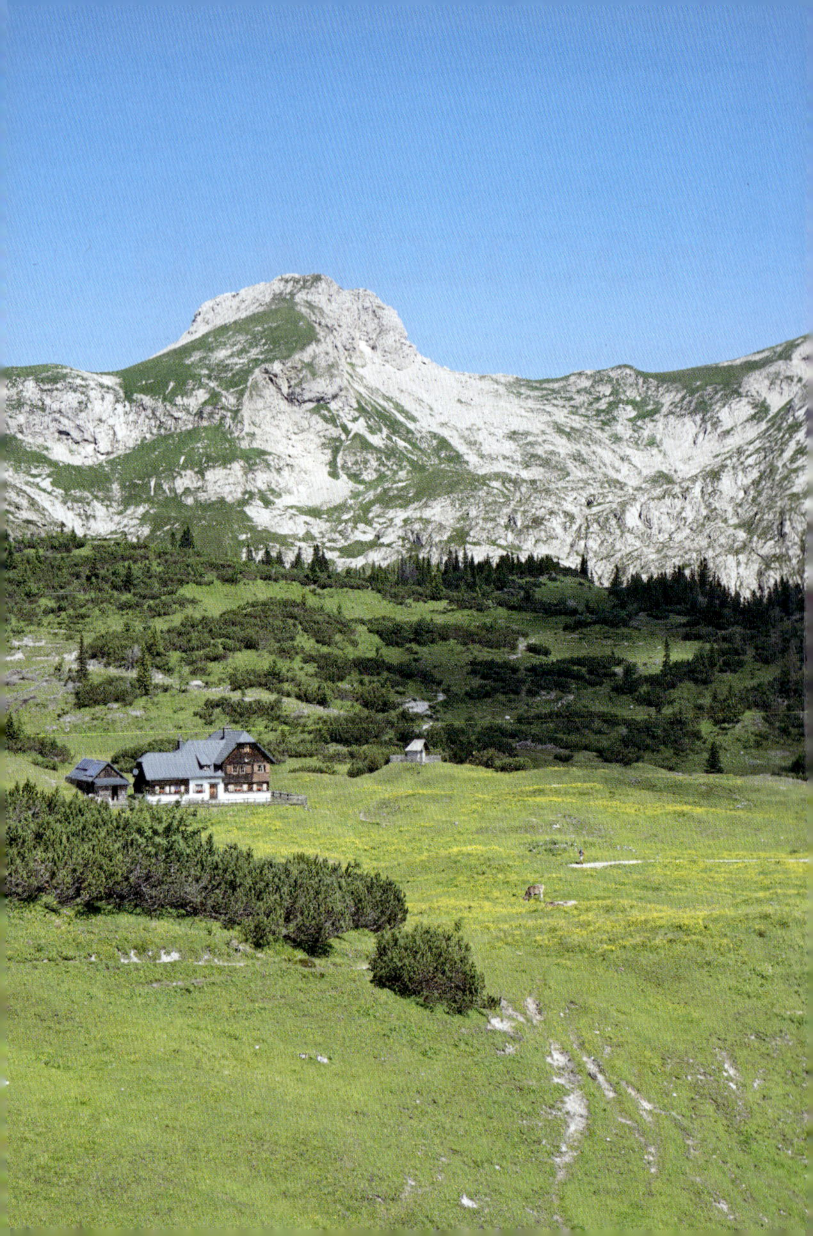

VORWORT

Wir schreiben den 15. August 2017. Ausgehend von Tragöß-Oberort starten meine Partnerin und ich in eine dreitägige Hochschwab-Überschreitung. Es war dies unser erstes Mal Hochschwab – aber nicht das letzte Mal. Diese nahezu unwirkliche Karstlandschaft, die saftig grünen Almwiesen mit dem Glockengeläute der neugierigen Kühe, der erfrischende Sackwiesensee, die aussichtsreiche Hochfläche der Aflenzer Staritzen, die pfeifenden Murmeltiere und die andächtigen Steinböcke – dies alles, und noch viel mehr, ist mir in Erinnerung geblieben. Damals wusste ich bereits: Es gibt noch viele weitere Gipfel, Almen und Gebiete, die entdeckt werden wollen. Das Ergebnis dieser umfangreichen Erkundungstouren halten Sie nun in Ihren Händen.

Der Hochschwab gilt als »heimlicher Nationalpark« der Steiermark: Viele Gebiete des Massivs stehen unter Naturschutz, und vor allem die Nordseite ist touristisch kaum erschlossen. Direkte Einflüsse auf die Landschaft passieren äußerst selten, die Natur zeigt sich seit Jahrhunderten weitgehend intakt. Dies lässt sich auch an der üppigen Flora und Fauna ablesen.

Ein zumeist gut ausgebautes öffentliches Verkehrsnetz sorgt dafür, dass auch die An- und Abreise zu unseren geliebten Tourenzielen so sanft wie möglich erfolgen kann. Während wir Schritt für Schritt den Hochschwab für uns selbst erschließen, hat der steirische Schriftsteller Peter Rosegger das Massiv bereits literarisch umrissen: »Vom Pfaffenstein bei Eisenerz bis zur Aflenzer Staritzen, von den Hochzinnen bei Wildalpen bis zu den Tragößer Bergen, welch ein Bereich!« Ja, welch ein grandioser Bereich!

Danke an den Rother Bergverlag für die wunderbare Zusammenarbeit. Ebenso bedanke ich mich bei meiner Partnerin Maria, die sich nicht nur für das Cover in Pose warf, sondern mich auch auf einigen Touren begleitete.

Zum Abschluss darf ich Ihnen eine wunderbare Zeit, stabiles Wetter und großartige Momente am Hochschwab wünschen. Genießen Sie es!

Wien, im Frühling 2021 Martin Moser

LIEBE LESERINNEN UND LESER,

infolge der Corona-Krise können sich Änderungen ergeben haben, die bei Redaktionsschluss noch nicht absehbar waren. Soweit möglich werden wir aktuelle Hinweise unter www.rother.de (beim Buch) zur Verfügung stellen. Bitte informieren Sie sich vor der Wanderung zusätzlich über die derzeitigen Gegebenheiten.

Sollten Sie geänderte Gegebenheiten vor Ort feststellen, freuen wir uns über Korrekturhinweise per E-Mail an leserzuschrift@rother.de.

Sonnschienhütte mit Ebenstein (Tour 19).

INHALTSVERZEICHNIS

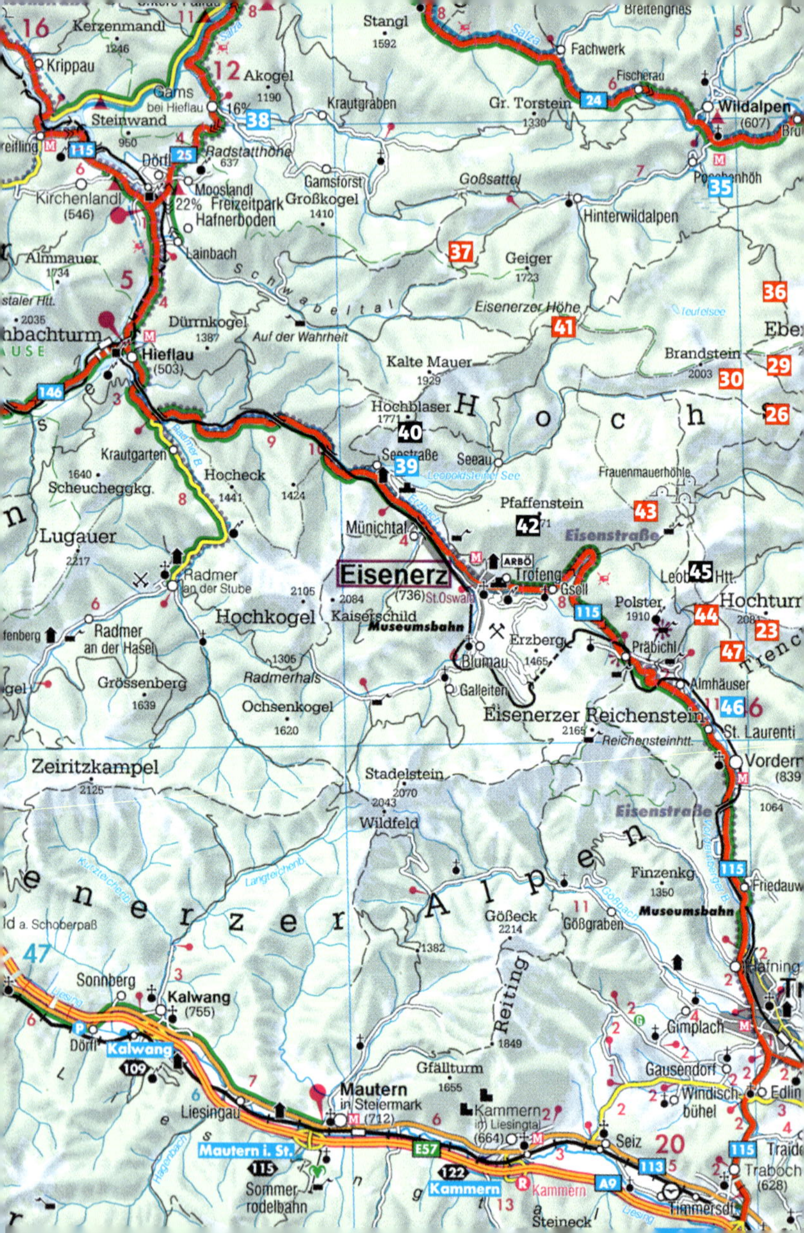

Kerzenmandl
1246
Krippau
Stangl
1592
Breitengries
Fachwerk
Salza
Akogel
1190
Gams
bei Hieflau
Steinwand
950
16%
38
Krautgraben
Gr. Torstein
1330
24
Fischerau
Wildalpen
(607)
115
Dörfl
25
Radstatthöhe
637
Kirchenlandl
(546)
Mooslandl
22%
Freizeitpark
Hafnerboden
Gamsforst
Großkogel
1410
Goßsattel
Hinterwildalpen
35
Almmauer
1734
Lainbach
Schwabeltal
37
Geiger
1723
Eisenerzer Höhe
41
36
Teufelsee
Dürrnkogel
1387
Auf der Wahrheit
Hieflau
(503)
146
Kalte Mauer
1929
Brandstein
2003
30
29
Hochblaser
1771
40
Hochschwab
26
Krautgarten
Radmer B.
Hocheck
1441
1424
Seestraße
39
Seeau
Leopoldsteiner See
Frauenmauerhöhle
1640
Scheucheggkg.
Pfaffenstein
42
43
Münichtal
Erzbach
Eisenstraße
Lugauer
2217
ARBÖ
Trofeng
Leob
45
Htt.
Radmer
an der Stube
2105
2084
Eisenerz
(736)
St.Oswald
Gsoll
115
Polster
1910
Hochturm
44
23
Hochkogel
Kaiserschild
Museumsbahn
Erzberg
Präbichl
47
Radmer
an der Hasel
1305
Blumau
1465
Radmerhals
Galleiten
Almhäuser
46
Grössenberg
1639
Ochsenkogel
1620
Eisenerzer Reichenstein
2165
Reichensteinhtt.
St. Laurenti
Vordern
(839)
Zeiritzkampel
2125
Stadelstein
2070
2043
Wildfeld
Eisenstraße
1064
Eisenerzer Alpen
Kurzteichenb.
Langteichenb.
Finzenkg.
1350
115
Friedauw
Goßbach
Vordernberger B.
Gößeck
2214
Gößgraben
Museumsbahn
ld a. Schoberpaß
47
1382
Reiting
Sonnberg
Kalwang
(755)
Liesing
Dörfl
Kalwang
109
Gimplach
1849
Gfällturm
1655
Gausendorf
Windischbühel
Edlin
Liesingau
Mautern
in Steiermark
(712)
Kammern
im Liesingtal
(664)
Seiz
20
Mautern i. St.
115
E57
122
113
115
Traboch
(628)
Kammern
Kammern
A9
Timmersdf.
Hagenbach
Sommerrodelbahn
Steineck

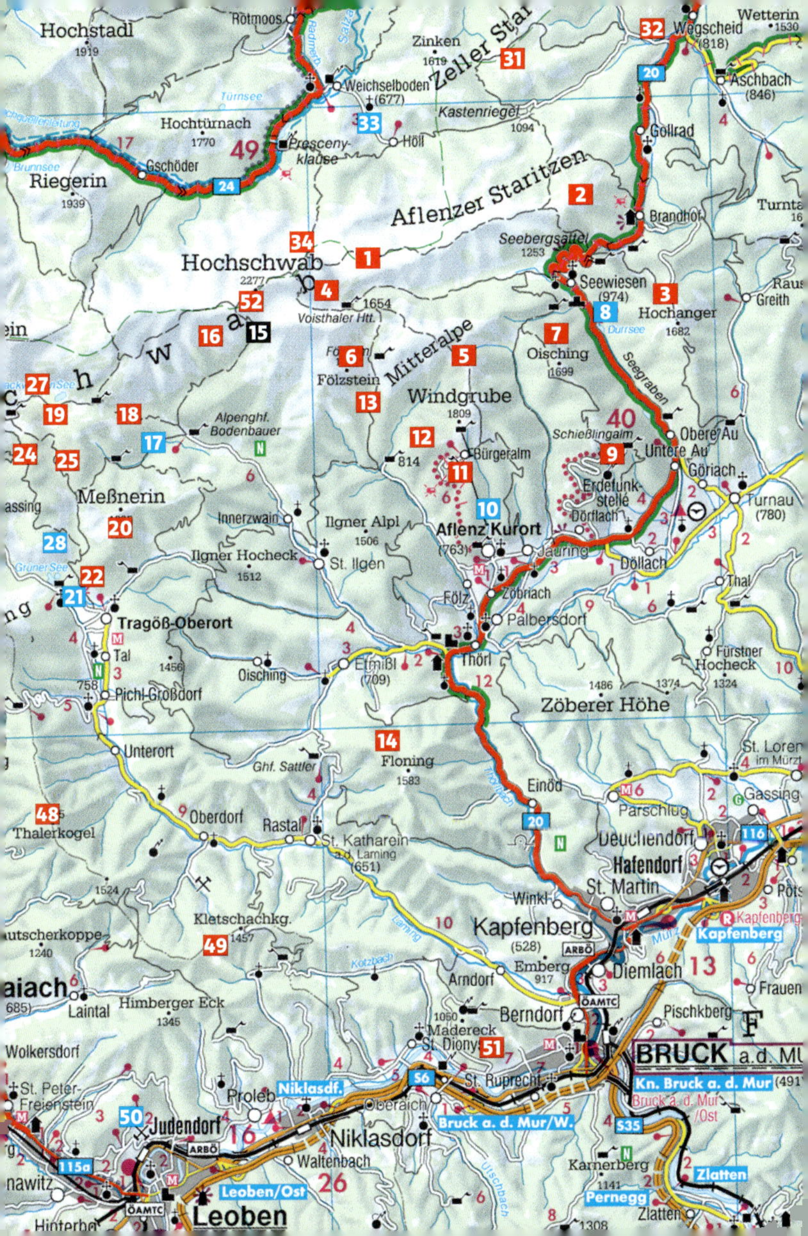

Hochstadl
Rotmoos
Weichselboden
Zeller Staritzen
Zinken
Wegscheid
Wetterin
Aschbach
Hochtürnach
Kastenriegel
Gollrad
Presceny-klause
Höll
Gschöder
Riegerin
Aflenzer Staritzen
Brandhof
Turnau
Seebergsattel
Hochschwab
Seewiesen
Hochanger
Greith
Voisthaler Htt.
Oisching
Fölzstein
Mitteralpe
Windgrube
Seegraben
Alpenghf. Bodenbauer
Schießlingalm
Obere Au
Untere Au
Bürgeralm
Göriach
Erdefunkstelle
Turnau
Meßnerin
Dörflach
Innerzwain
Ilgner Alpl
Aflenz Kurort
Jauring
Döllach
Ilgner Hocheck
St. Ilgen
Thal
Zöbriach
Fölz
Tragöß-Oberort
Palbersdorf
Tal
Oisching
Etmißl
Thörl
Fürstner Hocheck
Pichl-Großdorf
Zöberer Höhe
Unterort
Floning
Ghf. Sattler
Einöd
Parschlug
Gassing
Thalerkogel
Oberdorf
Rastal
St. Katharein a.d. Laming
Deuchendorf
Hafendorf
St. Martin
Winkl
Kletschachkg.
Kapfenberg
Emberg
Diemlach
Arndorf
Frauen
Laintal
Himberger Eck
Berndorf
Pischkberg
Wolkersdorf
Madereck
St. Dionys
BRUCK a.d. Mur
Kn. Bruck a. d. Mur
St. Peter-Freienstein
Proleb
Niklasdf.
St. Ruprecht
Bruck a. d. Mur/Ost
Oberaich
Judendorf
Niklasdorf
Bruck a. d. Mur/W.
Waltenbach
Kammerberg
Zlatten
Leoben/Ost
Pernegg
Leoben

TOP-TOUREN

Aflenzer Staritzen und Hochschwab
Aussichtsreicher Höhenweg zum Höhepunkt des gesamten Massivs. Lang, aber lohnend *(Tour 1, 9.30 Std.).*

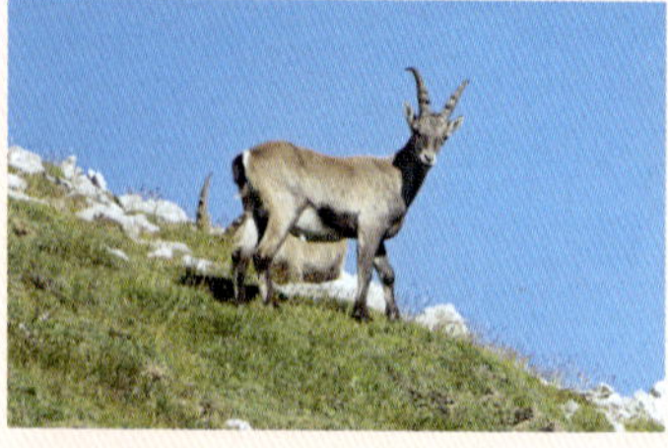

Höchstein
Wahrlich ein Geheimtipp: spannender Gipfelaufbau, reiche Aussicht, Edelweiß-Garantie *(Tour 5, 7.30 Std.).*

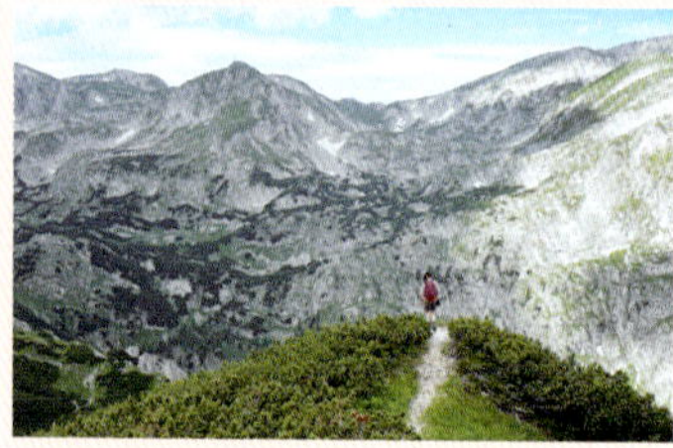

Fölzstein
Aussichtsreicher Gipfel, der unmarkiert erreicht wird. Prächtiger Blick auf die Fölzalm und die umliegende Bergwelt *(Tour 13, 6.30 Std.).*

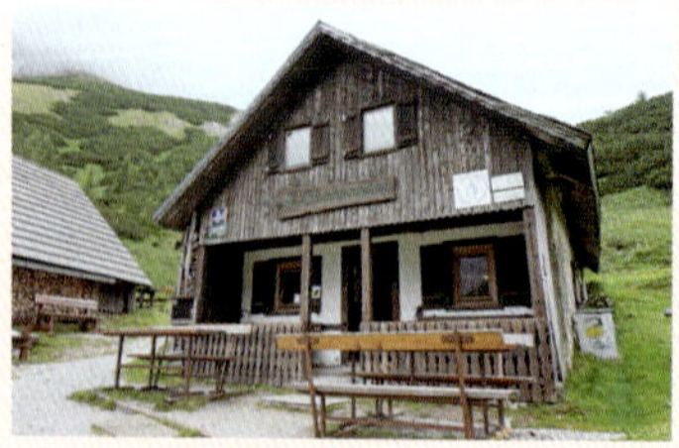

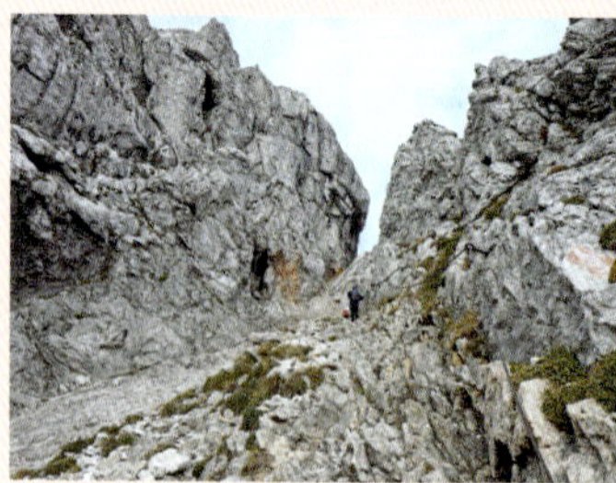

Durch das G'hackte auf den Hochschwab
Die Königstour auf den Hochschwab für Wanderer. Mit Handeinsatz durch eine steile Felsrinne *(Tour 15, 8.15 Std.).*

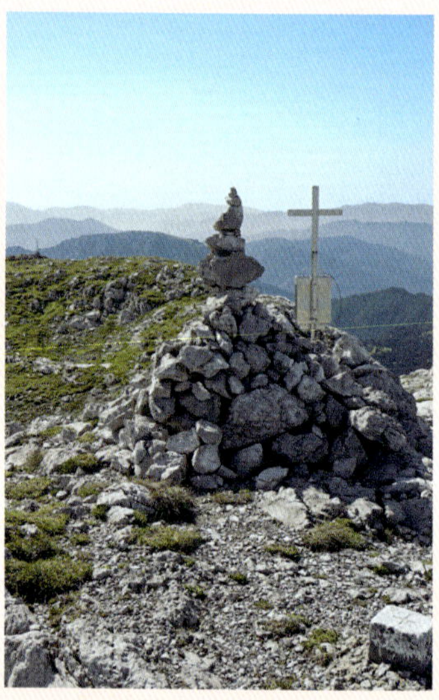

Ebenstein
Der markante Hausberg der Sonnschienhütte ist überraschend einfach zu besteigen *(Tour 29, 3.30 Std.).*

Der Zinken auf der Zeller Staritzen
Sanfte Almwiesen mit prächtigem Ausblick auf beinahe das gesamte Hochschwab-Massiv, dazu noch eine urige Hütte *(Tour 31, 6.15 Std.).*

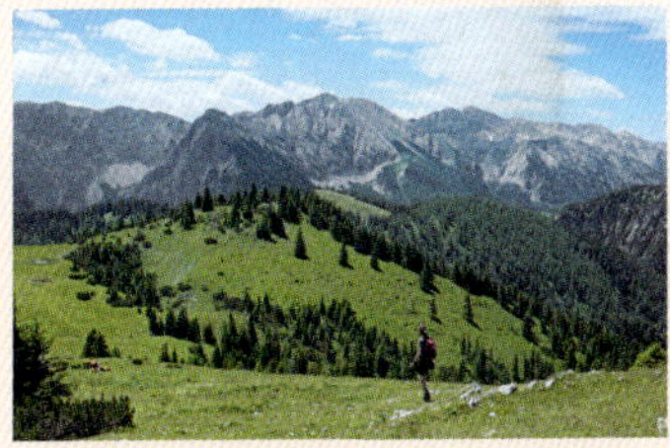

Von Wildalpen zur Sonnschienhütte
Ein langer, aber sehr abwechslungsreicher Zustieg mit einigen natürlichen Sehenswürdigkeiten. Eine Nächtigung auf der Sonnschienhütte bietet sich an *(Tour 36, 9.30 Std.).*

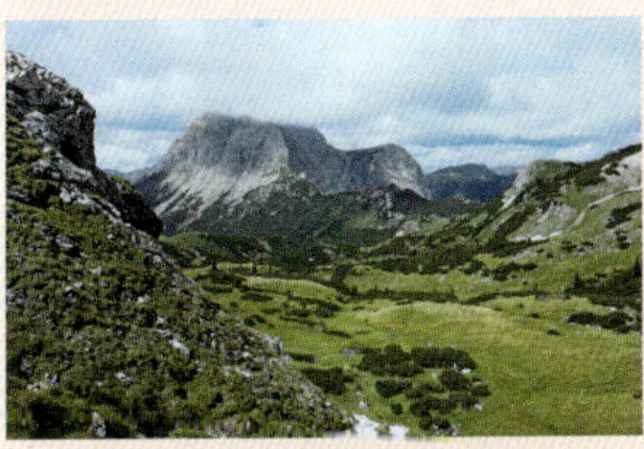

Nothklamm und Kraushöhle
Eine erfrischende Klamm und eine Höhlenbesichtigung. Das perfekte Ausflugsziel für warme Sommertage *(Tour 38, 1.45 Std.).*

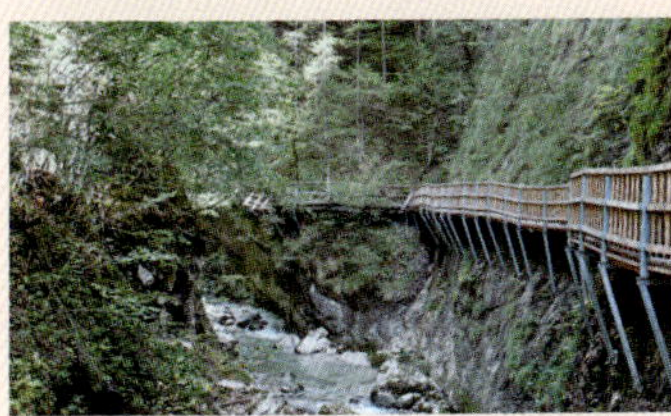

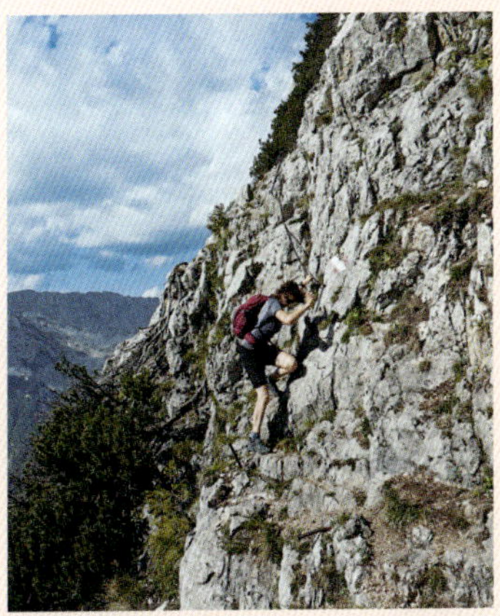

Pfaffenstein
Zwei knackige Steiganlagen auf den markanten Hausberg von Eisenerz machen diese Tour zu einem alpinen Leckerbissen *(Tour 42, 5.30 Std.).*

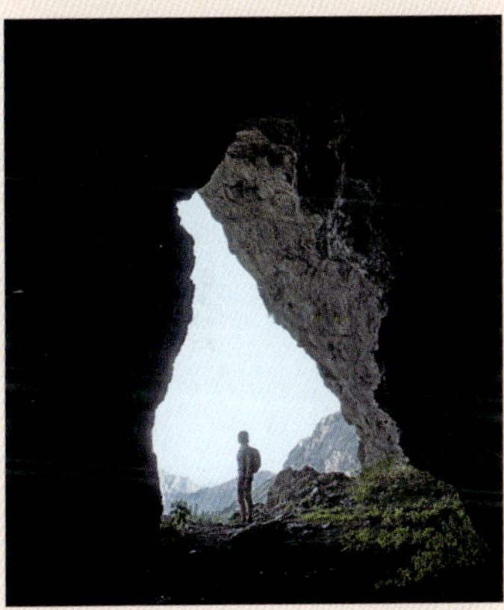

Frauenmauerhöhle
Einmal zu Fuß einen ganzen Berg durchqueren: Die Tour durch die Frauenmauerhöhle macht's möglich *(Tour 43, 4.30 Std.).*

ALLGEMEINES

Anforderungen

Die meisten Wanderungen verlaufen auf gut markierten und auch instand gehaltenen Wegen und Steigen. Deren Benutzung ist im alpinistischen Sinne zumeist leicht, dennoch verlangen einige Touren explizit Trittsicherheit, Schwindelfreiheit und auch Ausdauer. Vor allem Nebel, Regen, Schnee und Eis können manche Touren um einiges schwieriger gestalten.
In Waldgebieten können Schlägerungen oder neu gebaute Forststraßen Änderungen der Routenführung notwendig machen, damit kann sich auch die Schwierigkeit der Tour ändern.
Wege über Hochflächen sollen grundsätzlich bei guter Sicht begangen werden, auch wenn die meisten dieser Höhenwege mit Stangen oder Steinmännchen markiert sind. Jedoch können Sturm und Kälte auf den exponierten Wegen für zusätzliche Schwierigkeiten sorgen.
Im gesamten Hochschwab-Gebiet gilt es auf Dolinen zu achten, vor allem wenn wir uns abseits der markierten Pfade bewegen. Um die jeweiligen Anforderungen besser einschätzen und vergleichen zu können, sind die einzelnen Tourenvorschläge mit verschiedenen Farben gekennzeichnet (siehe Kasten rechts). Varianten einer Tour können auch einen höheren Schwierigkeitsgrad haben.

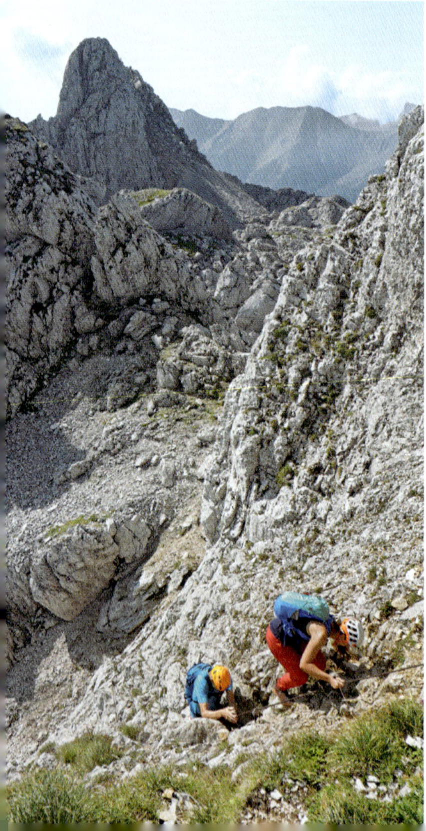

Gefahren

Obwohl die meisten der hier beschriebenen Wanderungen markierten Wegen oder Forststraßen folgen, ist vor allem im Frühsommer auf Altschneefelder und ganzjährig auf Steinschlaggefahr zu achten. Auch sind, speziell auf den Hochflächen des Hoch-

Im Klettersteig hinauf zur TAC-Spitze, dahinter die Vordernberger Griesmauer (Tour 45).

SCHWIERIGKEITSKATEGORIEN

■ = Leicht

Wanderungen auf meist gut markierten, ausreichend breiten Fahr- und Fußwegen. Diese sind nur mäßig steil und können auch bei Schlechtwetter unproblematisch begangen werden. Auch gut geeignet für Kinder und ungeübte Personen.

■ = Mittel

Wanderungen auf zumeist ausreichend markierten Pfaden und Steigen, die oft schmal und steil verlaufen und kurzzeitig ausgesetzt sein können. Trittsicherheit, Schwindelfreiheit und auch Orientierungsvermögen vorteilhaft.

■ = Schwierig

Anspruchsvolle Touren auf zum Teil ausgesetzten Steigen, schmale Passagen und teils weglos. Oft wird die Zuhilfenahme der Hände notwendig, an versicherten Abschnitten kann zur Sicherheit auch ein Klettersteigset verwendet werden. Trittsicherheit, Schwindelfreiheit, Orientierungsvermögen und sichere Wetterverhältnisse sind Voraussetzung. Nur für bergerfahrene Geher geeignet.

schwabs, sommerliche Gewitter eine nicht zu vernachlässigende Gefahrenquelle, diese treten meist nachmittags auf.
Gefahren können grundsätzlich nie ausgeschlossen werden, durch eine genaue Tourenvorbereitung (Wegverlauf, Wetterbericht, Öffnungszeiten von Hütten) können Gefahren aber minimiert werden. Ist explizit auf besondere Gefahren zu achten, ist dies bei den Touren angemerkt.

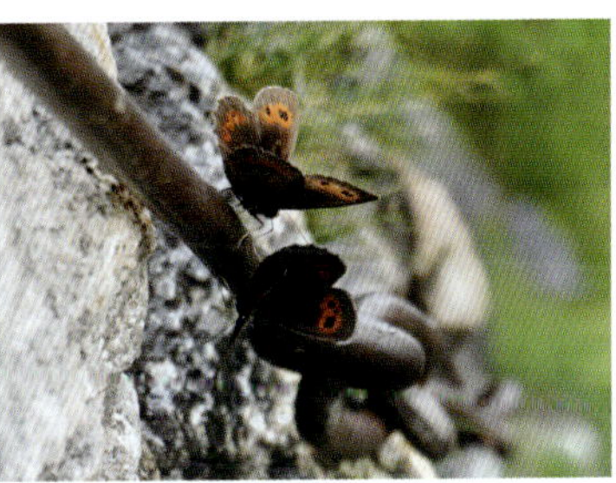

Treffen sich zwei Steirische Mohrenfalter auf einer Sicherungskette …

Bergrettung, Notruf

- Über die Telefonnummer 140 (keine Vorwahl) kann in ganz Österreich die Bergrettung verständigt werden.
- Ebenso ohne Vorwahl und unabhängig vom Netzbetreiber bzw. Empfang ist die Europäische Notrufnummer 112 zu verwenden.

Beim Absetzen eines Notrufs bitte Ruhe bewahren und an die 4-W-Regel denken: Wo ist was passiert? Was ist passiert? Wie viele sind verletzt? Wer ruft an?

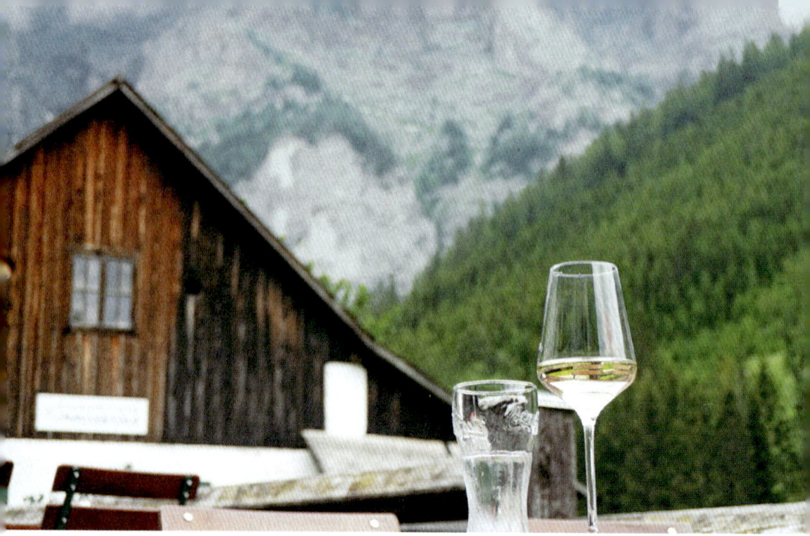

Kulinarischer Genuss am Ende oder während einer Tour, mit einem Glas Wein beim Bodenbauer (Tour 15) oder einer deftigen Kaspressknödelsuppe auf der Ostereralm (Tour 3).

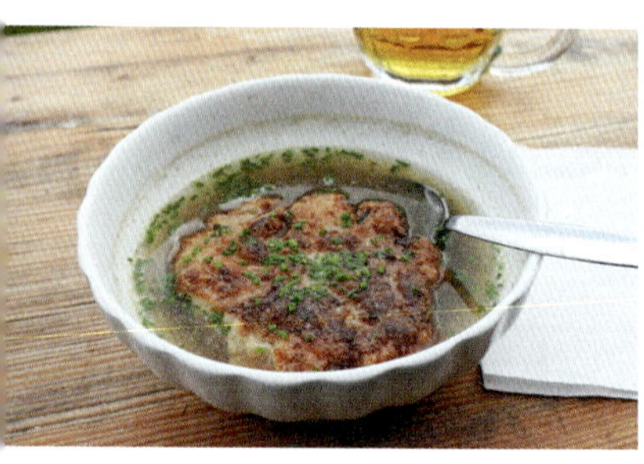

Gehzeiten

Es ist zu beachten, dass sich die Zeitangaben bei den Touren auf die reine Gehzeit beziehen. Pausen und Besichtigungen sind nicht enthalten. Das ist vor allem bei der Abreise mit öffentlichen Verkehrsmitteln sowie in der kalten Jahreszeit (Tageslicht) zu berücksichtigen. Auch zu beachten sind Wetterlage sowie Wegverhältnisse und individuelle Faktoren wie Gepäck und persönliche Kondition. Grundsätzlich wird von einer Gehgeschwindigkeit von 4 km pro Stunde ausgegangen, Höhenmeter im Auf- und Abstieg (ca. 400 Hm/Std.) fließen in die Gehzeit mit einer speziellen Berechnungsformel ein.

Ausrüstung und Verpflegung

Festes Schuhwerk (Wander- oder Bergschuhe) mit Profilsohle und zweckmäßige Wanderbekleidung sind für alle Touren vorteilhaft und empfohlen. Außerdem kommen in den Rucksack ein Regen- und Sonnenschutz, zusätzliche Kleidung gegen Wind und Kälte, ein kleines Erste-Hilfe-Set, Tourenproviant und eine gefüllte Wasserflasche.

SYMBOLE

Symbole im Tourenkopf

- Mit Bahn/Bus erreichbar
- Einkehrmöglichkeit unterwegs
- für Kinder geeignet

Symbole im Höhenprofil

- Ort mit Einkehrmöglichkeit
- bewirtschaftete Hütte, Gasthaus
- unbewirtschaftete Hütte, Biwak
- Bushaltestelle
- Bahnhof
- P eingerichteter Parkplatz
- Sesselliftstation
- Gipfel
- Wegkreuz, Marterl, Bildstock
- Pass, Sattel
- Brücke
- Kirche, Kapelle
- Burg, Schloss, Ruine
- Aussichtsplatz
- Picknickplatz
- Höhle, Stollen
- Quelle
- Badeanlage

Einkehr und Nächtigung

Bei jeder Tour sind unter »Einkehr« alle an der Route gelegenen Stützpunkte erwähnt sowie weiterführende Informationen angegeben: Bewirtschaftung, Ruhetage, Übernachtungsmöglichkeit. Die Schutzhütten der alpinen Vereine sind generell bewirtschaftet und bieten eine Nächtigungsmöglichkeit an. Im Gegensatz dazu sind die Almhütten eher auf Tagestouristen ausgerichtet, auf vorherige Anfrage kann aber in den meisten Hütten genächtigt werden. Außerhalb der bekannten Schließzeiten (z.B. Jagdsperre von Mitte September bis Mitte Oktober auf der Sonnschienhütte und der Häuslalmhütte) variieren die Öffnungszeiten von Gasthöfen und Hütten von Jahr zu Jahr. Hier gilt es sich im Vorfeld zu informieren. Eine gute Auflistung von Einkehr- und Nächtigungsmöglichkeiten mit weiterführenden Informationen ist zu finden auf:

- www.gehlebt.at/hochschwab

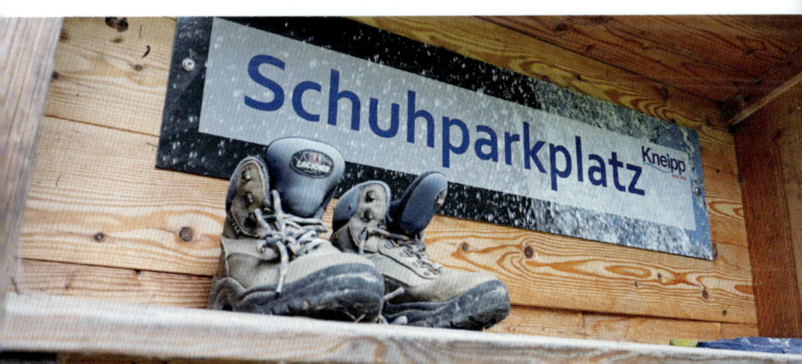

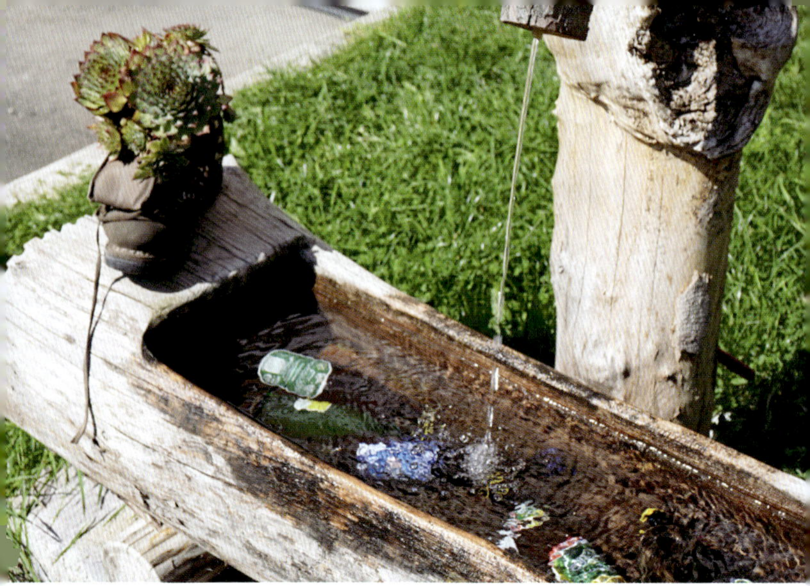

Bild oben: Ein Bierbrunnen als erfrischende Offenbarung nach einem heißen Bergtag (Tour 42). – Unten: Der Knappensteig führt direkt zur Leobner Hütte (Tour 45).

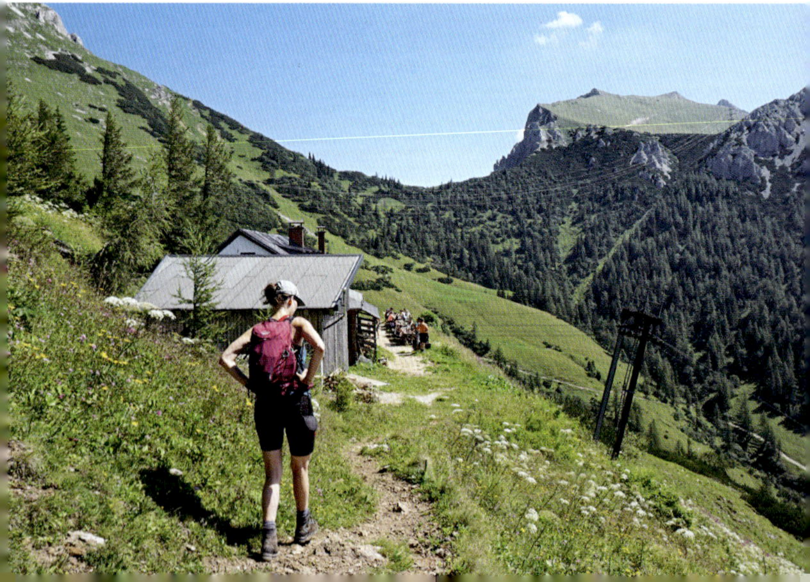

Wanderkarten

Die Tourenkarten mit Routenverlauf und Wegpunkten sind wesentlicher Bestandteil dieses Wanderführers. Zusätzlich werden folgende Karten empfohlen:

Offline

- Freytag & Berndt: WK 041 Hochschwab – Veitschalpe – Eisenerz – Bruck a.d. Mur, 1:50.000; WK 5041 Hochschwab – Aflenz –Wildalpen – Salzatal, 1:35.000; WK 2041 Hochschwab, 1:25.000
- Alpenvereinskarte 18, Hochschwabgruppe: 1:50.000

Online

- Austrian Map online (amtliche Österreichische Karte des Bundesamts für Eich- und Vermessungswegen im Maßstab 1:50.000): abruf- und ausdruckbar unter www.austrianmap.at
- OpenTopoMap (Open-Source-Karte mit Höhenschichtlinien): www.opentopomap.org
- Waymarked Trails (markierte Wege auf Basis der OpenStreetMap): hiking.waymarkedtrails.org

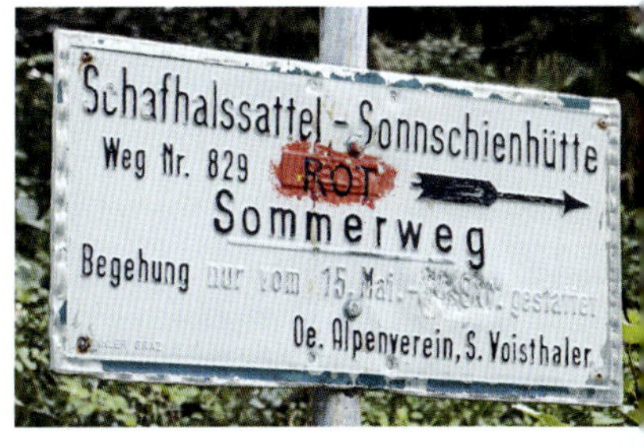

Bitte verlassen Sie sich nicht gänzlich auf Online-Karten, schon alleine aus Gründen der Verfügbarkeit unterwegs. Selbst wenn die Karte offline am Smartphone verwendet wird, auch das Smartphone kann aus unerfindlichen Gründen den Geist aufgeben. Kartenanbieter wie Google Maps sind für Wanderungen nicht geeignet. Daher die Empfehlung, stets eine Papierkarte in geeignetem Maßstab (mindestens 1:50.000) mitzunehmen.

GPS-TRACKS UND KOORDINATEN DER AUSGANGSPUNKTE

Zu diesem Wanderführer stehen auf www.rother.de GPS-Tracks und Koordinaten der Ausgangspunkte zum kostenlosen Download bereit.

8. Auflage, Passwort: **458208dPn**

Die GPS-Daten wurden vom Autor teils mittels einer digitalen Karte, teils im Gelände erfasst. Die Tracks wurden von Verlag und Autor überprüft. Dennoch können Fehler oder Abweichungen nicht ausgeschlossen werden, auch weil sich Gegebenheiten vor Ort geändert haben könnten. Die zur Verfügung gestellten GPS-Daten sind zwar eine gute Planungs- und Navigationshilfe, ersetzen jedoch nicht die eigene Orientierungsfähigkeit und eine sorgfältige Vorbereitung. Daher sollte man sich zur Orientierung nie ausschließlich auf die GPS-Daten verlassen und im Zweifel der lokalen Markierung den Vorzug geben oder zum letzten bekannten Standort zurückkehren.

Der Umwelt zuliebe ...

Auch als Wanderer hinterlassen wir einen ökologischen Fußabdruck, aber im Einklang mit der Natur unterwegs zu sein, ist gar nicht so schwer!

VORBEREITUNG UND ANFAHRT

- Sich vorab informieren, worauf in Bezug auf Natur und Umwelt in der jeweiligen Wanderregion besonders zu achten ist.
- Soweit möglich mit Bus und Bahn anreisen, Wander- und Rufbusse nutzen.
- Ist eine Anfahrt mit dem Auto nötig, Fahrgemeinschaften bilden.
- Bei weiten Anfahrten Mehrtagestouren planen oder von einem Quartier vor Ort aus mehrere Touren absolvieren.
- Flugreisen möglichst reduzieren und durch Beiträge zu Klimaschutzprojekten kompensieren.

KLEIDUNG UND AUSRÜSTUNG

- Beim Kauf von Outdoor-Kleidung auf umweltfreundliche und faire Herstellung achten und Kleidungsstücke möglichst viele Jahre nutzen.
- Ausrüstung kann man eventuell auch gebraucht kaufen oder ausleihen.
- Reparieren statt neu kaufen.

VERPFLEGUNG

- Beim Einkauf Bio-Ware, regionale und saisonale Erzeugnisse bevorzugen.
- Hütten und Gasthäuser auswählen, die regionale Produkte verwenden.
- Auf Einwegflaschen und Plastikverpackungen verzichten, stattdessen wiederverwendbare Trinkflaschen und Brotzeitboxen verwenden.

ÜBERNACHTUNG

- Bei lokalen Anbietern buchen, damit Menschen vor Ort profitieren.
- Auf Hütten und in anderen Unterkünften Strom und Wasser sparen.

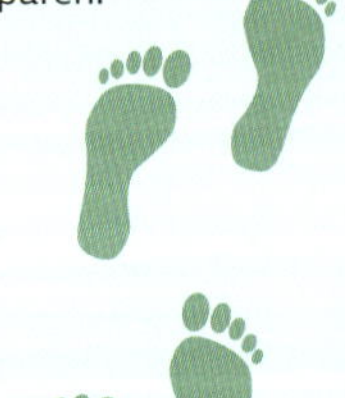

UNTERWEGS

- Wege benutzen und Abkürzer vermeiden.
- Sperrungen von Wegen und Schutzgebieten respektieren.
- Keine Blumen pflücken und keine Pflanzen entnehmen.
- Waldbrandgefahr beachten.
- Müll wieder mit nach Hause nehmen und dort entsorgen.
- Toilettengänge in freier Natur möglichst vermeiden.
- Lärm vermeiden.
- Hunde an die Leine nehmen.

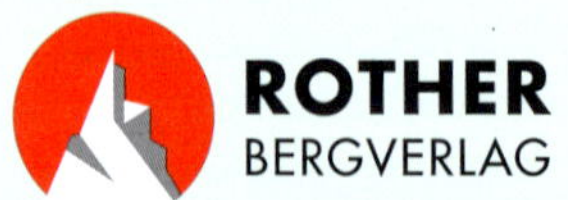

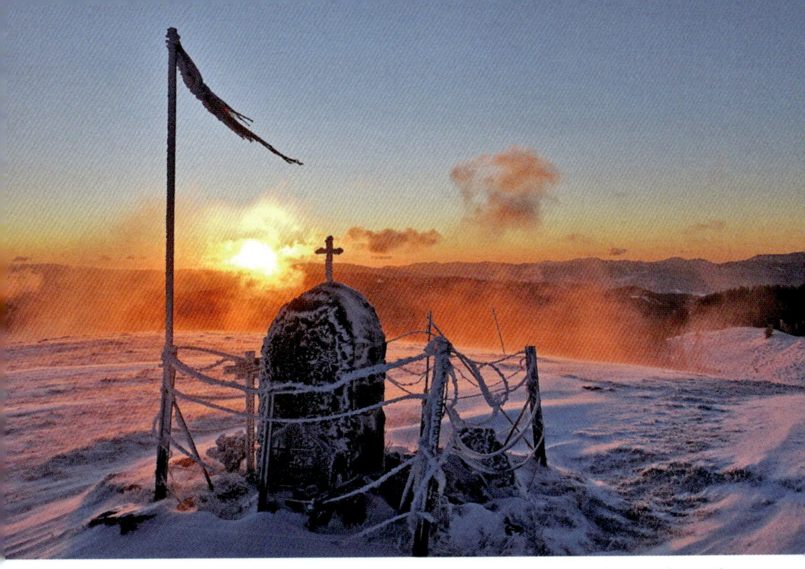

Ein eisig kalter, aber dennoch erwärmender Sonnenuntergang am Hochanger (Tour 3).

Jahreszeiten, Wintertouren, Jagdsperre

Wenn die Kühe ihren Weg auf die Weide finden, startet auch die Hauptsaison für Wanderer in der Hochschwab-Gruppe. Vorrangig von Anfang Juni bis Ende Oktober wird das Gebirge aufgesucht, doch auch Wintertouren mit Schneeschuhen und Skiern werden stets beliebter. Hier gilt es jedoch auf die Schnee- und Lawinenverhältnisse zu achten und die komplette Sicherheitsausrüstung mit Lawinenverschüttetensuchgerät (LVS), Sonde und Schaufel mitzutragen. Vor allem ist auch bei Dolinen Vorsicht geboten, die im Winter – verborgen unter der Schneedecke – eine besondere Gefahrenquelle darstellen.
Während der Brunftzeit, zwischen Mitte September und Mitte Oktober, sind die Sonnschienhütte und Häuslalmhütte nicht bewirtschaftet (Jagdsperre). Dies gilt es in der Tourenplanung zu beachten.

Kinder

Für Kinder geeignete Wanderungen werden bei den jeweiligen Touren mit einem Symbol gekennzeichnet. Hierbei ist weniger die Schwierigkeit einer Tour ausschlaggebend als vielmehr die gebotene Abwechslung. »Fade« Strecken sind für junge Wanderer nicht gerade motivierend, eine weitere Tour in Angriff zu nehmen. So sind neben dem generellen Naturerlebnis auch beispielsweise Einkehrmöglichkeiten, Wasserfälle und Seen wichtige Kriterien für eine Kinder-Tauglichkeit.

ANREISE UND ÖFFENTLICHE VERKEHRSMITTEL

Anfahrt mit dem Auto

Die Anfahrt zur Hochschwab-Gruppe kann aus allen Himmelsrichtungen erfolgen, vor allem ändert das gewünschte Ziel aufgrund der Größe des Massivs auch eine angedachte Anreiseroute. Die gesamte Region ist von Bundesstraßen umringt, die Anreise geschieht also auf gut ausgebauten Straßen. Zu vereinzelten Ausgangspunkten führen schmälere Straßen, z.B. in die Fölz bei Aflenz und zum Bodenbauer.

Die wichtigsten Anreiserouten

- A 1 Westautobahn, Abfahrt Ybbs
- A 9 Pyhrnautobahn, Abfahrt St. Michael, Traboch
- S 6 Semmering Schnellstraße, Abfahrt Kapfenberg, Bruck a.d Mur, Leoben
- B 20 zwischen Bruck an der Mur und Gußwerk
- B 24 zwischen Erzhalden (bei Palfau) und Gußwerk
- B 25 zwischen Erzhalden und Mooslandl (bei Hieflau)
- B 115 zwischen Traboch bzw. Trofaiach und Mooslandl

Anfahrt mit Bus und Bahn

Die meisten Orte sowie Ausgangspunkte der einzelnen Wanderungen sind mit öffentlichen Verkehrsmitteln erreichbar, manche besser, manche schlechter. Ausgangspunkte in der Fölz und am Bodenbauer können, außer mit dem eigenen Automobil, nur mit Taxidiensten angefahren werden.

Fahrplanauskünfte online

- ÖBB (Österreichische Bundesbahnen): www.oebb.at
- Verkehrsverbund Steiermark: www.verbundlinie.at
- BusBahnBim-App Verkehrsverbund Steiermark für Smartphones

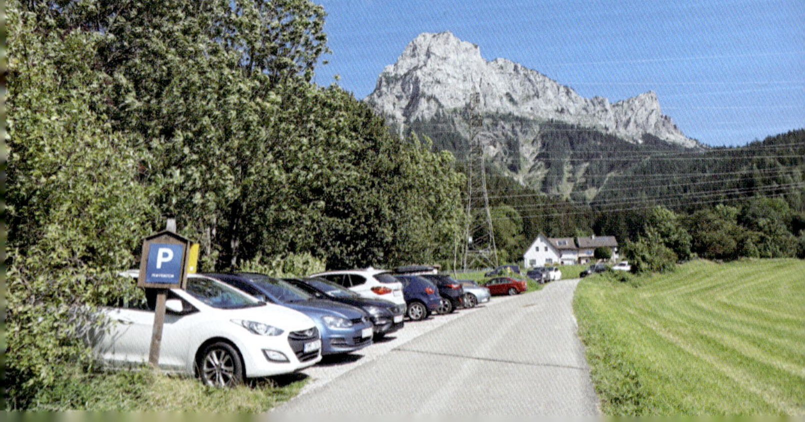

Orte mit Bahnanbindung bzw. größere Orte als Umsteigepunkt

- Bahnhof Bruck an der Mur
- Bahnhof Leoben
- Bahnhof Hieflau
- Busbahnhof Mariazell (ca. 15 Min. zu Fuß vom Bahnhof Mariazell entfernt)
- Busbahnhof Trofaiach
- Busbahnhof Eisenerz

Regionalbuslinien

Hinweis: Auf Unterscheidung Regiobus/Rufbus achten. Regiobusse fahren ohne Zutun nach Fahrplan, Rufbusse verlangen eine telefonische Anmeldung.

- 171 Regiobus: Bruck an der Mur (Bahnhof) – Kapfenberg (Bahnhof) – Thörl – Aflenz-Kurort – Turnau; verkehrt täglich.
- 172 Regiobus: Bruck an der Mur (Bahnhof) – Kapfenberg (Bahnhof) – Aflenz Kurort – Seewiesen – Gußwerk – Mariazell (Busbahnhof); verkehrt täglich.
- 175 Regiobus: Bruck an der Mur (Bahnhof) – St. Katharein an der Laming – Tragöß; verkehrt Montag bis Freitag, während der Sommerferien auch an Wochenenden.
- 198 Regiobus und Rufbus: Mariazell (Busbahnhof) – Weichselboden (– Wildalpen); verkehrt Montag bis Freitag, von 1. Mai bis 26. Oktober auch an Wochenenden als Rufbus; Betreiber: Taxi Scheucher.
- 820 Regiobus: Leoben (Bahnhof) – Trofaiach – Vordernberg – Eisenerz Münichtal; verkehrt täglich.
- 920 Rufbus: Hieflau (Bhf.) – Eisenerz; verkehrt täglich; Betreiber: Taxi Moser.
- 921 Regiobus: Radmer/Hieflau (Bahnhof) – Krautgarten – Eisenerz; verkehrt Montag bis Freitag wenn Schultag.
- 921 Rufbus: Radmer/Hieflau (Bahnhof) – Krautgarten – Eisenerz; verkehrt täglich; Betreiber: Taxi Moser.
- 922 Rufbus: Hieflau (Bahnhof) – Landl – Gams – Palfau – Wildalpen – Hinterwildalpen; verkehrt täglich; Betreiber: Xeismobil Thalhuber.
- 925 Rufbus: Leopoldsteinersee – Eisenerz Busbahnhof – Ramsau; verkehrt täglich; Betreiber: Taxi Moser.

Rufbusse, Taxidienste, Kombitickets und Bergfahrten

Rufbus

- Taxi Moser: Eisenerz, Tel. +43 664 3328610 oder +43 3848 3095, Anmeldung eine Stunde vor Abfahrt, ab 7 Personen am Vortag bis 18.30 Uhr.
- Xeismobil Thalhuber: Gams bei Hieflau, Tel. +43 676 5870031 oder +43 3637 212, Anmeldung zwei Stunden vor Abfahrt, ab 7 Personen am Vortag bis 18.30 Uhr.
- Taxi Scheucher: Mariazell, Tel. +43 664 4837688, Anmeldung 90 Minuten vor Abfahrt.

Vom Parkplatz Pfaffenstein blickt man bereits auf das gleichnamige Tourenziel (Tour 42).

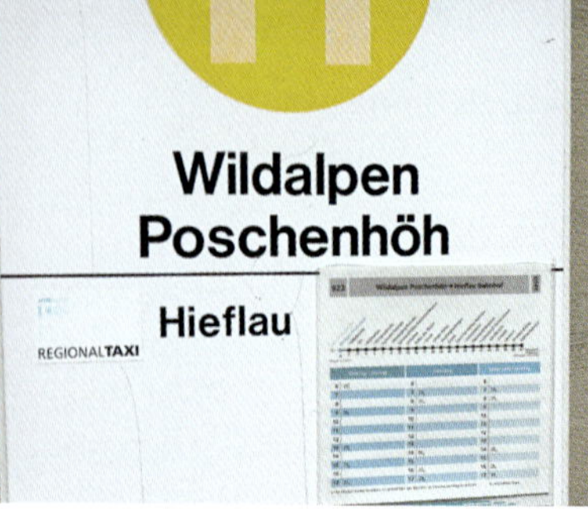

Entweder auf vier Rädern ...

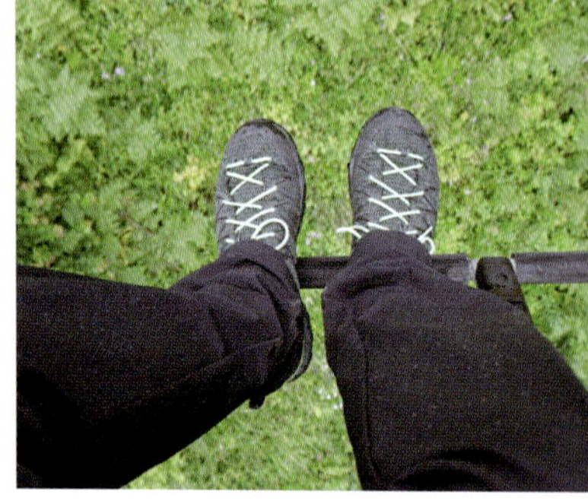

... oder den Boden verlierend bergwärts.

Taxidienste

- Hochschwab-Reisen: Aflenz Kurort, Tel. +43 3861 2400. Taxidienst für Kombitickets der Bürgeralm.
- Taxi Gombotz: Etmißl, Tel. +43 3862 24990.
- Taxi Steiner: Bruck an der Mur, Tel. +43 3862 51333.
- Taxi Scheucher: Mariazell, Tel. +43 664 4837688.
- Taxi Fraiß: Sankt Peter-Freienstein (bei Trofaiach), Tel. +43 3842 22039.
- Taxi Hausberger: Tragöß, Tel. +43 3868 20028.

Richtpreise

- Fahrt mit Hochschwab-Reisen von der Bushaltestelle Thörl Ort zum Bodenbauer rund 30 Euro.
- Fahrt mit Taxi Scheucher von Mariazell nach Weichselboden rund 50 Euro.

Kombitickets Aflenzer Bürgeralm

Zwei unterschiedliche Kombitickets vereinen die Liftfahrt auf die Aflenzer Bürgeralm mit einer Taxi-Rückkehr. Beide Kombimöglichkeiten starten mit der Liftfahrt zur Bergstation der Bürgeralm und führen über die Mitteralm zum Fölzsattel. »Kombiticket Fölzalm« endet in der Fölz am Gasthaus Schwabenbartl, »Kombiticket Voisthaler Hütte« am Lettanger im Seetal. Kombitickets sind im Vorfeld zu vereinbaren, siehe Taxidienst Hochschwab-Reisen bzw. Aflenzer Bürgeralm.

Mautstraßen und Sessellift

- Mautstraße Aflenzer Bürgeralm: freigegeben ab dem Frühjahr bzw. bei freigelegter Straße; 7 Euro pro Pkw.
- Mautstraße zur Schießlingalm: Mitte Mai bis Ende Oktober geöffnet; 7 Euro pro Pkw.
- Sessellift Aflenzer Bürgeralm: Sommerbetrieb von Pfingsten bis 26. Oktober an Wochenenden und Feiertagen. Ausgabe von Kombitickets. Aktuelle Informationen: www.aflenzer-buergeralm.at.

WANDERN IN DER HOCHSCHWAB-GRUPPE

Durchquerung, Weitwanderwege

Mit der Tour 52 überschreiten wir das gesamte Hochschwab-Massiv vom Seebergsattel im Osten bis zum Leopoldsteinersee bzw. Präbichl im Westen. Großteils begehen wir bei der Durchquerung die beiden überregionalen Weitwanderwege Nordalpenweg 01 und Nord-Süd-Weg 05. Auch möglich sind Nord-Süd-Überschreitungen, die jedoch, vor allem im Salzatal, eine gute Planung hinsichtlich öffentlicher Verkehrsmittel notwendig machen. Mögliche Nord-Süd-Überschreitungen: Von Wildalpen über die Sonnschienhütte nach Tragöß; von Weichselboden über das Schiestlhaus zum Bodenbauer bzw. von Weichselboden über Schiestlhaus und Voisthaler Hütte nach Aflenz Kurort. Alle genannten Varianten können natürlich auch in der Gegenrichtung begangen werden.

Wege und Markierungen

Wegmarkierungen sind nicht nur dazu da, die Wanderer sicher ans Ziel zu bringen. Ihnen liegt auch ein Naturschutzaspekt zugrunde, denn die Markierung soll an sensiblen Schutzgebieten vorbeiführen. Dies gilt es, besonders in Naturschutzgebieten, auch zu akzeptieren. Die Hauptlast der Markierungstätigkeit in der Hochschwab-Gruppe trägt die Sektion Voisthaler des Österreichischen Alpenvereins. Offizielle Wanderwege werden von den alpinen Vereinen und Tourismusverbänden einheitlich mit rot-weiß-roter Farbe markiert, auf Hochflächen übernehmen Stangen die Markie-

Gut markiert geht's etwas flotter als im Schneckentempo vorwärts (Tour 26).

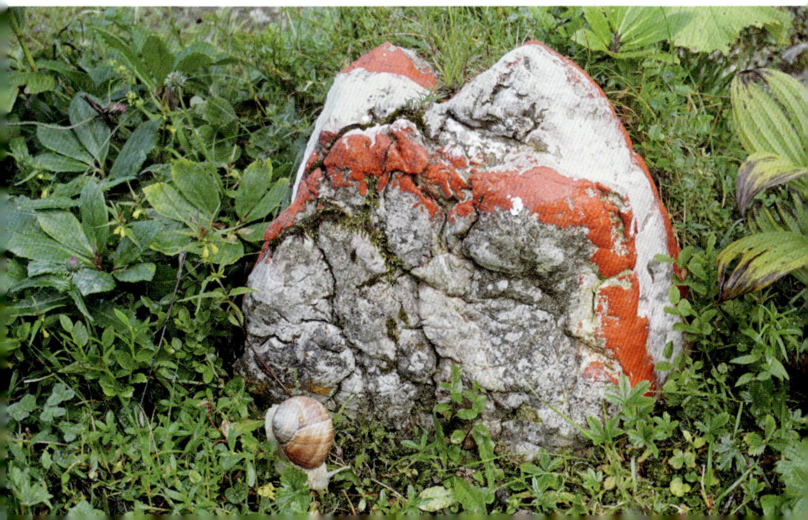

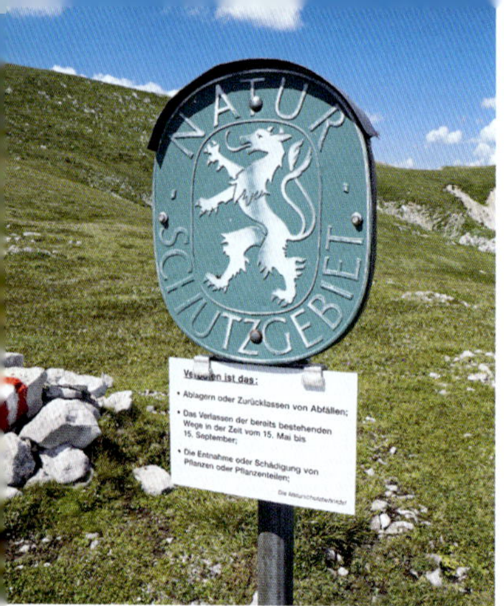

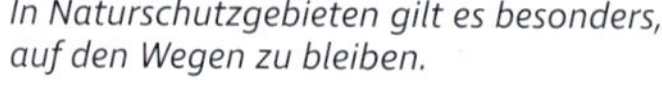
In Naturschutzgebieten gilt es besonders, auf den Wegen zu bleiben.

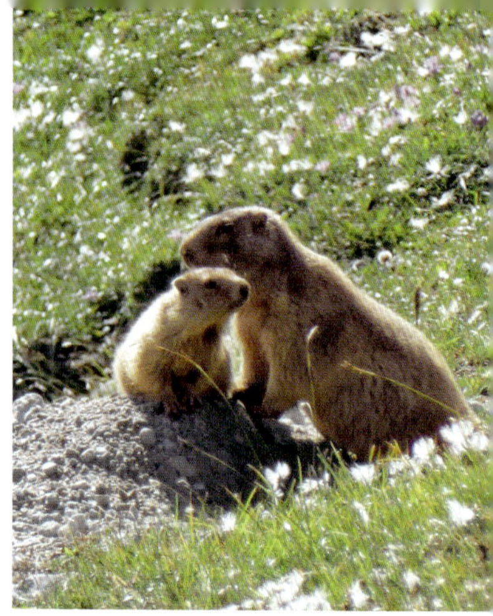
Süße Begegnung mit Murmeltieren im Ochsenreichkar.

rungsfunktion. Zusätzlich ergänzen Wegnummern die Markierungen; diese Nummern finden sich auch in den Wanderkarten von Freytag & Berndt. Vereinzelt dienen Farbtupfer und Steinmännchen zur Kennzeichnung von wenig begangenen Strecken oder Jagdsteigen.

Naturschutz und Wasserschutz, Flora und Fauna

Seit 1976 gilt das Gebiet des Hochschwabs als Landschaftsschutzgebiet. Dies hat zum Zweck, die besondere landschaftliche Schönheit sowie den Erholungswert zu erhalten. Bereits drei Jahre zuvor wurden große Teile des Hochschwabs als Wasserschongebiet erklärt. Seit dem frühen 20. Jahrhundert fließt frisches Hochquellwasser direkt nach Wien, pro Jahr rund 75 Millionen Kubikmeter Trinkwasser. Die Kläfferquelle unweit von Wildalpen ist eine der größten Karstquellen Mitteleuropas, zur Zeit der Schneeschmelze strömen 10.000 Liter Wasser pro Sekunde nur aus dieser einen Quelle.
Ein besonderes Naturschutzgebiet ist die Karlschütt am Weg zum Bodenbauer. Bis ins Jahr 1985 wurde in diesem Schotterkegel noch Schotter abgebaut, ehe sie als Naturschutzgebiet deklariert wurde. Hier entwickelte sich ein umfangreicher Wacholderbaumbestand, der für den gesamten Ostalpenraum einzigartig ist. Zusätzlich tragen unzählige Orchideenarten zum schützenswerten Charakter der Karlschütt bei.
Das namentlich bekannteste Naturschutzgebiet der gesamten Hochschwab-Region ist wohl der Grüne See bei Tragöß. Je nach Jahreszeit variiert der Wasserstand des Sees, Fotos von unter Wasser befindlichen Sitzbänken machen weltweit Schlagzeilen. Es ist somit nicht verwunderlich,

dass der grün schimmernde See gut besucht ist – Respekt vor dem Schutzgebiet ist aber geboten.

Jenen Respekt gilt es auch den vielen Pflanzenarten am Hochschwab entgegenzubringen. Wenn ab April der Petergstamm blüht, ein gelb blühendes Primelgewächs, ist dies das Zeichen, dass die Felswände erklommen werden können. Kaum eine andere Pflanze wird so oft in einem Atemzug mit dem Hochschwab genannt. Besonders häufig ist der Petergstamm rund um die Fölzalm anzutreffen. Auch das Leontopodium alpinum, das Edelweiß, ist Stammgast auf so mancher Hochfläche. Zu bewundern ist es am Hochturm bei Tragöß, rund um den Fölzkogel sowie am Höchstein. Ebenso prächtig blühen in der Region Feuerlilien und Türkenbundlilien sowie mehrere Orchideenarten. Und für alle gilt: Schauen erlaubt, alles andere nicht.

Gleiches gilt auch für Begegnungen mit der Tierwelt. Besonders oft anzutreffen im Hochschwab-Massiv sind Steinböcke und Gämsen, Murmeltiere halten sich vor allem im Ochsenreichkar und auf der Karlalm auf. Bei Schlechtwetter trauen sich in den höheren Felslagen auch die seltenen Alpensalamander hervor, selbst der eine oder andere Auerhahn zeigt sich den neugierigen Wanderern. Aber auch so mancher Steinadler zieht seine Kreise im westlichen Teil des Hochschwab-Massivs rund um Griesmauer und Thalerkogel.

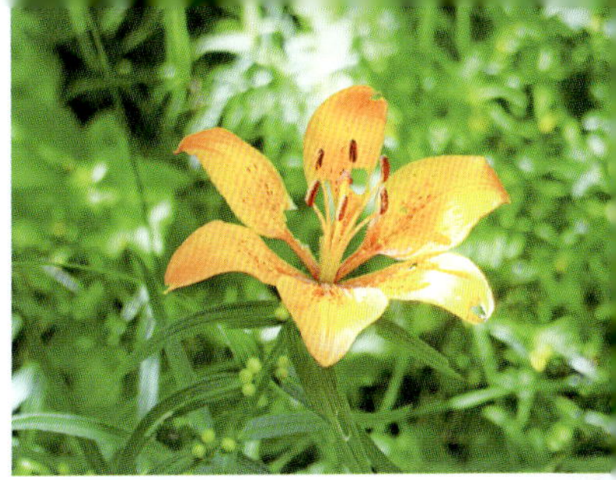

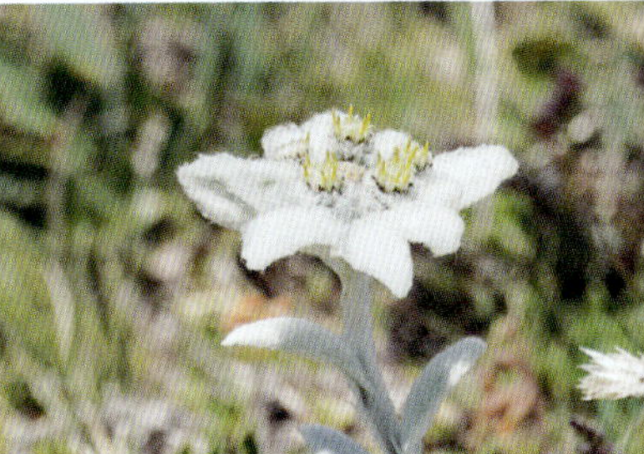

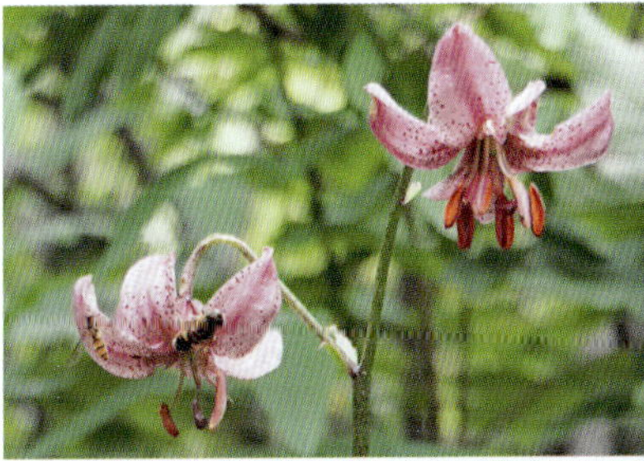

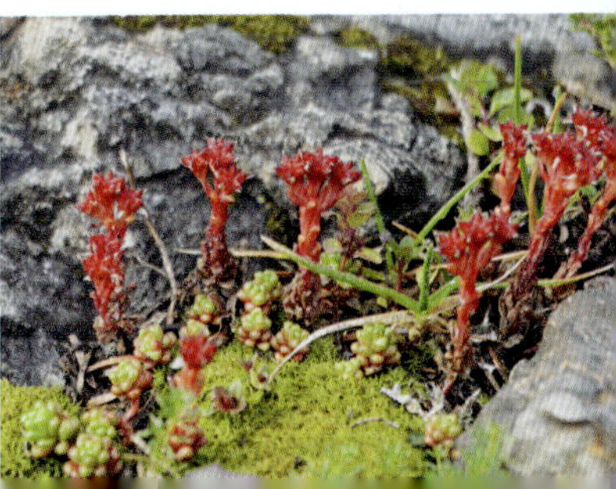

Buntes am Wegesrand: Feuerlilie, Edelweiß, Türkenbundlilie und Hauswurz.

DIE FÜNF HOCHSCHWAB-WANDERGEBIETE

Im Osten: Seeberg, Seewiesen, Aflenz Kurort, Fölz

Als »der erste Tourist« bezeichnete sich Erzherzog Johann, als er 1803 erstmals eine touristische Überschreitung des Hochschwabs in Angriff nahm. Auszüge aus seinem damaligen Tagebuch finden wir am Eingang in das imposante Seetal in Seewiesen. Von hier ausgehend verläuft der klassische Aufstiegsweg über die Voisthaler Hütte zum Schiestlhaus und direkt auf das Haupt des »Schwaben«, mit 2277 Metern auch höchster Punkt des gesamten Massivs. Die Region zwischen Seeberg und Fölz besticht mit nahezu perfekter Infrastruktur am Wegesrand: Almhütten und Schutzhütten verköstigen hungrige und durstige Bergsteiger.

Das bereits benannte Seewiesen ist ein kleiner, idyllischer Ort am Fuße der besonders sehenswerten Aflenzer Staritzen und dient als Ausgangspunkt für etliche Touren. Die ganzjährig verfügbare öffentliche Anbindung durchzieht den weitläufigen Siedlungsraum nach Aflenz Kurort, dem touristischen Zentrum dieses Gebiets. Die Bürgeralm oberhalb von Aflenz ist dank einer Sesselbahn auch mit technischen Hilfsmitteln zu ersteigen und hat, gleichermaßen im Sommer wie im Winter, sportliche Aktivitäten für Jung und Alt im Angebot. Vor allem der Übergang von der Bürgeralm über die Mitteralm zum Fölzsattel gehört gewiss zu einer der eindrucksvollsten Touren der Region.

Blick ins Seetal, davor der Alpengasthof Schuster (Tour 1 – Rückweg).

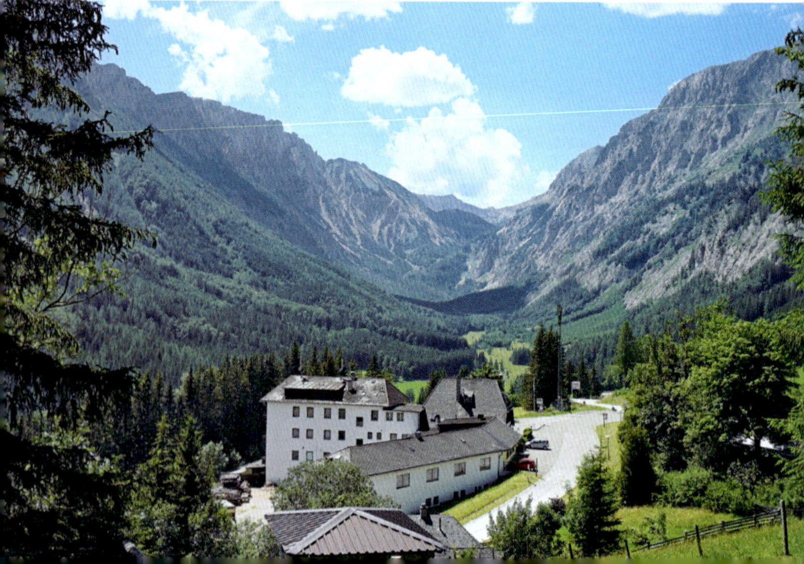

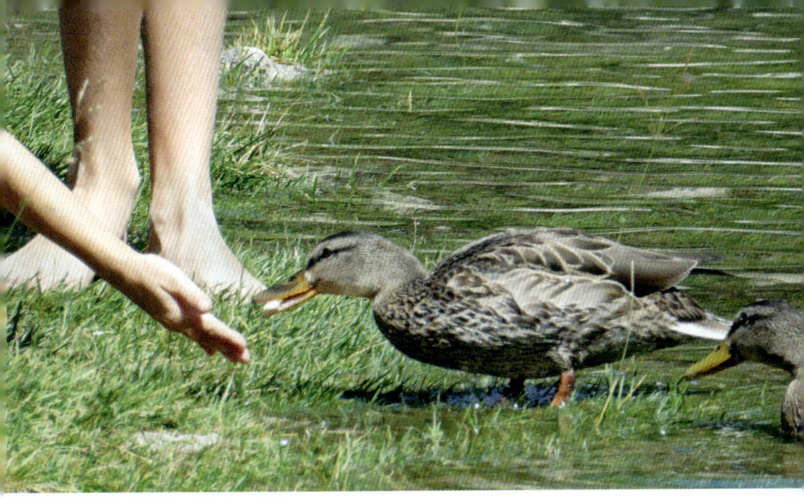

Am Grünen See bei Tragößfressen zwar die Enten aus der Hand, sollten aber bitte nicht gefüttert werden (Tour 21).

Von Aflenz ist es nur ein Steinwurf hinein in die Fölz, von hier trennt uns nur mehr ein gemütlicher Aufstieg zur Fölzalm. Sie gilt als eine der beliebtesten Almen der gesamten Region – und dies zu Recht!
Geprägt ist der Osten der Region vom abwechslungsreichen Landschaftsbild, das vor allem dort beeindruckt, wo saftig-grüne Almwiesen in schroffe Felswände übergehen.

Im Zentrum: Etmißl, Bodenbauer, Sonnschienhütte, Tragöß-Oberort

Je näher wir uns von St. Ilgen taleinwärts fahrend dem Gasthaus Bodenbauer nähern, desto eher geht uns der Mobilempfang verloren. Aber das ist auch gut so. Denn nur so erleben wir ohne Störgeräusche das gemütliche Ambiente im Talschluss und können die Bergwelt rund um uns in ihrer absoluten Stille wahrnehmen. Hier, am Gasthaus Bodenbauer, einst als Alpenhotel errichtet, haben wir die Ruhe gepachtet. Nur leider ist es nicht an den öffentlichen Verkehr angebunden, ein Taxidienst leistet aber Abhilfe. Durch das Trawiestal und über das G'hackte, eine versicherte Felsrinne, erreichen bergerfahrene Wanderer von dieser Richtung den Hochschwab – und knüpfen somit an das benachbarte Gebiet im Osten an.
In der Gegenrichtung ersteigen wir vom Bodenbauer aus die genussvolle Almlandschaft rund um Sackwiesenalm und Sonnschienalm. Dazwischen eingebettet liegt der idyllische Sackwiesensee, der Wanderer am Weg von der Häuslalmhütte zur Sonnschienhütte wie magisch anzieht und sie dazu verleitet, die vielleicht müden Füße darin abzukühlen.

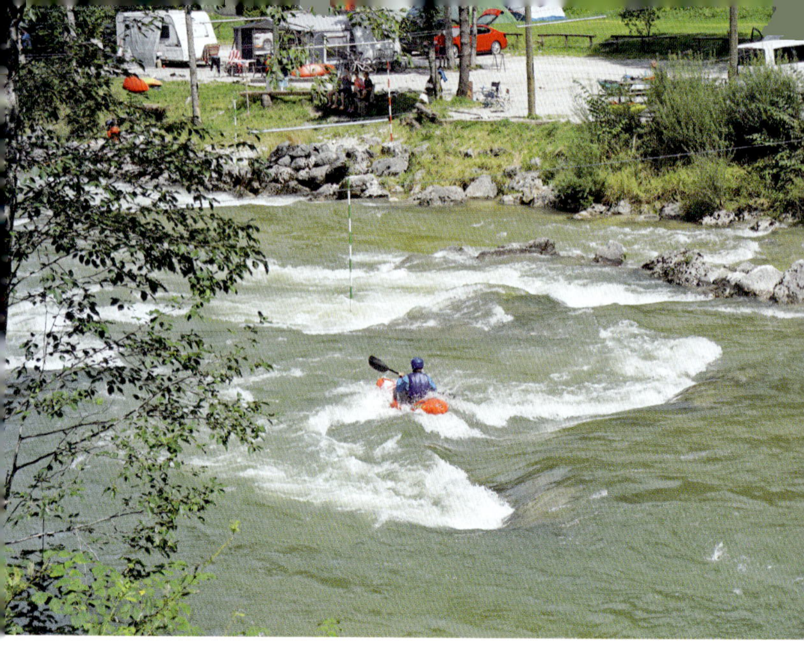

Noch relativ einfache Stromschnellen bei Wildalpen dienen für Übungsfahrten.

Die bereits erwähnte Sonnschienhütte fügt sich vor ihrem Hausberg, dem weithin sichtbaren und markanten Ebenstein, in eine idyllische Almlandschaft ein. Wenn die Meßnerin im Abendrot leuchtet und uns die Kuhglocken langsam in den Schlaf läuten, haben wir einen fabelhaften Bergtag im Hochschwab-Massiv verbracht. Eine Nacht am Berg sollte nicht nur einmal von der To-do-Liste gestrichen werden.

Im Talschluss der Laming, unterhalb der erwähnten Meßnerin, liegt mit Tragöß-Oberort das touristische Zentrum des Gebiets. Auch wenn der Ort, im Vergleich zum Westen und Osten des Hochschwab-Massivs, nicht durchgehend mit öffentlichen Verkehrsmitteln erreichbar ist, kommen viele Touristen hauptsächlich wegen ihm: dem Grünen See. Der Wasserstand des 2014 zum schönsten Platz Österreichs gekürten Sees variiert sehr stark je nach Jahreszeit. Direkt vom Grünen See aus baut sich die steile Pribitz-Wand auf, die das Panorama von Tragöß Richtung Nordwesten dominiert. Links und rechts davon ziehen sich unterschiedliche Aufstiegswege auf die Sonnschienalm, zumeist im Angesicht der Meßnerin oder des imposanten Trenchtling-Stocks, dessen höchster Punkt, der Hochturm, gerne vom Almgasthaus Hiaslegg bestiegen wird. Am hiesigen Edelweißboden ist der Name auch Programm.

Im Norden: Zeller Staritzen und Salzatal

Das Gebiet um die Zeller Staritzen ist touristisch wenig erschlossen. Seit Jahrhunderten sind umfangreiche Jagdgebiete und konsequenter Wasserschutz dafür verantwortlich, dass die Nordseite des Hochschwabs weitgehend unberührt blieb. Unzählige Quellen sammeln sich im Salzatal zur Zweiten Wiener Hochquellenwasserleitung, die mittlerweile für mehr als 50 Prozent des Wiener Trinkwassers verantwortlich ist.

Rund um die Zeller Staritzen genießen wir eine idyllische Almlandschaft, die uns von der Aflenzer Staritzen bis hin zum Ebenstein blicken lässt. Ein besonderes Panorama! Unweit davon sind vor einigen Jahren an der Spielmäuer ein Klettergarten, Klettersteige sowie ein Wanderweg auf den 1360 Meter hohen Gipfel angelegt worden. Während die Klettersteige und Kletterrouten nicht ganzjährig geöffnet sind, führt der Wanderweg außen herum vorbei, und das ist auch gut so. Denn so erleben wir mit der Teufelsbrücke, einem imposanten Felsgiganten, eines der besonders spektakulären Naturschauspiele der gesamten Region.

Bezüglich touristischer Erschließung bestätigen Ausnahmen sprichwörtlich die Regel, so gilt Wildalpen als das touristische Mekka der Region. Wildwasserfahrer versuchen sich hier auf der Salza und verleihen dem kleinen Ort ein besonderes Flair von sportlicher Unbeschwertheit und Lebensfreude.

Eine Unbeschwertheit, die wir bei Aufstiegen aus dem Salzatal auf das Hochschwab-Massiv durchaus selten erleben. Rund 1600 Höhenmeter gilt es von Weichselboden auf den Gipfel des Schwaben zu überwinden, dazu vermissen wir Einkehrmöglichkeiten – eine Konsequenz der naturnahen Nutzung der Region. Doch auch diese Aufstiege, sowohl von Weichselboden als auch von Wildalpen, sind lohnenswert und bleiben lange in Erinnerung.

Im Westen: Eisenerz, Präbichl, Vordernberg

Eingebettet zwischen zwei schroffen und lohnenden Gipfelzielen, fügt sich der beliebte Leopoldsteinersee in das westliche Hochschwab-Massiv ein. Ihn umgibt eine kontrastreiche Landschaft, wird er doch im Norden von der steil aufsteigenden Seemauer bis hin zum Hochblaser begrenzt, im Süden

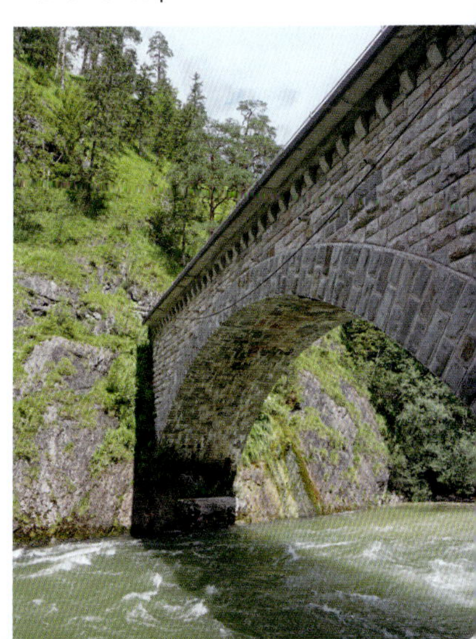

Rauschend das Wasser der Salza, still das Quellwasser am Weg nach Wien.

hebt sich der Pfaffenstein in den Himmel. Der schroffe Felsklotz gilt als beliebtes Tourenziel für alle jene, die sich von Eisenerz auf den Weg machen. So markant wie der Pfaffenstein über der Stadt thront, so unübersehbar formt der über Landesgrenzen hinweg bekannte Erzberg das Stadtbild in südlicher Richtung.

Ebenso schroff und felsig setzen sich die Tourenziele rund um die Passhöhe am Präbichl fort. Vor allem spannend in einer spezifischen Hinsicht ist die Frauenmauer, aber nicht dessen Gipfel, sondern die namensgleiche Höhle, die zu Fuß im Rahmen einer Führung durchquert werden kann. Was für ein Erlebnis! Eine Erfahrung in positivem Sinne ist auch die Besteigung der TAC-Spitze und der Leobner Mauer, deren Zustiege von der Passhöhe Präbichl, 1226 m, vergleichsweise kurz sind. So lässt sich von hier aus auch der Hochturm am Trenchtling-Stock ersteigen, wobei wir wieder bei gebietsüberschreitenden Wanderungen sind: So unterschiedlich die einzelnen Gebiete sein mögen, so stehen sie doch immer miteinander in Verbindung.

Die Region um Eisenerz und Vordernberg zeigt eindrucksvoll den Aufstieg und Niedergang einer Industrie: der Erzgewinnung und Eisenproduktion. Arbeitsplätze verschwanden, die Bevölkerungszahlen der Region gehen seit Jahrzehnten zurück. Eisenerz und Vordernberg haben die industrielle Hochblüte in den vergangenen Jahrzehnten erlebt, Relikte dieser Zeit erfahren und ersehen wir am Erzwanderweg von Präbichl nach Vordernberg. Im Gegensatz dazu nimmt der Tourismus, dank vielseitiger Nutzung des Erzbergs und im Skigebiet Präbichl, Fahrt auf.

Der Erzberg als markantes Wahrzeichen von Eisenerz (Tour 42).

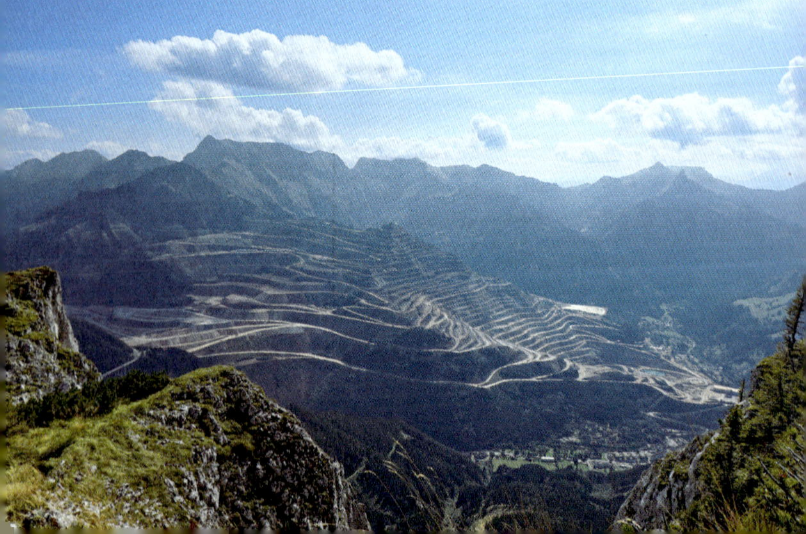

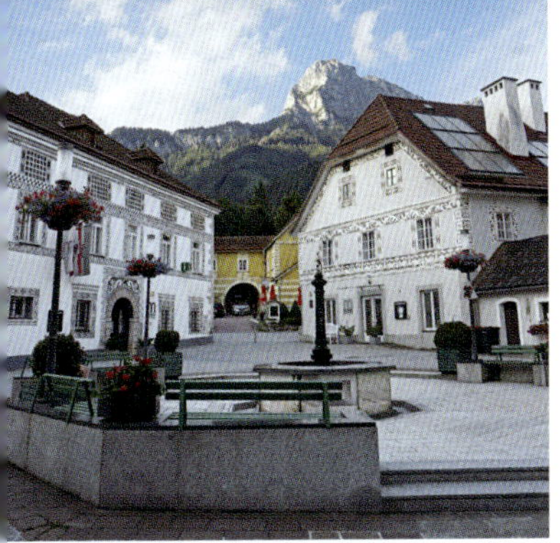

Der ruhige Stadtkern von Eisenerz mit Pfaffenstein.

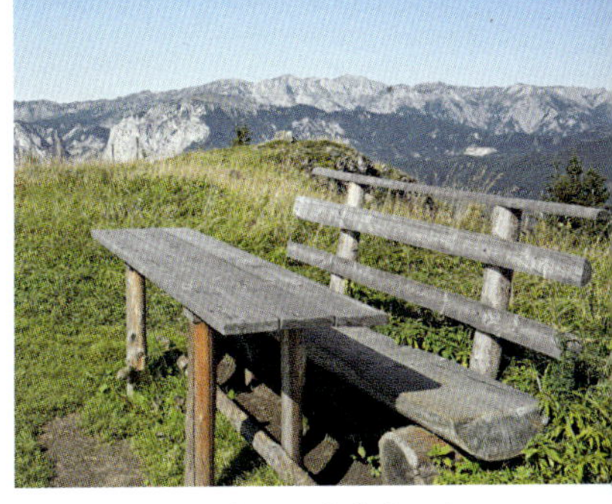

Bankerl mit Aussicht am Thalerkogel (Tour 48).

Im Süden: Trofaiach, Leoben, Bruck an der Mur

Die südliche Hochschwab-Region um Trofaiach, Leoben und Bruck an der Mur ist die große Unbekannte. Oft wird sie auch gar nicht mehr der Hochschwab-Gruppe zugerechnet, obwohl die offizielle Gebirgsgrenze erst die Mur im Süden bildet. Aber irgendwie stimmt es doch: Selbst geologisch betrachtet hebt sich der südliche Abschnitt mit seiner kristallinen Basis gegenüber den Kalkstöcken im Norden ab. Auch von einem touristischen Zentrum oder unzähligen Einkehrmöglichkeiten kann hier nicht die Rede sein. Aber dennoch lohnt es sich, die südlichen Gipfel und Wanderwege der Region zu erkunden. Wer einmal am Thalerkogel gestanden hat, kann dies absolut nachvollziehen.

Besonders macht diese Region die Nähe zu den sehenswerten und historisch wertvollen Städten Leoben und Bruck an der Mur. Denn obwohl wir uns im Umland oft nahe der Zivilisation befinden, fühlen wir uns doch so weit davon entfernt. Und wenn das eine Region schafft, hat sie viel richtig gemacht. So wie die Hochschwab-Gruppe im Gesamten. Mit drei Worten: »Bitte mehr davon!«

WICHTIGE ADRESSEN UND TELEFONNUMMERN

- Tourismusverband Alpenregion Hochschwab
  8623 Aflenz Kurort, Tel. +43 3861 3700, www.regionhochschwab.at
- Tourismusverband Erzberg Land
  8793 Trofaiach, Tel. +43 664 405 8077, www.erzbergland.at
- Tourismusverband Tragöß – Grüner See
  8612 Tragöß, Tel. +43 3868 8330, www.tragoess-gruenersee.at
- Tourismusverband Gesäuse – Wildalpen
  8911 Admont, Tel. +43 3613 21160 10, www.gesaeuse.at

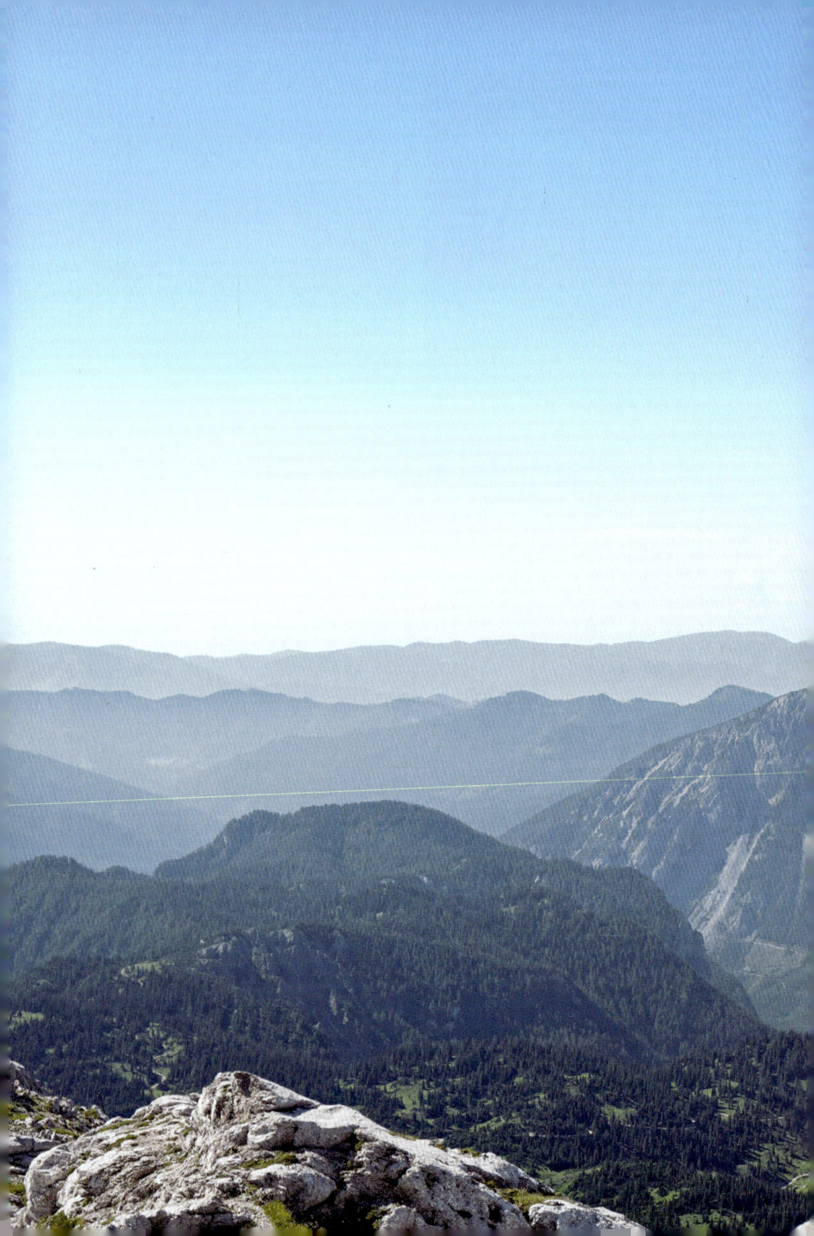

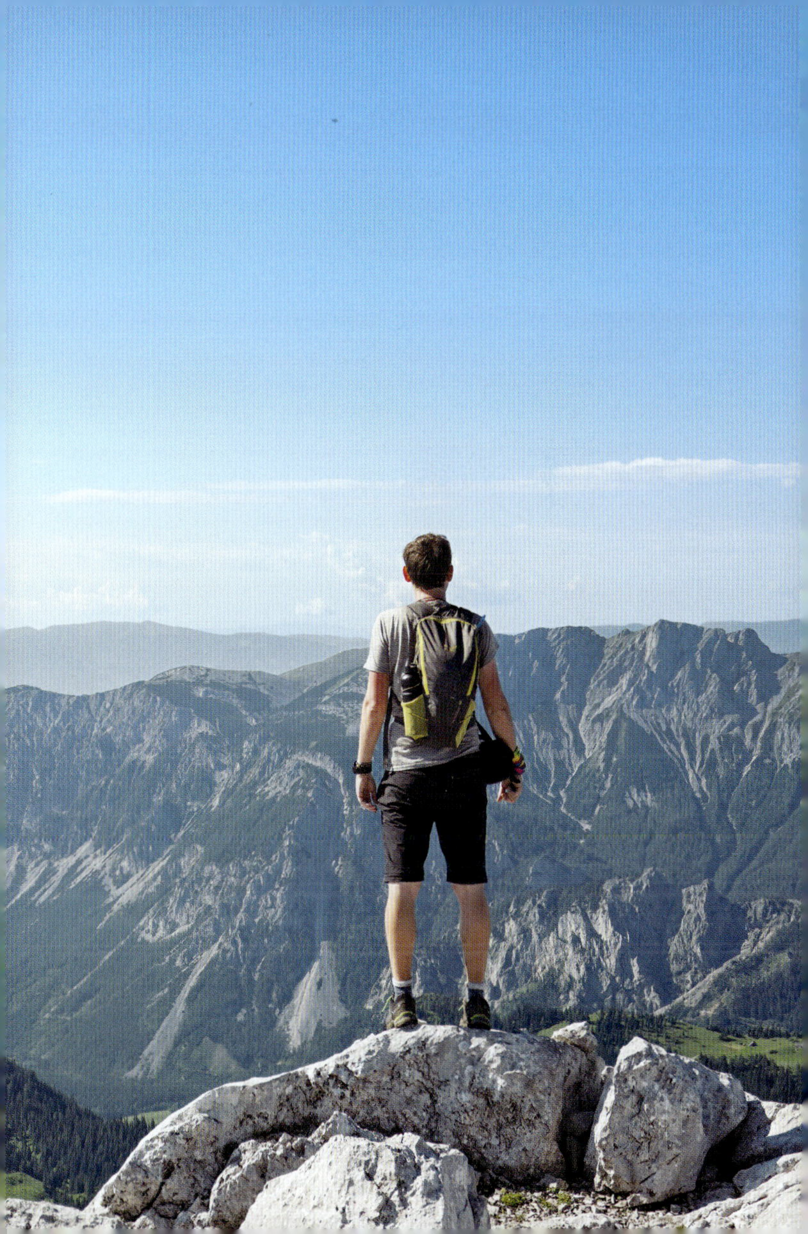

TOP

1 Aflenzer Staritzen und Hochschwab, 2277 m

↗ 1450 m | ↘ 1770 m | 26.6 km

9.30 h

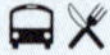

Aussichtsreicher Höhenweg auf den Gipfel des »Schwaben«

Wer sich mit eindrucksvollen Ausblicken dem Gipfel des Hochschwabs nähern möchte, findet am Weg über die Aflenzer Staritzen die passende Grundlage dafür. Ruhende Steinböcke und pfeifende Murmeltiere sind tierische Begleiterscheinungen dieser Tour. Vorausgesetzt, das Wetter spielt mit.

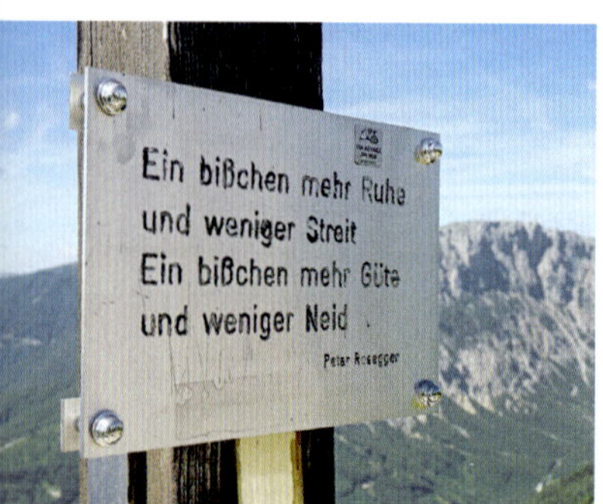

Peter Rosegger immer mit den richtigen Worten.

Ausgangspunkt: Bushaltestelle Seeberg Passhöhe, 1246 m. Mit dem Auto auf der B 20 von Kapfenberg bzw. Mariazell zum Seebergsattel. Gebührenfreier Parkplatz direkt an der Bushaltestelle.
ÖPNV: Mit dem Bus 172 vom Bahnhof Bruck an der Mur bzw. Busbahnhof Mariazell zum Ausgangspunkt (ca. 4–5 Verbindungen am Tag).
Endpunkt: Bushaltestelle Seewiesen am Hochschwab Dullwitz, 931 m (Buslinie 172), oder zu Fuß zurück zur Passhöhe.
Anforderungen: Über die Aflenzer Staritzen ständiges Auf und Ab, nur bei stabilem Wetter empfehlenswert. Unschwierige Wege, jedoch konditionell fordernd.
Einkehr: Schiestlhaus, ÖTK; bewirtschaftet Mitte Mai bis 26. Oktober, 61 Schlafplätze. Voisthaler Hütte, ÖAV; Neubau eröffnet Mitte August 2021, bewirtschaftet von Anfang Mai bis Ende Oktober, 60 Schlafplätze. Seeberghof; Bewirtung nur für Nächtigungsgäste. Alpengasthof Schuster, 1001 m; ca. 15 Min. vom Endpunkt entfernt, ganzjährig bewirtschaftet (Ruhetag: Di, November–April zusätzlich Mo), Nächtigung auf Anfrage.
Variante: »Fluchtweg« vom Ochsenreichkar ❹ zur Voisthaler Hütte.
Tipp: Genussvolle 2-Tages-Tour mit Nächtigung am Schiestlhaus oder auf der Voisthaler Hütte.

Seeberg Passhöhe 1246 m ❶ – Seeleiten 1734 m ❷ – Staritzensattel 1751 m ❸ – Ochsenreichkar 1835 m ❹ – ❺ – ❻ Schiestlhaus 2154 m – ❼ Hochschwab 2277 m – ❻ – ❺ Rotgangboden – ❽ Voisthaler Hütte 1654 m – ❾

2000 m, 1750 m, 1500 m, 1250 m, 1000 m

0 – 1.25 – 1.45 – 4.00 – 4.45 – 5.30 – 6.00 – 7.00 – 7.40

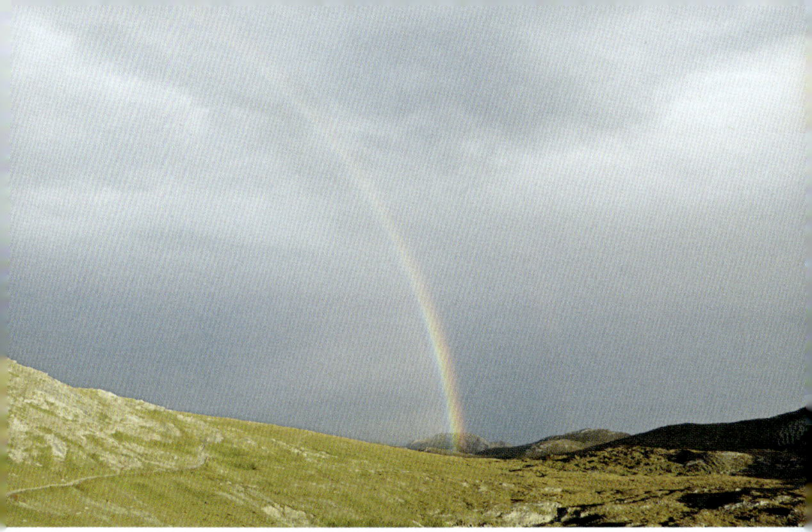

Nach einem Regenguss zeigt sich ein Regenbogen über dem Schiestlhaus.

Von der Bushaltestelle **Seeberg Passhöhe** ❶ starten wir in diese lange Wandertour. Der erste Abschnitt führt uns über den Ludwig-Wagner-Steig gut markiert und teils schweißtreibend über eine Geländekante auf den lang gezogenen Höhenrücken der Aflenzer Staritzen. Zur Rechten lohnt sich ein Abstecher auf die hinter Latschen versteckte **Seeleiten** ❷. Hier findet sich ein Zitat des Schriftstellers Peter Rosegger: »Ein bißchen mehr Ruhe und weniger Streit. Ein bißchen mehr Güte und weniger Neid.«
Der weitere Weg führt nun nahezu problemlos über den Höhenrücken bis zum Schiestlhaus. Zuerst steigen wir hinab zum **Staritzensattel** ❸, von wo der Prinzensteig zur Graualm führt (siehe Tour 2), und legen vorbeigehend an Mieserkogel, 1855 m, und Krautgartenkogel, 1988 m, bis zur Weggabelung in der Niederen Scharte, 1898 m, wieder einige Höhenmeter zurück. 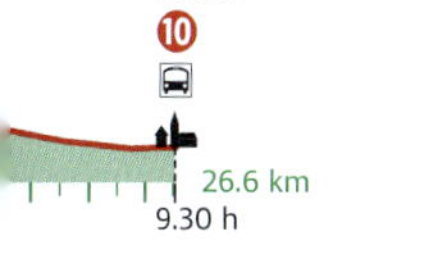
Nächstes Highlight ist die Geländekante der Ringkarwand, welcher wir sehr nahe kommen und dabei einen beeindruckenden Blick in den Oberen Ring werfen. Es ist außerdem keine Seltenheit, hier freundlichen Steinböcken über den Weg zu laufen. Wir umgehen den Hutkogel nordseitig über felsiges Gelände und steigen ins **Ochsenreichkar** ❹ ab. Wem diese Tour bereits zu anstrengend wird, kann erstens hier an der Quelle die Wasserflaschen wieder auffüllen und zweitens über das Kühreichkar zur Voisthaler Hütte absteigen.

Seewiesen Dullwitz
931 m
⑩

26.6 km
9.30 h

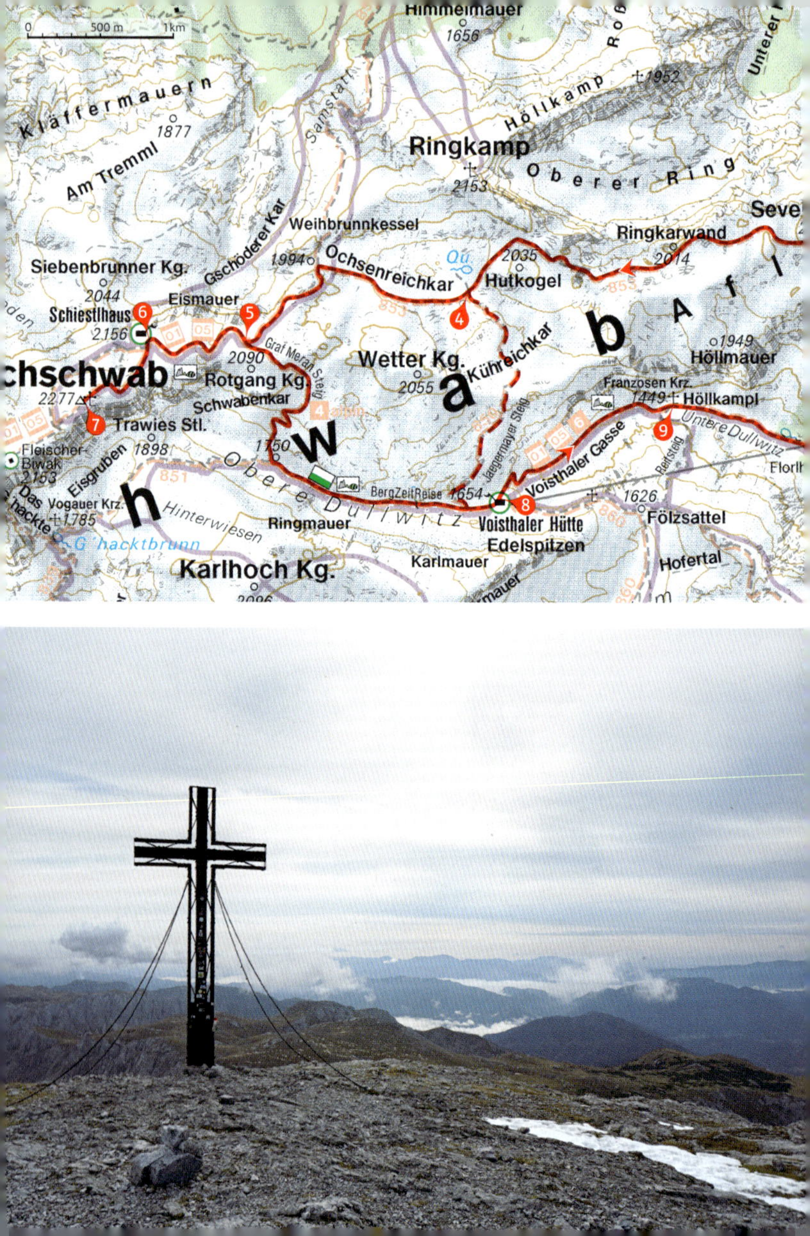

0
500 m
1km
Himmelmauer
1656
Kläffermauern
1877
Am Tremml
Höllkamp
1952
Ringkamp
2153
Oberer Ring
Weihbrunnkessel
Gschöderer Kar
Ringkarwand
2014
Siebenbrunner Kg.
2044
1994
Ochsenreichkar
Qu.
2035
Hutkogel
853
Schiestlhaus
2156
Eismauer
01
05
2090
Graf Meran Steig
Wetter Kg.
Kühreichkar
1949
Höllmauer
chschwab
Rotgang Kg.
2055
Franzosen Krz.
1449
Höllkampl
2277
Schwabenkar
Trawies Stl.
1750
Untere Dullwitz
Fleischer-Biwak
2153
Eisgruben
1898
Obere Dullwitz
851
Jaegermayer Steig
Voisthaler Gasse
Reitsteig
Vogauer Krz.
1785
BergZeitReise
1654
Voisthaler Hütte
1626
Fölzsattel
Hinterwiesen
Ringmauer
Edelspitzen
G'hacktbrunn
Karlhoch Kg.
Karlmauer
Hofertal
860

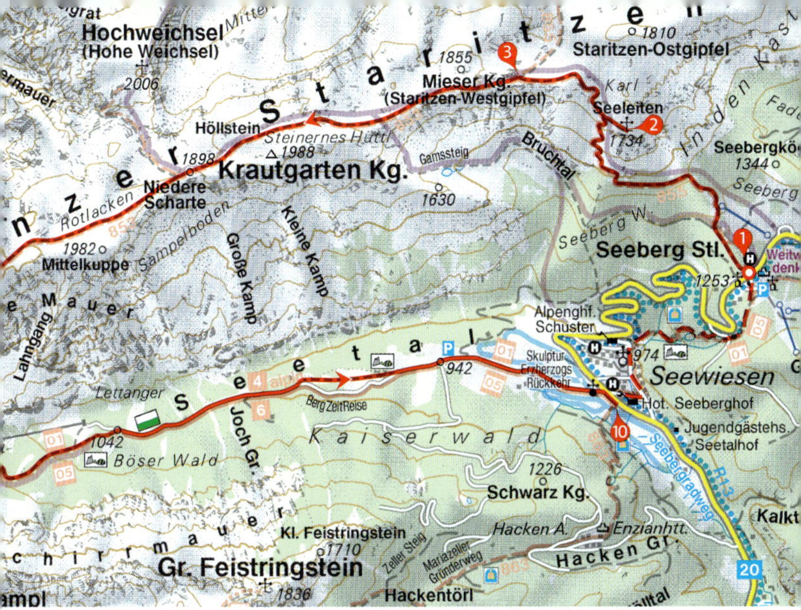

Während uns Murmeltiere nachpfeifen, steigen wir aus dem Ochsenreichkar kommend wieder bergan zu einem breiten Sattel und einer Weggabelung, 1994 m. Hier links und über teils steiniges Gelände zur Wegkreuzung am **Rotgangboden** ❺. Von hier sind es noch rund 25 Min. zum **Schiestlhaus** ❻, das sich auch für eine spätere Nächtigung anbietet. Stangenmarkierungen führen uns links haltend am Kleinen Hochschwab vorbei zum bereits sichtbaren Gipfelkreuz am **Hochschwab** ❼.
Wir genießen die Rundumsicht und steigen wieder zum Schiestlhaus ab bzw. wandern auf gleicher Strecke zurück zur Wegkreuzung am **Rotgangboden** ❺. Hier begehen wir neue Pfade und steigen über den Graf-Meran-Steig in die Obere Dullwitz und weiter zur neu errichteten **Voisthaler Hütte** ❽ ab. Von hier aus wandern wir nahezu ständig abwärts, mit einem kurzen Gegenanstieg zum **Franzosenkreuz** ❾. Vorbei an der Florlhütte erreichen wir im Angesicht der Gschirrmauer das Seetal und wandern ohne große Höhenunterschiede durch das Tal nach **Seewiesen** ❿. In diesem kleinen Ort kann man entweder eine Nacht im Seeberghof verbringen oder mit dem Bus abreisen. Wer das Auto am Seebergpass stehen hat, wandert auf einer Nebenstraße zum Alpengasthof Schuster hoch und wechselt hier auf einen markierten Wanderweg in den Wald direkt zur **Seeberg Passhöhe** ❶.

Nach einem langen Aufstieg ist das Gipfelkreuz erreicht.

↗ 760 m | ↘ 760 m | 13.1 km

2 Staritzen Ostgipfel, 1810 m, und Graualm

4.45 h

»Ich war der erste Tourist«

Diese Worte schrieb einst im Jahr 1803 der österreichische Erzherzog Johann in sein Tourenbuch. Vom Schloss Brandhof, ursprünglich ein Gutshof, später zu einem Jagdschloss umgebaut, startete der alpinistisch interessierte Erzherzog die erste touristische Überschreitung des Hochschwabs. Der »Prinzensteig« am Weg zur Graualm erinnert an den damals 21-jährigen Johann, den »steirischen Prinzen«. Der selten besuchte, aber nicht minder sehenswerte Ostgipfel der Aflenzer Staritzen lässt dank wegloser Besteigung das Gefühl eines »ersten Touristen« wahr werden.

Unübersehbare Wegkreuzung im Staritzensattel.

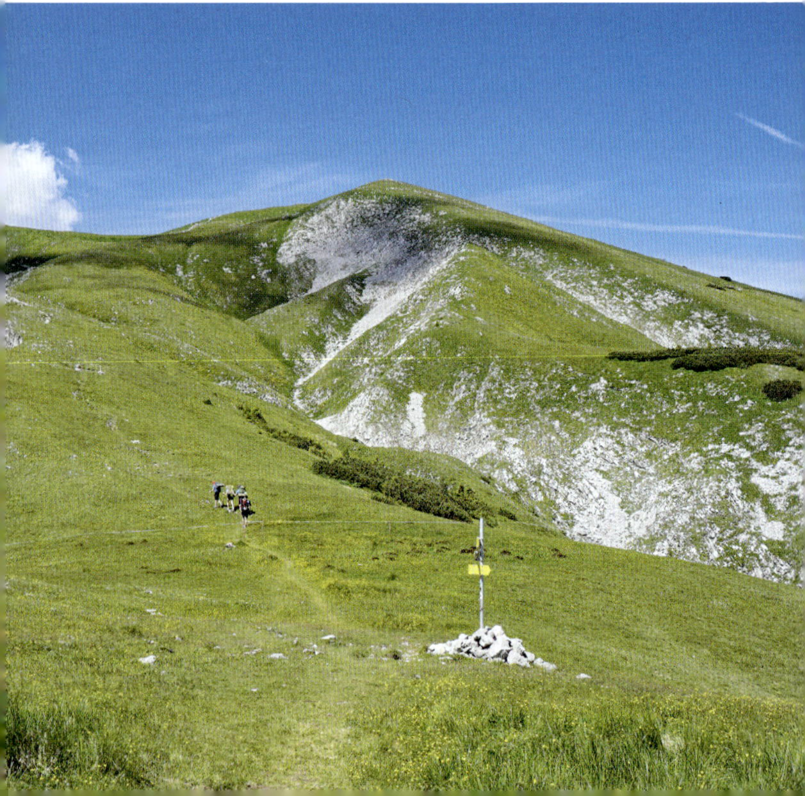

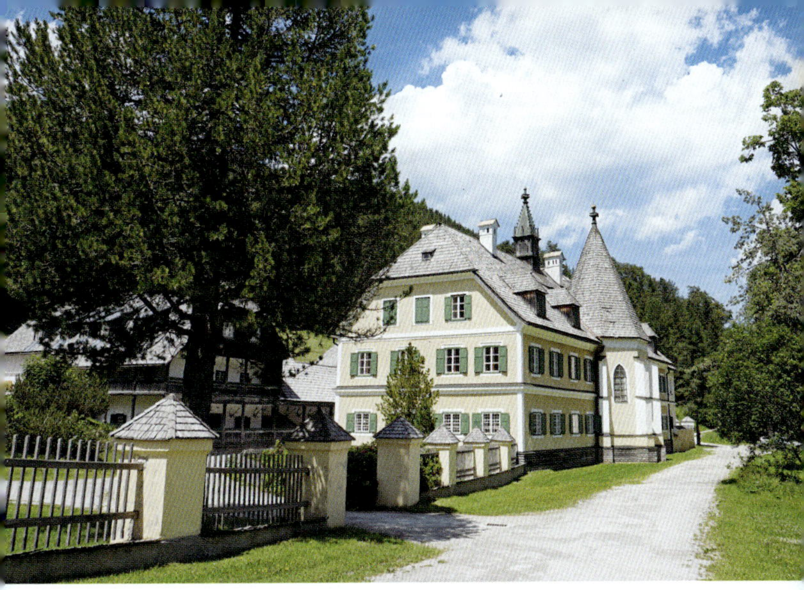

Auf adeligen Spuren: Schloss Brandhof.

Ausgangspunkt: Bushaltestelle Seeberg Passhöhe, 1246 m (siehe Tour 1).
Anforderungen: Unschwierige markierte Wanderwege und Steige.
Einkehr: Mitterbodenhütte auf der Graualm; bewirtschaftet Anfang Juni bis Mitte September (Ruhetag: Di), 15 Schlafplätze auf Anfrage. Almgasthaus Seebergalm; bewirtschaftet Freitag bis Sonntag, Montag bis Donnerstag auf Anfrage, 8 Schlafplätze stehen auf Anfrage zur Verfügung.
Variante: Weitere Gipfelmöglichkeit Hochweichsel (auch Hohe Weichsel): ab Abzweiger Prinzensteig ❹ 2.45 Std. hin und retour, 430 m im Auf- und Abstieg. Am markierten Weg über die Hochfläche, in der Niederen Scharte rechts abbiegen (Wegweiser) in eine Karmulde, teils steiler Anstieg auf den Gipfel.

Von der Bushaltestelle **Seeberg Passhöhe** ❶ steigen wir über den markierten Ludwig-Wagner-Steig (Nr. 855) durch Hochwald und über Wiesengelände hoch. Unseren rasanten Aufstieg unterbrechen wir kurz und wenden uns links dem weiteren Weg zu, der die Hänge der Seeleiten südseitig quert. Mit nur wenig Höhenunterschied wandern wir durch Hochwald, ehe der Pfad wieder ansteigt. In Serpentinen schlängeln wir uns über eine aussichtsreiche Bergwiese hoch, und vorbei an markanten Felsen erreichen wir die Hochfläche. Zur Rechten lohnt sich ein Abstecher auf den Gipfel der **Seeleiten** ❷.
Der markierte Weg führt uns auch dank Stangenmarkierung die ersten Meter über die Hochfläche zu einer ersten eher unscheinbaren Erhebung. Zur

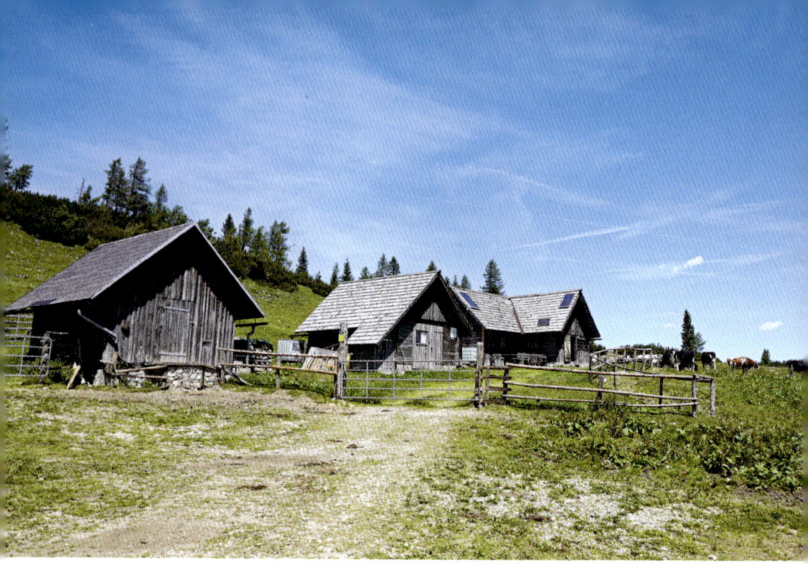

Die Graualm ist ein besonders idyllischer Fleck am Hochschwab.

Rechten erblicken wir das erhöhte Gelände des Staritzen Ostgipfels. Weglos orientieren wir uns am Höhenrücken und den Steinhaufen, umgehen manch Latschenfeld und begehen Latschengassen zum unscheinbaren, aber aussichtsreichen **Staritzen Ostgipfel 3**, der wiederum mit einem Steinhaufen gekennzeichnet ist.

Wir kehren auf gleichem Wege wieder zurück zur Hauptstrecke und wandern in weiterer Folge absteigend in den **Staritzensattel 4**. Geradeaus führt der Weg zur Hochweichsel (siehe Variante), wir biegen jedoch rechts ab Richtung Graualm. Der Prinzensteig führt nun genussvoll abwärts, eine Almstraße leitet weiter zur Alm, wobei wir die Almstraße über einen markierten Wiesenweg abkürzen können. Die Mit-

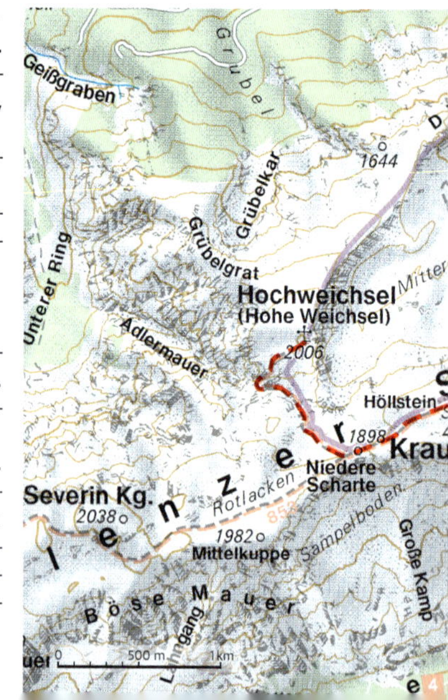

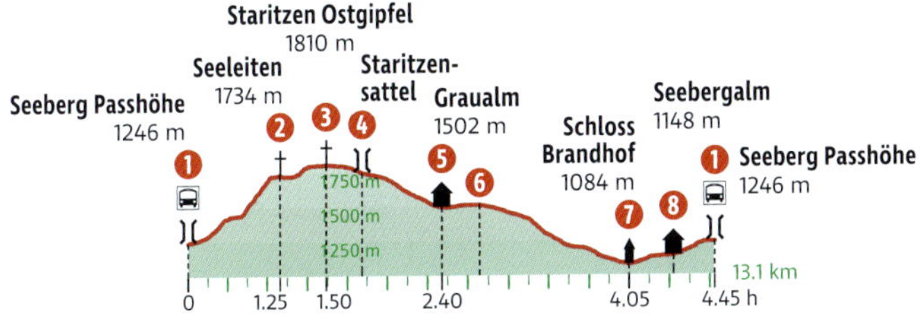

terbodenhütte (hintere Hütte) auf der **Graualm** ❺ ist bewirtschaftet und lädt zur ausgiebigen Rast ein.

Nach dem Verlassen der Alm halten wir uns halb links und folgen den Hinweisen zum Brandhof. Wir steigen sanft zur **Leitenalm** ❻ hoch und wandern dann die aussichtsreiche weiterführende Forststraße abwärts. Markierte Wanderwege kürzen die Straße ab. Vorbei an einem Wildgatterzaun landen wir am **Schloss Brandhof** ❼. Wir passieren das Anwesen, wandern auf einer Forststraße sanft aufwärts zur Bundesstraße, queren diese und erreichen die **Seebergalm** ❽. Rechts haltend bringt uns der bergwärts führende und breite Wanderweg direkt zum Parkplatz auf der **Passhöhe** sowie zur **Bushaltestelle** ❶.

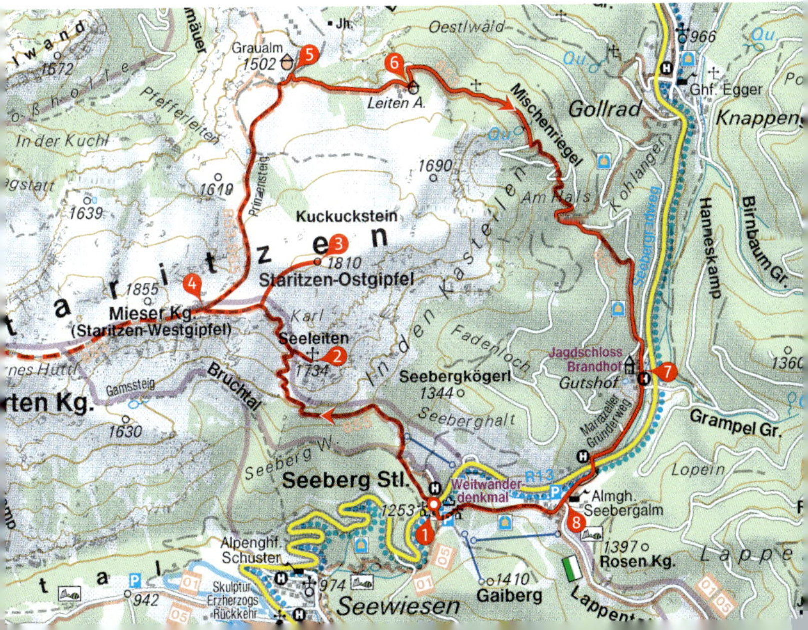

↗ 670 m | ↘ 670 m | 11.0 km

3 Hochanger, 1682 m, und Ostereralm

4.00 h

Naheliegender Geheimtipp in der benachbarten Gebirgsgruppe

Eigentlich ist diese Tour die einzige Wanderung im Buch, die nicht in der Hochschwab-Gruppe – nach der Alpenvereinseinteilung der Ostalpen – platziert ist. Und eigentlich befinden sich Wanderer hier in den Mürzsteger Alpen, da die Seeberg-Passstraße die Grenze der beiden Gebirgsgruppen markiert. Aber eigentlich wäre es zu schade, den Hochanger und die Ostereralm, auch wegen der geografischen Nähe, nicht in diesen Wanderführer aufzunehmen. Von nirgendwo anders eröffnet sich so ein fantastischer Blick in das aufsteigende Seetal über die Aflenzer Staritzen bis hin zum Hochschwab-Gipfel. In der entgegengesetzten Himmelsrichtung zeigen sich Veitsch, Schneeberg und viele weitere Gipfel der Wiener Hausberge. Und ja: Eigentlich lohnt sich dieser Ausflug zum »Nachbarn« doch ziemlich.

Ausgangspunkt: Bushaltestelle Seeberg Alpe, 1144 m. Gebührenfreier Parkplatz direkt vor der Seebergalm, ca. 300 m von der Bushaltestelle entfernt. Mit dem Auto auf der B 20 von Kapfenberg bzw. Mariazell zum Seebergsattel.
ÖPNV: Bus 172 vom Bahnhof Bruck an der Mur bzw. Busbahnhof Mariazell zum Ausgangspunkt (ca. 4–5-mal täglich).
Anforderungen: Unschwierige, meist markierte Wanderwege. Aufstiegsweg zum Hochanger selten sichtbar, der Weg führt über eine Kuhweide.
Einkehr: Almgasthaus Seebergalm (siehe Tour 2). Rabenkogelhütte auf der Ostereralm; bewirtschaftet Juni bis September, Getränkebrunnen. Stroblhütte auf der Göriacher Alm; bewirtschaftet Juni–Sept., im Oktober an den Wochenenden, 18 Schlafplätze auf Anfrage.
Tipp: Prächtig gelbe Blütenpracht dank Hahnenfuß-Gewächsen am Hochanger-Gipfelplateau im Frühsommer.

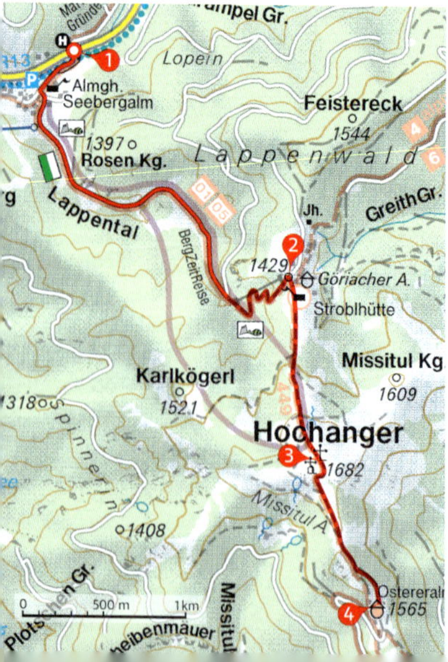

Von der Bushaltestelle **Seeberg Alpe** ❶ spazieren wir auf der Asphaltstraße vorbei am Parkplatz zur **Seebergalm**. Direkt dahinter folgen wir links der markierten Schotterstraße in das Lappental. Im Wald steigt die Straße stärker an, bei einer Rechtskehre verlassen wir sie links auf einen markierten Pfad, der uns nach rund 20 Min. wieder auf die Schotterstraße entlässt. Ab hier sind es nur mehr wenige Minuten

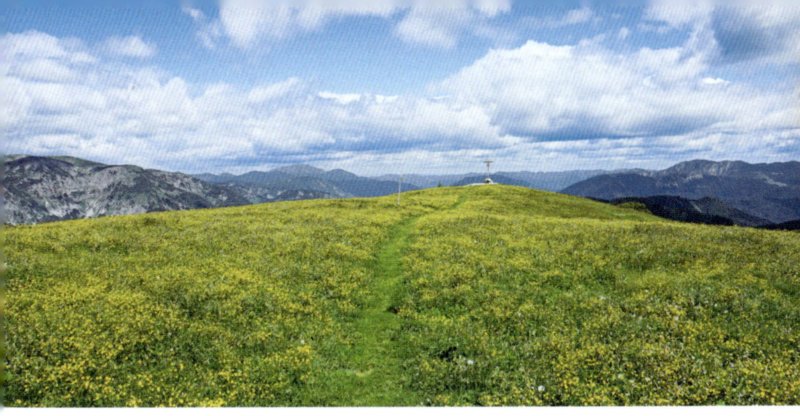

Zur richtigen Jahreszeit ein bunter Gipfel: der Hochanger.

bis zur **Göriacher Alm** ❷. Vor uns breitet sich die Hohe Veitsch aus, zur Rechten etwas vorgelagert zeigt sich der Rauschkogel, noch etwas weiter rechts und näher zu uns baut sich der Hochanger auf.

Unser Weg auf den Hochanger beginnt in Höhe des hölzernen Kreuzes mit güldener Heiligenfigur. Wir steigen über einen nicht immer ersichtlichen Wiesenpfad die Kuhweide hoch (zur Linken befindet sich anfänglich die Stroblhütte), durchschreiten bereits nahe am Gipfel einen Weidezaun und landen auf der sanft aufsteigenden Gipfelwiese. Im Frühsommer breitet sich ein gelbes Meer von Hahnenfuß-Gewächsen aus, ein ausgetrampelter Pfad führt nahezu fürstlich auf den Gipfel des **Hochanger** ❸. Von hier aus blicken wir auf die Ötscherregion, den gesamten Höhenrücken der Aflenzer Staritzen, Richtung Veitsch und durch das Seetal auf den Hochschwab.

Der Weg zur Ostereralm führt über das Gipfelplateau zu einem Gedenkstein, kurz steinige Serpentinen hinab zu einer Almstraße und diese wiederum zur **Ostereralm**. Gleich zur Rechten laden ein Getränkebrunnen und die bewirtschaftete **Rabenkogelhütte** ❹ zur Rast ein.

Nach umfangreicher Verpflegung geht's am gleichen Weg wieder retour zum Ausgangspunkt bei der **Seeberg Alpe** ❶.

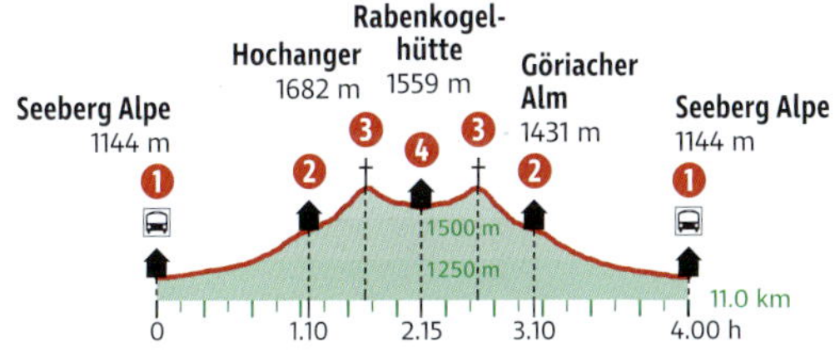

↗ 1470 m | ↘ 1470 m | 24.8 km

4 Voisthaler Hütte und Hochschwab, 2277 m

9.15 h

Ein stetig ansteigendes Bergvergnügen

Mit den Worten »Ich war der erste Tourist« begrüßt Erzherzog Johann von Österreich (siehe Tour 2) die Wanderer am Beginn des Seetals in Seewiesen. Der nun meistbegangene Weg auf den Hochschwab durch das stetig schmäler und steiler werdende Tal führt zur 2020/21 neu errichteten Voisthaler Hütte und über den Graf-Meran-Steig stetig ansteigend auf den geografischen Höhepunkt der Gebirgsgruppe.

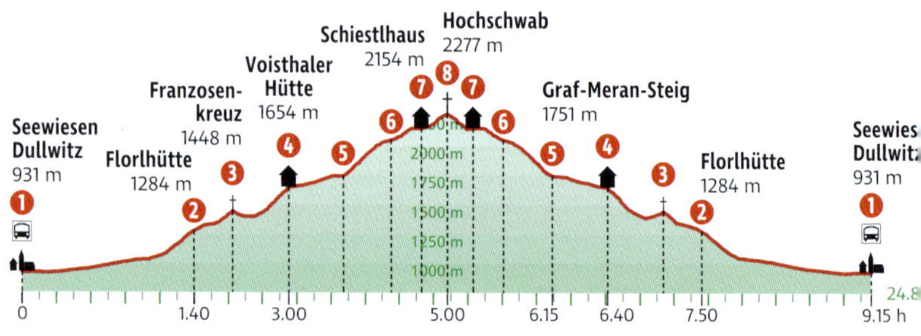

Ausgangspunkt: Bushaltestelle Seewiesen am Hochschwab Dullwitz, 931 m. Mit dem Auto auf der B 20 von Kapfenberg bzw. Mariazell nach Seewiesen. Gebührenfreier Parkplatz im Seetal (Schotterstraße) vor einer Schranke bzw. 200 m nordwärts von der Bushaltestelle an der B 20. Parkplatz beim Seeberghof nur für Hausgäste!
ÖPNV: Bus 172 vom Bahnhof Bruck an der Mur bzw. Busbahnhof Mariazell zum Ausgangspunkt (ca. 4–5-mal am Tag).
Anforderungen: Unschwierige markierte Wanderwege und Steige. Konditionell fordernd aufgrund der Länge.
Einkehr: Voisthaler Hütte und Schiestlhaus (beide siehe Tour 1).
Tipp: Ideal als 2-Tages-Tour mit Nächtigung auf der Voisthaler Hütte oder am Schiestlhaus.

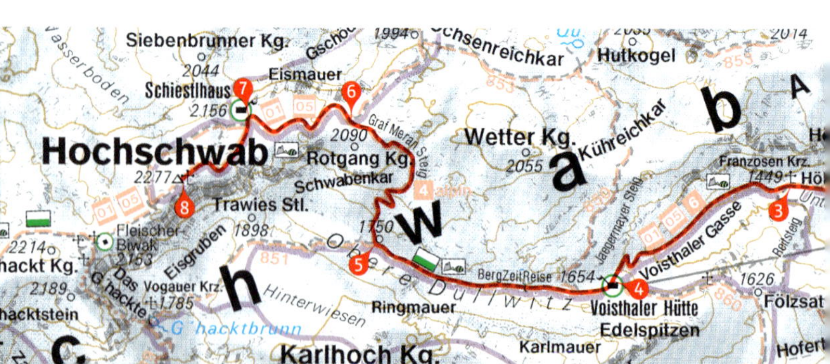

Von der Bushaltestelle **Seewiesen** ❶ gehen wir ein kurzes Stück entlang der B 20 leicht aufwärts und biegen links bei einem überdimensionalen halbierten Bilderrahmen mit in Glas gefasster Inschrift von Erzherzog Johann auf eine Schotterstraße ab. Zur Linken befindet sich eine Kapelle. Die Schotterstraße führt zu einem Parkplatz vor einer Schranke, welche wir umgehen und so tiefer in das Seetal vordringen. Gemeinsam mit den Weitwanderwegen 01 und 05 nähern wir uns dem Ende der Forststraße und verlassen diese im »Bösen Wald« zur Linken auf einen Wanderweg. Wir steigen hoch zur unbewirtschafteten **Florlhütte** ❷ und weiter aufwärts auf den Sattel am Höllkampl. Hier entdecken wir das **Franzosenkreuz** ❸, das an die Kämpfe gegen Napoleons Soldaten zu Anfang des 19. Jahrhunderts erinnert.

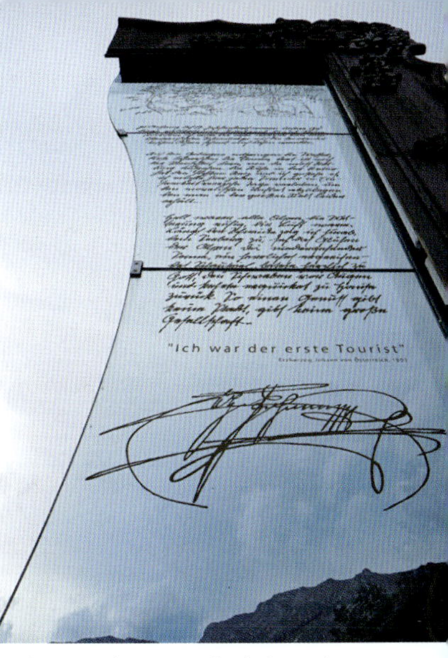

Erzherzog Johanns Tagebucheintrag begrüßt uns am Beginn des Seetals.

Wir steigen kurz in den Höllboden ab und nähern uns der Voisthaler Gasse, die uns zur neu errichteten **Voisthaler Hütte** ❹ führt. Der weitere Weg verläuft mit Blickrichtung Hochschwab in die Obere Dullwitz und zweigt bei rund 1750 m auf den **Graf-Meran-Steig** ❺ ab. Dieser führt unschwierig, aber steil zuerst zur 2000-Meter-Marke und weiter zur Wegkreuzung am **Rotgangboden** ❻. Zur Linken ist es nicht mehr weit zum **Schiestlhaus** ❼, ebenso nicht mehr weit zum Gipfelkreuz am **Hochschwab** ❽.
Der **Abstieg** erfolgt wie der Anstieg, Alternative ist der Übergang über die Aflenzer Staritzen (siehe Tour 1).

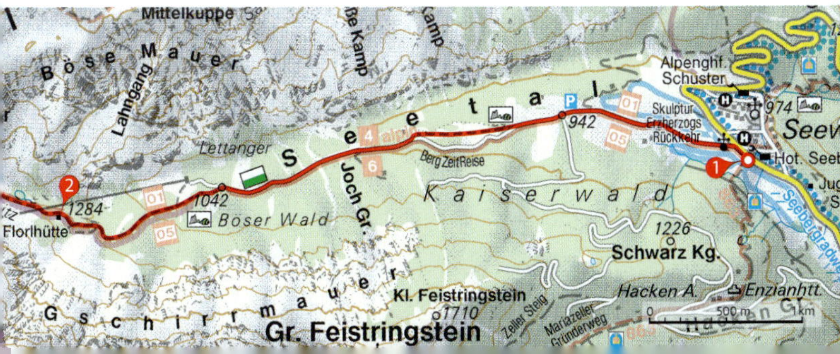

TOP

↗ 1250 m | ↘ 1250 m | 19.6 km

5 Höchstein, 1741 m, und Voisthaler Hütte

7.30 h

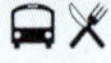

Ein mit Edelweiß überzogener Geheimtipp

Der Höchstein ist zwar in geografischer Hinsicht nicht unbedingt das höchste der Gefühle. Dennoch machen der kleine felsige Gipfelaufbau und die prächtige Ausbreitung des Edelweiß in unmittelbarer Nähe diesen oft unbeachteten Gipfel zu einem wahren Augenschmaus. Für alpinsportliche Gemüter lohnt sich ein Ausflug auf den Großen Feistringstein, ehe der sehenswerte Übergang über die Mitteralm zur Voisthaler Hütte wieder für felsige Ausblicke in Form der Hochschwab-Südwand sorgt.

Edelweiß voraus am Höchstein.

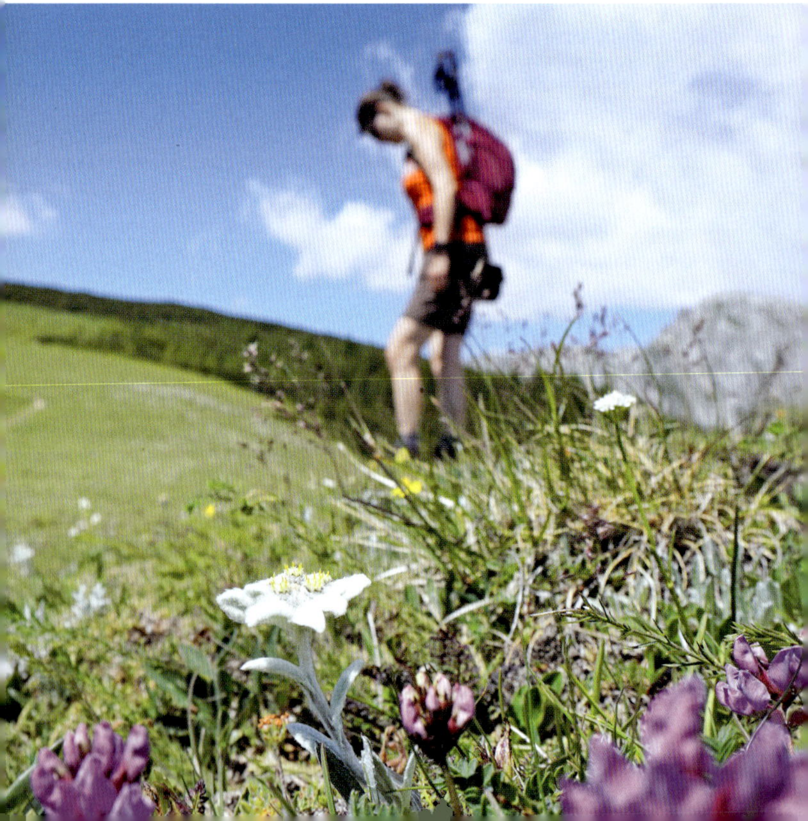

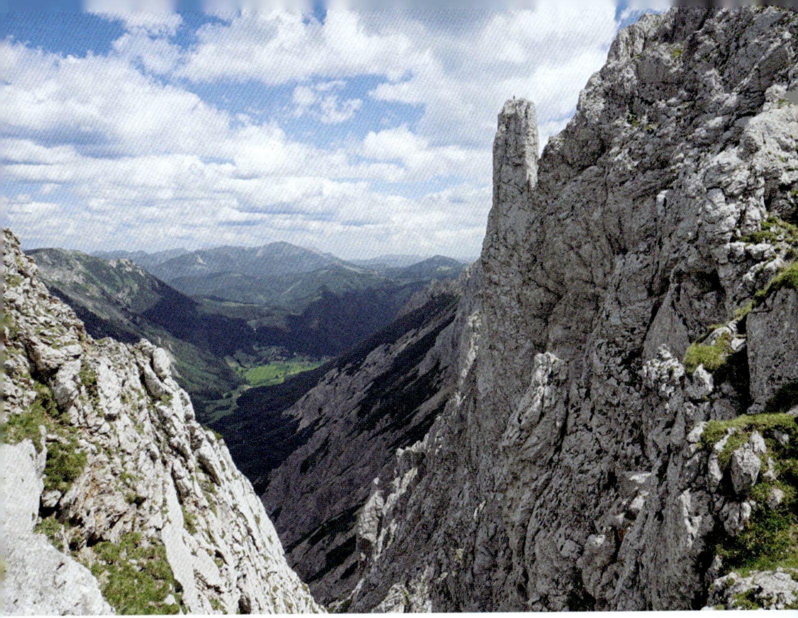

Imposanter Blick hinab ins Seetal.

Ausgangspunkt: Bushaltestelle Seewiesen am Hochschwab Dullwitz, 931 m (siehe Tour 4).
Anforderungen: Unschwierige und markierte Wege auf den Höchstein. Übergang zum Fölzsattel meist mit Stangen markiert, Weg gut sichtbar. Teils schmale Felswege am Ochsensteig zur Voisthaler Hütte, aber nicht ausgesetzt.
Einkehr: Voisthaler Hütte (s. Tour 1). Alpengasthof Schuster, 1001 m; ca. 15 Min. vom Ausgangspunkt entfernt, ganzjährig bewirtschaftet (Ruhetag: Mo, Di).
Variante: Klettersteig auf den aussichtsreichen Großen Feistringstein, 1836 m: Vom Zlackensattel ❺ rechts Markierungen zum ausgesetzten Klettersteig (Schwierigkeit B) folgen, Klettersteigset und Helm empfohlen.
Hinweis: Augen offen halten am Übergang zum Höchstein und retour, damit kein Edelweiß zusammengetreten wird.

Wir kehren der Bushaltestelle **Seewiesen** ❶ unsere Rucksäcke zu und beschreiten mit Blick auf die Aflenzer Staritzen und Feistringstein den Wiesenweg, der links von der B 20 abzweigt. Über den Seebach hinweg, wandern wir geradeaus, begleitet von der Wegnummer 863, über Waldwege zur **Hackenalm** ❷, vor Ort auch als Hakenalm bezeichnet. Vorbei an den Almhütten, steigen wir alsbald durch schattigen Buchenwald zum **Hackentörl** ❸, 1291 m, hoch.
Wir halten uns rechts und folgen dem Weg in Richtung Zlackensattel (Nr. 865), der uns unterhalb des Feistringsteins langsam westwärts führt.

Derweil bestaunen wir halb links von uns die sich aufbäumenden Felsgebilde unterhalb des Höchsteins. Noch vor dem eigentlichen Zlackensattel halten wir uns an die linke Wegführung, begehen eine Latschengasse und landen auf einer mit Edelweiß übersäten Wiese. Das kleine Gipfelkreuz des **Höchsteins** 4 ist nur mehr ein paar Schritte entfernt, die Schatulle mit dem Gipfelbuch ist am Felsen einige Meter vor dem Kreuz montiert. Der Blick auf die umliegenden Berge fällt fantastisch aus.

Weiter geht's über die Wiese leicht aufwärts zu einem querenden Wanderweg, der vom Schönleitenhaus und Endriegel herführt. Rechts folgen wir dem Pfad leicht abwärts zum **Zlackensattel** 5 und steigen sogleich am Gegenhang wieder bergauf. Vom Zlackensattel ausgehend haben wir zusätzlich die Möglichkeit, den etwas schwieriger zu besteigenden Großen Feistringstein zu erklimmen (siehe Variante).

Schritt für Schritt über die Mitteralm kommen wir dem Hochschwab näher.

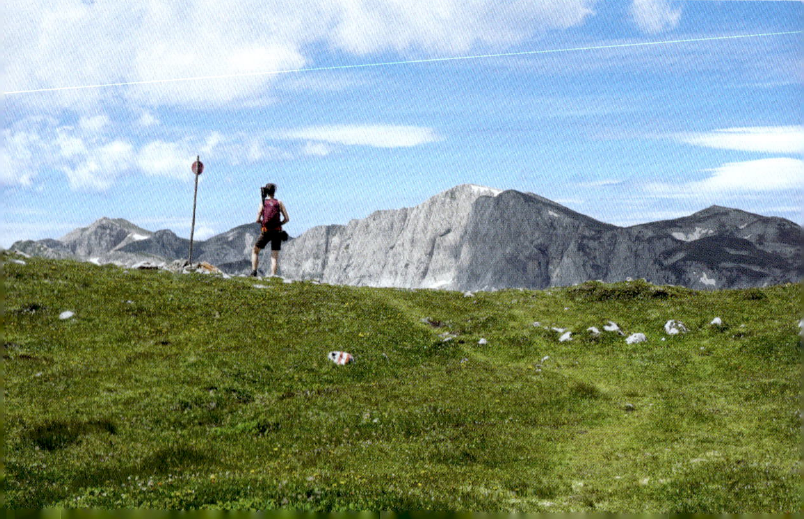

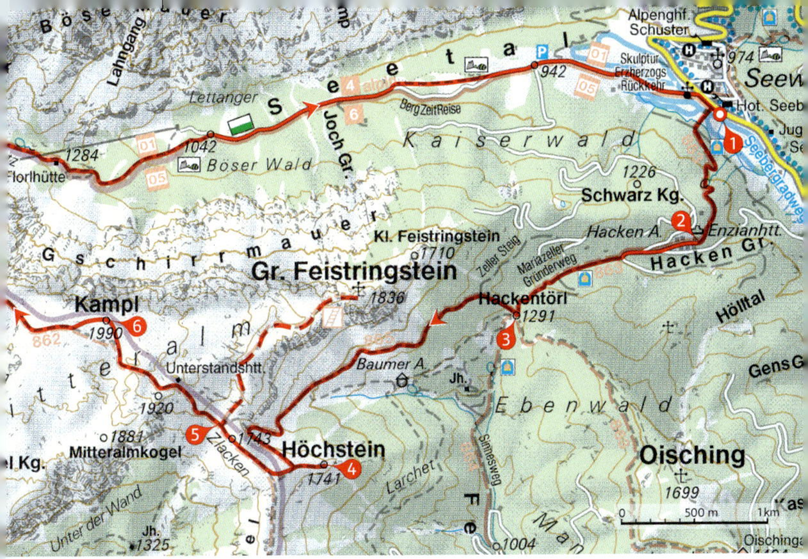

Vorbei an einer Unterstandshütte beschreiten wir das Gebiet der Mitteralm. Ausgetrampelte Pfade und Stangenmarkierungen führen uns über die Hochfläche hinweg und mit einem Schlenker über den **Kampl** 6, ehe sich langsam die Hochschwab-Südwand imposant vor uns aufbaut. Beinahe noch spektakulärer fällt der Blick aus, wenn wir die Geländekante überwinden und sich ein weites Wiesen- und Felsenmeer vor uns ausbreitet.
Stangenmarkierungen leiten uns durch das von Dolinen durchsetzte Gelände, wir blicken ins Seetal und in die Fölz und landen stetig absteigend am **Fölzsattel** 7. Der gut markierte Ochsensteig führt auf teils schmalen Pfaden nordseitig der Edelspitze zur weithin sichtbaren **Voisthaler Hütte** 8. Von hier steigen wir wie bei Tour 1 beschrieben über das **Franzosenkreuz** 9 wieder hinab nach **Seewiesen** 1.

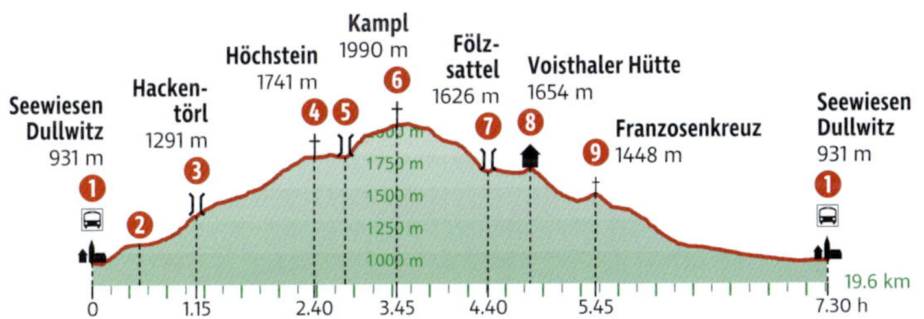

↗ 730 m | ↘ 730 m | 11.1 km

6 Karlhochkogel, 2096 m, und Fölzalm

4.30 h

Schönwetter-Tour für aussichtssüchtige Wanderer

Ein absolutes Gefühl von Freiheit lässt sich auf der weglosen Hochfläche zwischen Karlhochkogel und Fölzstein erfahren. Nahezu alle Erhebungen der Hochfläche sind einfach zu erklimmen, so auch der aussichtsreiche Karlhochkogel. Daher lohnt sich die Begehung dieser Tour nur an nebelfreien Tagen. So vermindert man auch die Gefahr, ein aufschauendes Murmeltier mit einem für die Orientierung wichtigen Steinmännchen zu verwechseln – soll aber nichts Schlimmeres als das passieren. Gehen und genießen ist angesagt, mit kulinarischem Genuss auf der Fölzalm.

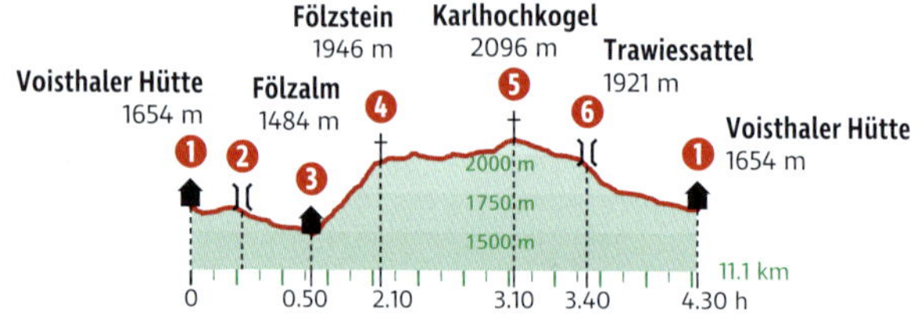

Ausgangspunkt: Voisthaler Hütte, 1654 m (Zustieg siehe Tour 4 oder 5).
Anforderungen: Zwischen Fölzalm und Trawiessattel kaum Markierungen, einige Steinmännchen, weglos, über Hochfläche guter Orientierungssinn nötig.
Einkehr: Voisthaler Hütte (siehe Tour 1). Grasserhütte auf der Fölzalm; bewirtschaftet Juni bis 26. September von Freitag bis Sonntag, Nächtigung auf Anfrage möglich.
Tipps: Nächtigung auf der Voisthaler Hütte. – Die Ruhe genießen am Übergang zum Karlhochkogel und Wildtiere beobachten.
Hinweis: Bei Nebel ist aufgrund der schwierigen Orientierung von dieser Tour abzuraten.

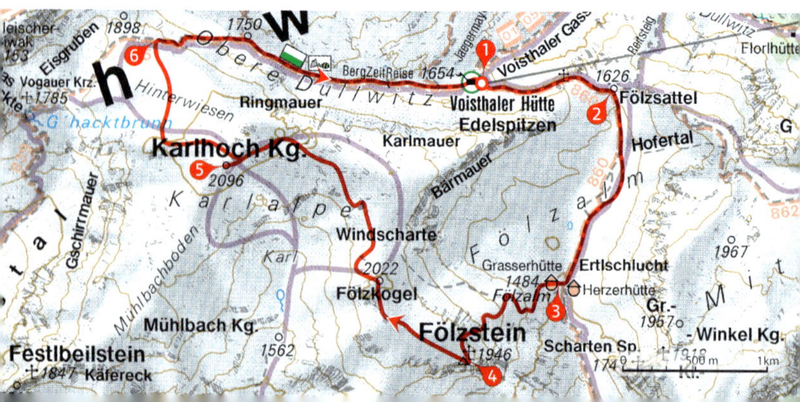

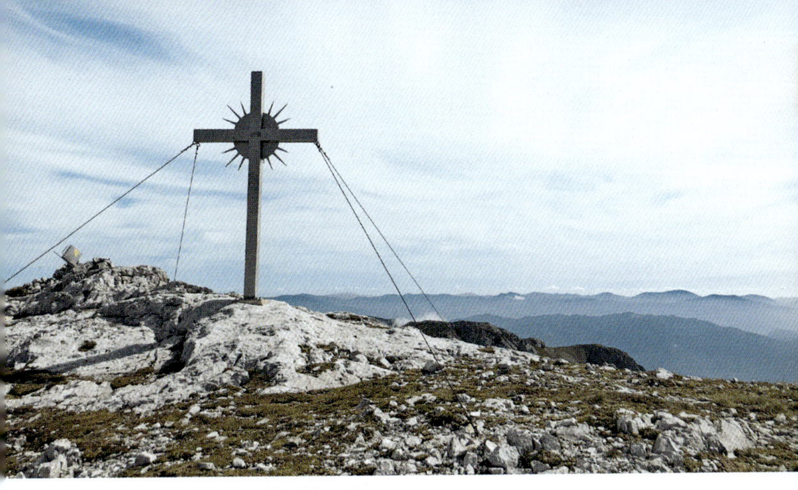

Zackiges Gipfelkreuz am Karlhochkogel.

Ab der neu errichteten **Voisthaler Hütte** ❶ begehen wir den teils schmalen Ochsensteig anfänglich absteigend, danach wieder einige Höhenmeter überwindend auf den **Fölzsattel** ❷. Ab hier erreichen wir auf gemütlichen Almpfaden stetig absteigend die **Fölzalm** ❸. Zur Rechten befindet sich die bewirtschaftete **Grasserhütte**, vor Ort auch »Grassahittn« genannt.
Der nun unmarkierte Aufstiegsweg startet links hinter der Hütte. Er führt abwechselnd durch Latschengassen und auf gut sichtbaren Wiesenpfaden bergwärts. Auf einer Höhe von rund 1660 m, mitten in einem großen Latschenfeld, verzweigt sich der Weg bei einem mickrigen Steinhaufen. Hier unbedingt den linken Pfad mit Wurzelwerk wählen. Geradeaus führt ein in manchen Karten eingezeichneter Weg zur Windscharte, der aber wegen Erosion immer schwieriger zu begehen ist. Nach dem Latschenfeld steigen wir auf steinigen und stetig steiler werdenden Pfaden, vorbei an einem Gedenkkreuz, auf das Gipfelplateau des **Fölzsteins** ❹.
Der weitere Weg setzt guten Orientierungssinn und schönes Bergwetter voraus. Unmarkiert und weglos erreichen wir den etwas höheren **Fölzkogel**, 2022 m (Gipfelbuch), und folgen dem Gelände abwärts in die Windscharte. Manch Steinhaufen hilft bei der weiteren Orientierung. In einem langen Linksboden wandern wir über unschwieriges Gelände im leichten Auf und Ab auf den gut erreichbaren und aussichtsreichen **Karlhochkogel** ❺.
Von hier führt der Abstiegsweg in Blickrichtung Hochschwab über die kargen Böden der buckeligen Hinterwiesen zum markierten Wanderweg unweit des **Trawiessattels** ❻. Am Weg hinab in die Obere Dullwitz gilt es eine Steilstufe zu überwinden, ehe wir uns gemächlich wieder der **Voisthaler Hütte** ❶ nähern.

↗ 810 m | ↘ 810 m | 11.4 km

7 Von Seewiesen auf den Oisching, 1699 m

4.45 h

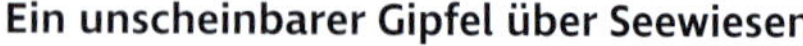

Ein unscheinbarer Gipfel über Seewiesen

Bis wenige Meter vor dem Gipfelkreuz des Oisching begleitet Mischwald den Aufstiegsweg. Hier kommt der Name der Erhebung also nicht von irgendwo: »Oisching« geht zurück auf das Altslawische und bedeutet »Erle«. Trotz hoch gewachsener Bäume ist der Sprung für die Aussicht vom Oisching (fast) nicht notwendig. Wer am Gipfel noch genügend Schmalz in den Beinen hat, kann den fehlenden Meter auf die nächste Hunderter-Stufe dennoch mit einem Sprung in die Höhe bewältigen. Einzig die fehlende Einkehrmöglichkeit trübt das Vergnügen dieser eher selten begangenen Tour.

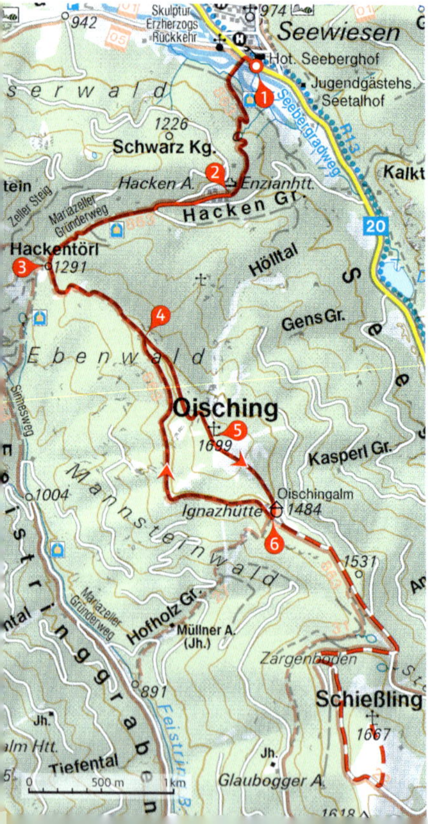

Ausgangspunkt: Bushaltestelle Seewiesen am Hochschwab Dullwitz, 931 m (siehe Tour 4).
Anforderungen: Unschwierig und gut markiert zum Hackentörl. Aufstieg auf den Oisching meist unmarkiert und teils sehr steil, etwas sanfter der Abstieg zur Oischingalm. Rückweg unproblematisch.
Einkehr: Alpengasthof Schuster in Seewiesen, 1001 m (siehe Tour 1). Unterwegs keine.
Variante: Markierter Übergang von der Oischingalm ❻ zum Schießling (siehe Tour 9): von der Oischingalm über Almstraße und markierten Waldweg zum Schießling; 2.15 Std. hin und retour, 190 m im An- und Abstieg.
Hinweis: Proviant mitnehmen, unterwegs keine Einkehrmöglichkeit.

Von der Bushaltestelle **Seewiesen** ❶ wie bei Tour 5 über die **Hackenalm** ❷ zum **Hackentörl** ❸ hochsteigen. Nach kurzer Rast wenden wir uns links dem Weg 863 Richtung Oischingalm zu. Dieser führt uns stetig bergwärts, vorbei an einer Felsnadel und einen Buchenwald durchquerend, zu einer eher unscheinbaren **Lichtung** ❹ auf rund 1445 m. Halb rechts verläuft ein rot-weiß-rot-markierter Weg scheinbar eben weiter – auf diesem Pfad werden wir wieder retour kommen. Der Aufstiegsweg auf den Oisching ist spärlich markiert und führt von der Lichtung dem Gelände folgend stetig bergauf. Durch eine ausgeschnittene Latschengasse hindurch, steigen wir kurz danach auf steinigen Pfaden auf einen Mini-Sattel hoch und folgen dem meist gut sichtbaren Pfad steil bergwärts durch Hochwald zum Gipfelkreuz am **Oisching** 5.

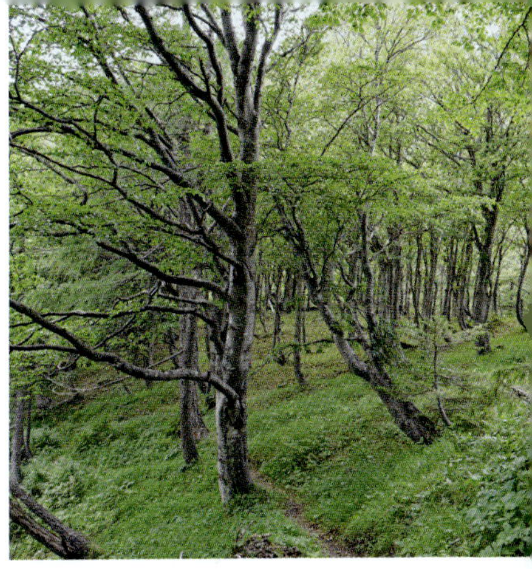
Im Aufstieg durchschreiten wir schattige Buchenwälder.

Beim Blick auf die Aflenzer Staritzen fällt uns eine Waldschneise auf, die sich von Seewiesen bis nahe der Seeleiten hinaufzieht. Hier war in den 1970er-Jahren eine Liftanlage geplant, die Trasse wurde bereits vorbereitet. Auch eine Verbindung mit geplanten Skiliften bei der Graualm war angedacht. Umgesetzt wurden diese Vorhaben jedoch nicht. Ein Zeugnis dieser Skigebietsplanung findet sich in Form eines kleinen Schleppliftes bei der Leitenalm (siehe Tour 2).

Der Abstieg über den breiten Wiesenhang gestaltet sich etwas einfacher als der Aufstiegsweg. Dem zumeist sichtbaren Pfad zentral über die Wiese folgend, landen wir auf einem Waldpfad, der uns zur Oischingalm führt. Wir übersteigen den Weidezaun, halten uns rechts und nähern uns der unbewirtschafteten Ignazhütte auf der **Oischingalm** 6 von der Hinterseite. Zur Rechten steigen wir einige Meter zur Almstraße ab und folgen dieser rechts wieder in den Wald. Der Weg verengt sich zusehends und führt ohne große Höhenunterschiede am Westhang des Oisching zur **Lichtung** 4, die uns bereits bekannt ist.

Ab hier steigen wir am Aufstiegsweg wieder ab nach **Seewiesen** 1.

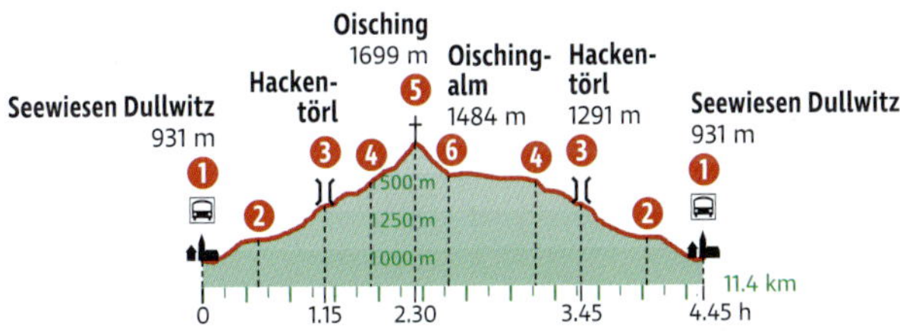

↗ 30 m | ↘ 30 m | 5.2 km

8 Von Seewiesen zum Dürrsee, 906 m

1.30 h

Erfrischender Spiegelblick auf die Aflenzer Staritzen

Unweit der Bundesstraße liegt mit dem Dürrsee ein idyllischer kleiner See, der von der Straße eher unscheinbar anmutet. Wer jedoch zu Fuß das Ufer des Sees erkundet, wird die Aflenzer Staritzen im Doppelpack betrachten können. Vom Südufer des flachen Dürrsees lässt sich ein fabelhafter Blick auf den östlichen Teil des Hochschwab-Massivs werfen. Von Seewiesen ist der Dürrsee über einen einfach zu gehenden Wanderweg erreichbar.

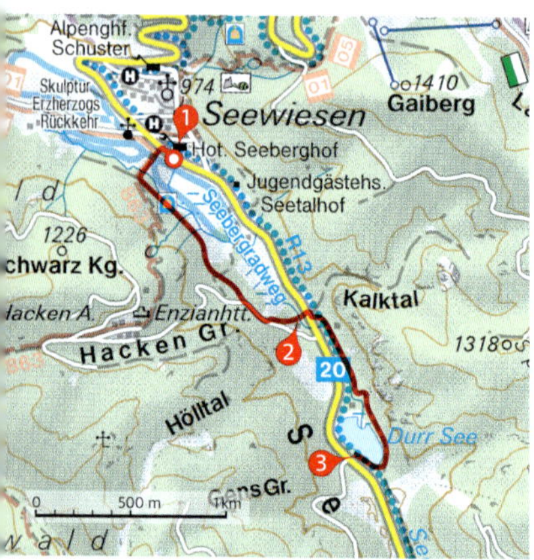

Ausgangspunkt: Bushaltestelle Seewiesen am Hochschwab Dullwitz, 931 m (siehe Tour 4).
Anforderungen: Einfache Wald- und Forstwege. Achtung bei Querung der Bundesstraße.
Einkehr: Alpengasthof Schuster, 1001 m, ca. 15 Min. vom Ausgangspunkt entfernt (Ruhetag: Mo, Di). Seeberghof am Ausgangspunkt (Erfrischungsgetränk möglich, Küche nur für Hausgäste).

Mit Blickrichtung Hochschwab gehen wir die ersten Meter von der Bushaltestelle **Seewiesen Dullwitz** ❶ neben der Bundesstraße aufwärts. Nach wenigen Metern biegen wir links auf einen Wiesenweg ab und folgen somit dem ersten Schild zum Dürrsee. Ein Holzsteg führt über den Seebach zu einer Rastbank an einer Wegkreuzung, wo wir links abbiegen. Eine bequem zu gehende Forststraße leitet uns südostwärts, ehe uns bei einer lang gezogenen Rechtskurve ein Wegweiser zum Dürrsee halb links auf einen schmalen Wiesenweg führt. Kurz danach stoßen wir auf eine kleine angelegte Kneippstation am **Seebach** ❷.

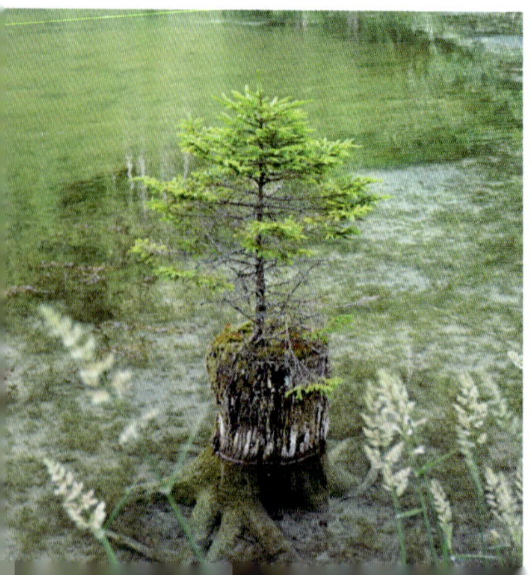

An Wasser sollte es dieser Fichte nicht mangeln.

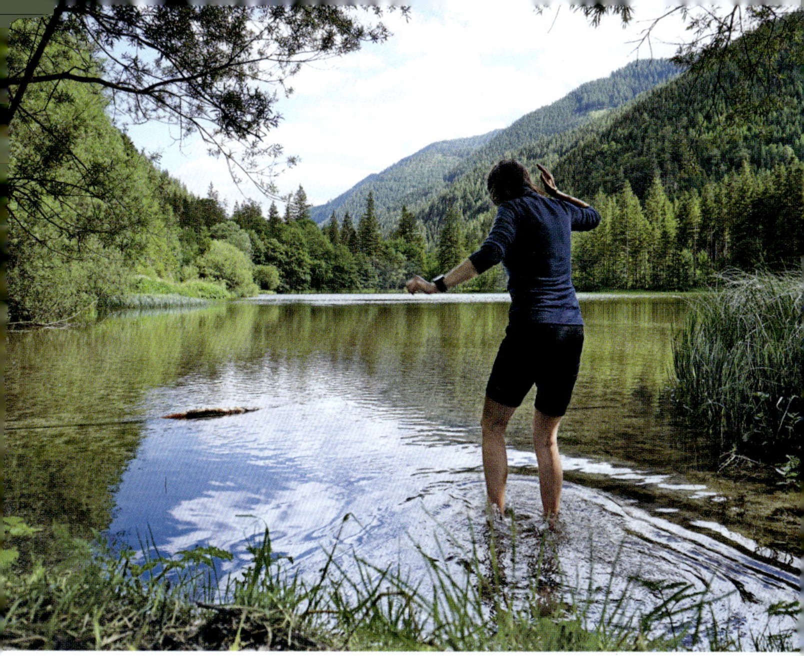

Ein Spaziergang im Dürrsee belebt müde Geister.

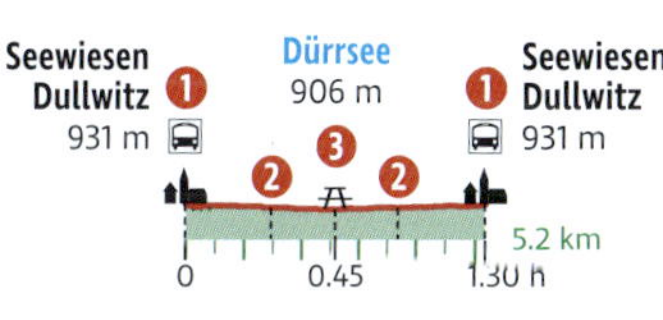

Wir überschreiten die nachfolgende Brücke und landen an der Bundesstraße. Hier folgen wir ungefährlich rechts dem breiten Wiesenpfad neben der stark befahrenen Straße. Kurz vor einer Straßenbrücke queren wir die Bundesstraße und wandern auf einer Forststraße weiter. Diese wird immer schmäler und geht in einen bequemen Waldpfad über, der uns am Seebach entlang zum Nordufer des **Dürrsees** führt. Links am Ostufer entlang erreichen wir die **andere Seeseite** 3 und blicken von hier gemeinsam mit einigen am See schwimmenden Wasservögeln auf die Aflenzer Staritzen. Zumeist sieht man die Staritzen hier im gespiegelten Doppel. Leider können wir den See nicht umrunden. Etliche Sitzbänke laden aber zur Rast ein und dank der geringen Tiefe des Sees können wir einige Schritte im kühlen Nass unternehmen.

Nach der Rast geht es auf demselben Weg wieder retour nach **Seewiesen** 1. Zu Speis und Trank lädt der Alpengasthof Schuster am oberen Ende des kleinen Ortes ein (ca. 15 Min. zu Fuß von der Bushaltestelle entfernt).

↗ 860 m | ↘ 860 m | 11.8 km

9 Schießlingalm und Schießling, 1667 m

4.45 h

Wandergenuss auf der Sonnenseite

Grundsätzlich ist der Höhenrücken, der sich vom Oisching bis hin zum Schießling zieht, bewaldet. Almflächen sorgen jedoch für ausreichend direktes Sonnenlicht und Ausblicke in die Ferne, wie auf der Schießlingalm und am gleichnamigen Gipfel. Diese Vitamin-D-Zuführung macht die Tour zu einem ganzjährigen Vergnügen.

Ausgangspunkt: Bushaltestelle Graßnitz Ort, 812 m. Mit dem Auto auf der B 20 von Kapfenberg bzw. Mariazell nach Graßnitz. Gebührenfreier Parkplatz unterhalb der Bushaltestelle.
ÖPNV: Bus 172 vom Bahnhof Bruck an der Mur bzw. Busbahnhof Mariazell sowie Bus 171 von Bruck an der Mur zum Ausgangspunkt (nahezu stündlich).
Anforderungen: Unschwierige markierte Wanderwege und Steige.
Einkehr: Almgasthaus Schießling; bewirtschaftet von Mai bis Oktober (Ruhetag: Montag).
Variante: Übergang zur Oischingalm vom Gipfel des Schießling ⑥, siehe Tour 7.
Tipps: Besuch der Erdfunkstelle in Graßnitz. Besucherraum geöffnet täglich von 9 bis 17 Uhr inkl. Multi-Media-Show (kostenlos). – Almfest und »Tag der offenen Hüttentür« auf der Schießlingalm am 15. August.
Hinweis: Auffahrt mit dem Auto zur Schießlingalm über Mautstraße von Draiach möglich (Preis pro Pkw: 7 Euro, Einwurf bei der Mautschranke in Draiach in Münzen).

Von der Bushaltestelle **Graßnitz Ort** ① folgen wir dem Hinweis zur Erdfunkstelle Aflenz von der Bundesstraße abseits in eine schmale Straße und nähern uns den riesengroßen »Wiesenchampignons«, Österreichs einziger **Erdfunkstelle** ②. Bei einer Linkskurve der Straße wechseln wir auf einen

Auf der Schießlingalm lässt es sich aushalten.

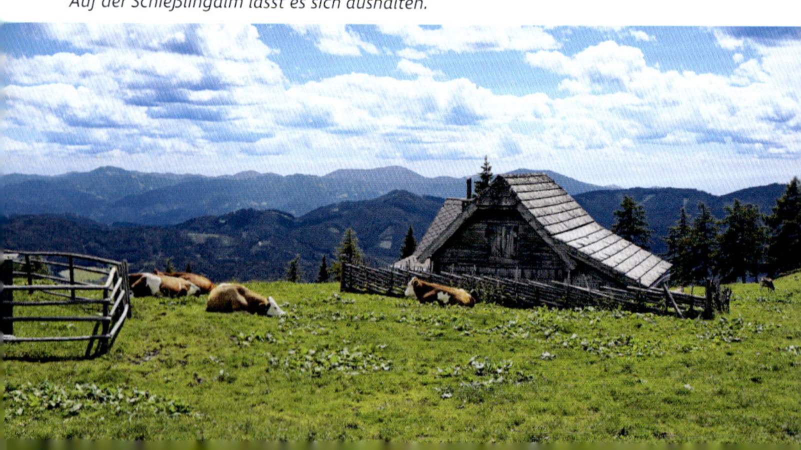

Wiesenweg und folgen dem markierten Wanderweg mit der Nummer 863. Dieser führt gut markiert durch Bergwald über eine **Holzbrücke** ❸ im oberen Gußgraben zu einer Forststraße, welche wir nach kurzer Zeit wieder auf einen Steig verlassen.

Wir wandern in mehreren Serpentinen hoch zu einer weiteren Forststraße und queren diese schräg links auf einen Almweg mit Weidezaun. Wenige Höhenmeter später haben wir die **Schießlingalm** ❹ und das Almgasthaus erreicht. Wir umgehen das Almgasthaus und kürzen bei der Schranke dank einem Wiesenpfad die weiterführende Almstraße kurzzeitig ab.

Vorbei an weiteren Almhütten führt die Schotterstraße zu einer Wegkreuzung in einem breiten **Sattel** ❺, von welcher wir Feistringstein und Hochschwab im Blickfeld haben. Halb rechts zieht ein Wiesenpfad über die Kuhweide zu einem umzäunten Orientierungstisch und kurz danach zum Gipfelkreuz auf den **Schießling** ❻.

Der Abstieg nach **Graßnitz** ❶ gestaltet sich auf der gleichen Route wie der Anstieg. Eine vorherige Einkehr im Almgasthaus Schießling ist zu empfehlen.

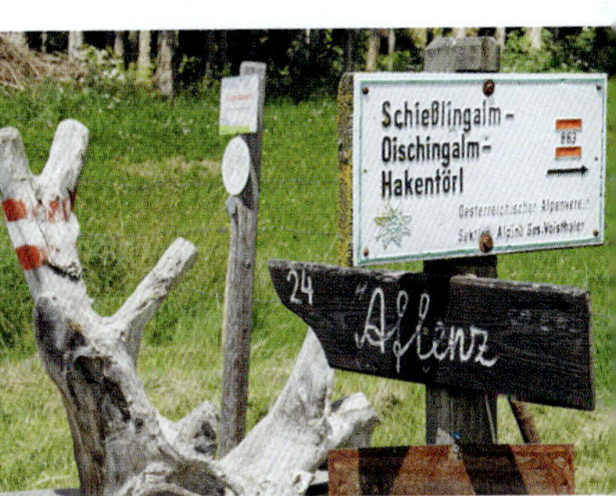

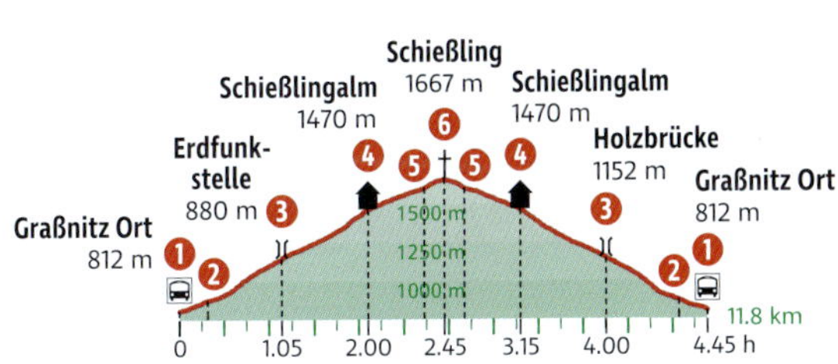

↗ 410 m | ↘ 410 m | 9.2 km

10 Aflenzer Kräutermeile

3.00 h

Den Blick auf die Natur am Wegesrand gerichtet

Toll, Kirschen. Eine korrekte Rechtschreibung kann Leben retten, wie auch auf der Kräutermeile in Aflenz. An manchen Orten gedeiht die Tollkirsche besonders gern. Sie sieht zwar schön aus, ist aber dazu noch ganz schön giftig. Generell schweift der Blick bei dieser Tour auf die Naturschauspiele, Kräuter und Pflanzen im direkten Umfeld. Zeit zum Durchatmen!

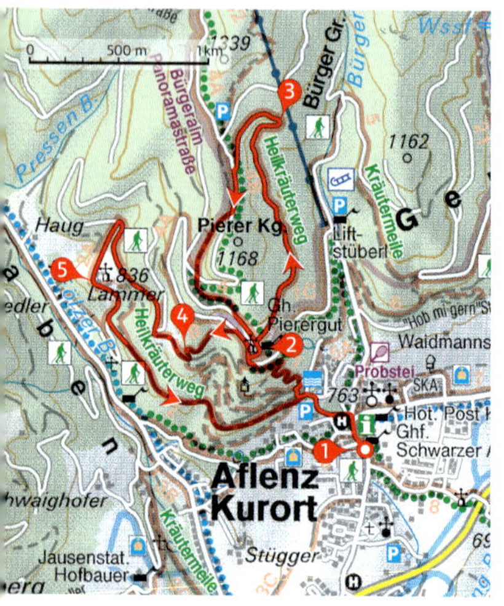

Ausgangspunkt: Bushaltestelle Aflenz Kurort Ort, 763 m. Mit dem Auto auf der B 20 von Kapfenberg bzw. Mariazell Richtung Aflenz Kurort, bei Zöbriach bzw. Jauring von B 20 nach Aflenz abbiegen. Gebührenfreie Parkplätze am Kurpark bzw. am Freibad Aflenz sowie beschilderte Parkplätze im Ortszentrum.
ÖPNV: Bus 172 vom Bahnhof Bruck an der Mur bzw. Busbahnhof Mariazell sowie Bus 171 von Bruck an der Mur zum Ausgangspunkt (nahezu stündlich).
Anforderungen: Leichte, gut beschilderte Wanderwege.
Einkehr: Wirtshaus Pierergut; ganzjährig bewirtschaftet (Ruhetag: Mo, Di außer Feiertage), Mai/Juni und November Fr bis So geöffnet. Hotel Post Karlon im Ortszentrum von Aflenz; ganzjährig bewirtschaftet (derzeit kein Ruhetag).
Tipp: Barfußpfad und Kneipp-Pfad im Kurpark Aflenz.

Die Bushaltestelle **Aflenz Kurort Ort** ❶ lassen wir hinter uns, gehen die Ortsstraße leicht aufwärts, passieren das Kassecker-Platzl und gehen geradeaus weiter zum Kurpark. Der schmale Asphaltweg führt uns an Pavillon, Barfußpfad und Kräuterschnecke vorbei durch den Park aufwärts zur Bad-

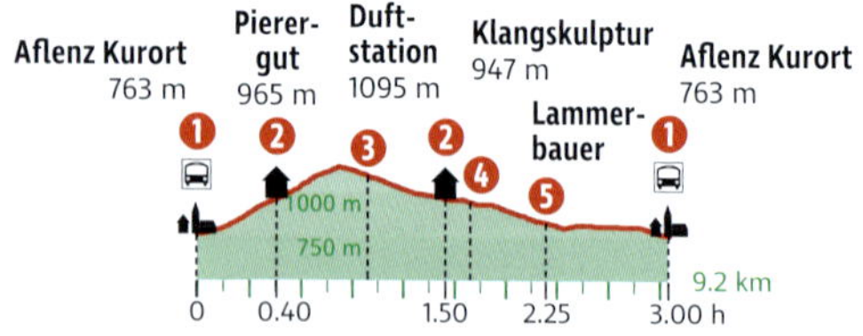

straße. Hier links, nach dem Freibad an der Y-Kreuzung bei einem Waldspielplatz rechts halten und auf der breiten Schotterstraße direkt am Arm-Kneipp-Becken vorbeiwandern. Nach einer Kehre bei einem Brunnen mit Infotafel zu »Wasserversorgung« auf einen schmäleren Waldweg (Nr. 862) Richtung Pierergut wechseln. Dieser führt in Serpentinen zur Bürgeralmstraße, zur Linken erreichen wir nach wenigen Metern das **Pierergut** ❷.

Wir wandern direkt am Wirtshaus sowie an Spielplatz und Rindenhütte vorbei (den Weg rechts ignorieren), das Terrain wechselt von Asphalt auf Schotter. Kurz nach einer Schranke biegen wir auf einen ansteigenden schmalen Wanderweg (Nr. 862) ab. Wir queren die Bürgeralmstraße und wandern am markierten Pfad leicht aufwärts, ehe der Weg an einer Ausweichbucht wiederum an die Straße stößt. Nun ignorieren wir den markierten Pfad in den Wald und begehen die Schotterstraße. Nach wenigen Metern biegen wir rechts von der Straße ab und folgen dem Wegweiser zum Piererkogelrundweg mit Kräutermeilensymbol auf eine schmälere Schotterstraße. Diese führt nun leicht abwärts zu einer Kehre mit einer **Duftstation** ❸. Vorbei am »Edi Brunnen« erreichen wir auf der Schotterstraße wieder das **Pierergut** ❷.

Wir spazieren direkt an der äußerlich sehenswerten Rindenhütte

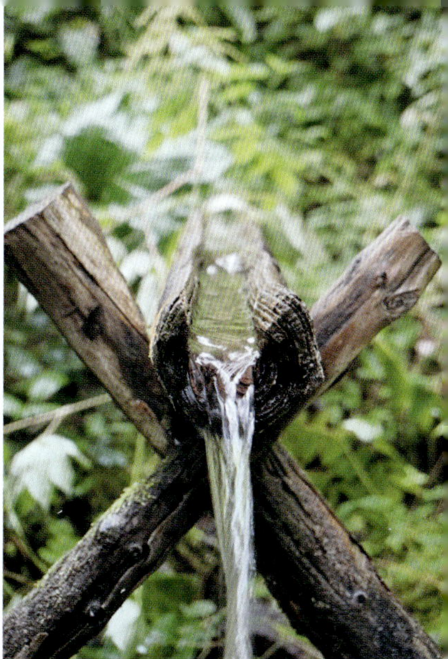

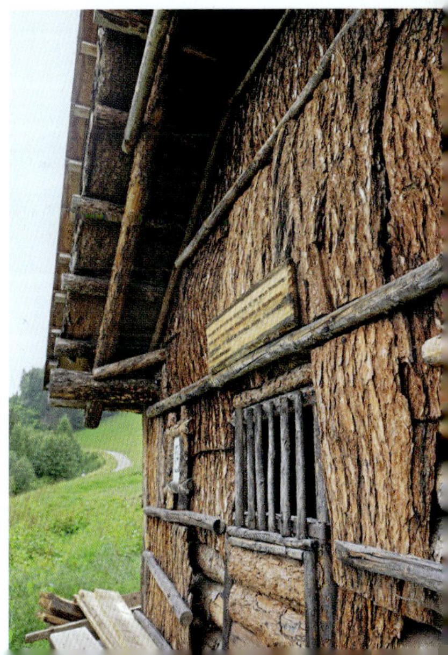

Bild oben: Für natürliche Erfrischung ist gesorgt. – Unten: Und sie steht weiterhin: die Rindenhütte am Pierergut.

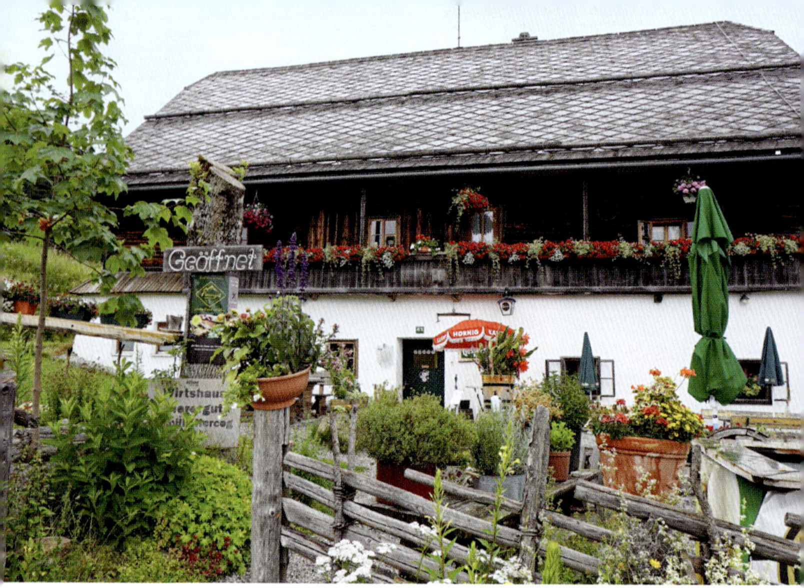

Bild oben: Blumenreich präsentiert sich das Pierergut. – Unten: Was wächst denn hier?

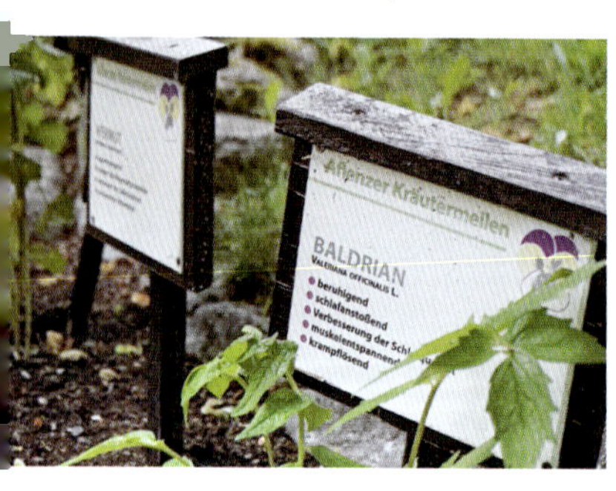

vorbei zur Mautschranke der Bürgeralmstraße. Unser Weg führt nun an der Schranke vorbei, und nach rund 20 m auf der Straße Richtung Bürgeralm biegen wir links ab (Wegweiser Holzklangspiel, Waldlehrpfad 1B). Ein schöner Waldpfad mit Informationstafeln bringt uns zur unverkennbaren hölzernen **Klangskulptur** ❹. Hier erhören wir die Klänge neun unterschiedlicher Holzarten.
Direkt unterhalb führt der Weg abwärts Richtung Aflenz, die Kräutermeile verläuft jedoch noch in einer Schleife über den Lammerbauer. Daher halten wir uns rechts (Weg 2A), durchqueren eine Kuhweide und wandern stetig abwärts zum erwähnten Gehöft **Lammerbauer** ❺. Wir gehen eine lange Rechtskurve aus, betreten wieder Wald und biegen nach einer Linkskurve links auf einen bergwärts führenden Karrenweg ab. Abermals passieren wir eine Duftstation, einen Brunnen und einige Rastbänke, ehe wir wieder am Waldspielplatz in Aflenz landen. Von hier wieder retour in das Ortszentrum von **Aflenz** ❶.

↗ 470 m | ↘ 1150 m | 10.8 km

4.15 h

Bürgeralm und Schönleitenhaus, 1800 m

11

Ein Ausflugsziel voller Möglichkeiten

Mit der Seilbahn, mit dem Paragleiter, mit den Skiern: Es gibt viele Möglichkeiten, die Bürgeralm wieder zu verlassen. Aber warum würde man das wollen? Mehrere Sehenswürdigkeiten erwarten die Gäste der Aflenzer Bürgeralm zu jeder Jahreszeit – Aussichtsplattformen, ein Skywalk, Klettersteig, urige Gaststätten und selbst ein Gipfelziel in unmittelbarer Nähe, dazu noch ein Pumptrack für junge Biker. Und zusätzlich ist die Bürgeralm bequem über die Mautstraße oder per Seilbahn erreichbar.

Ausgangspunkt: Bushaltestelle Aflenz Kurort Ort, 763 m, bzw. Talstation Sessellift Bürgeralm, 860 m. Anfahrt siehe Tour 10. Im Ortszentrum Aflenz Richtung Bürgeralm Sessellift Talstation abbiegen. Gebührenfreie Parkplätze rund um die Talstation; Betriebszeiten Sessellift siehe Seite 20.

Anforderungen: Unschwierige Wanderwege, durchgehend markiert.

Einkehr: Liftstüberl Talstation Sesselbahn; geöffnet bei Liftbetrieb Donnerstag bis Sonntag, in den Weihnachts- und Semesterferien täglich. Almrauschhütte; bewirtschaftet von Mitte Mai bis Ende Oktober (Ruhetag: Mo), im Winter bei Skibetrieb geöffnet Donnerstag bis Sonntag (täglich in Ferien). Schönleitenhaus; Sommer- und Wintersaison durchgehend geöffnet (außer Schlechtwetter), 11 Schlafplätze auf Anfrage. Im Abstieg Pierergut (siehe Tour 10).

Variante: Rückkehr zur Talstation wieder mit der Sesselbahn (Ersparnis von 700 m im Abstieg und 4,3 km Wegstrecke bis Talstation) – in diesem Fall eine leichte Tour (»blau«).

Hinweis: Mit dem Auto Auffahrt über die Mautstraße von Aflenz auf die Bürgeralm möglich (Mautschranke beim Wirtshaus Pierergut, siehe Tour 10), pro Pkw 7 Euro.

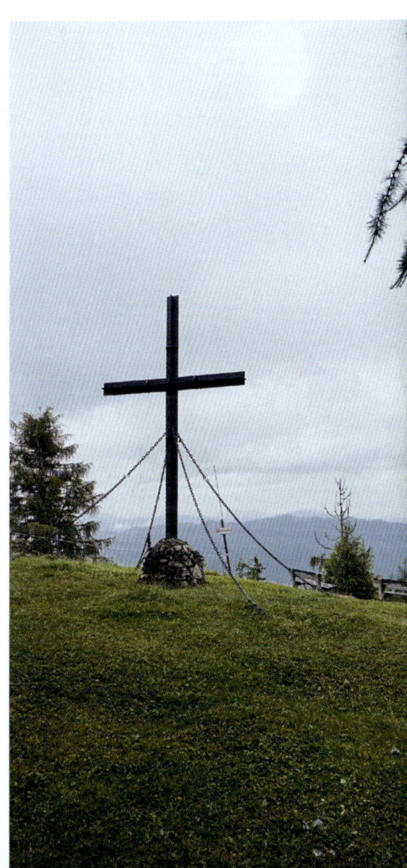

Ein einfacher Gipfelsieg wenige Schritte von der Bergstation entfernt: Ranstein.

Von der Bushaltestelle **Aflenz Kurort Ort** ❶ auf der Fahrstraße Richtung Bürgeralm und nach wenigen Minuten links dem »Fußweg zum Lift« laut Beschilderung folgen. Vorbei an einer Kneippanlage entlang des Bürgerbachs direkt zur **Talstation** ❷ und mit dem Sessellift auf die **Bürgeralm** ❸ hochfahren. Erstes Highlight ist zur Rechten der sehenswerte Aussichtspunkt am **Ranstein**, 1555 m, mit Gipfelkreuz und einer darunter liegenden Panoramaplattform.

Wieder zurück zur Bergstation, links an der Lärchenhütte vorbei über einen Wiesenweg Richtung »Klettersteig«. Am Waldrand führt links der rot markierte Weg nach Aflenz hinab (Nr. 862), wir bleiben vorerst auf der Bürgeralm und gehen rechts am »Gretlhöh'-Skywalk« weiter. Vom **Skywalk** ❹,

Über dem Abgrund am »Skywalk«.

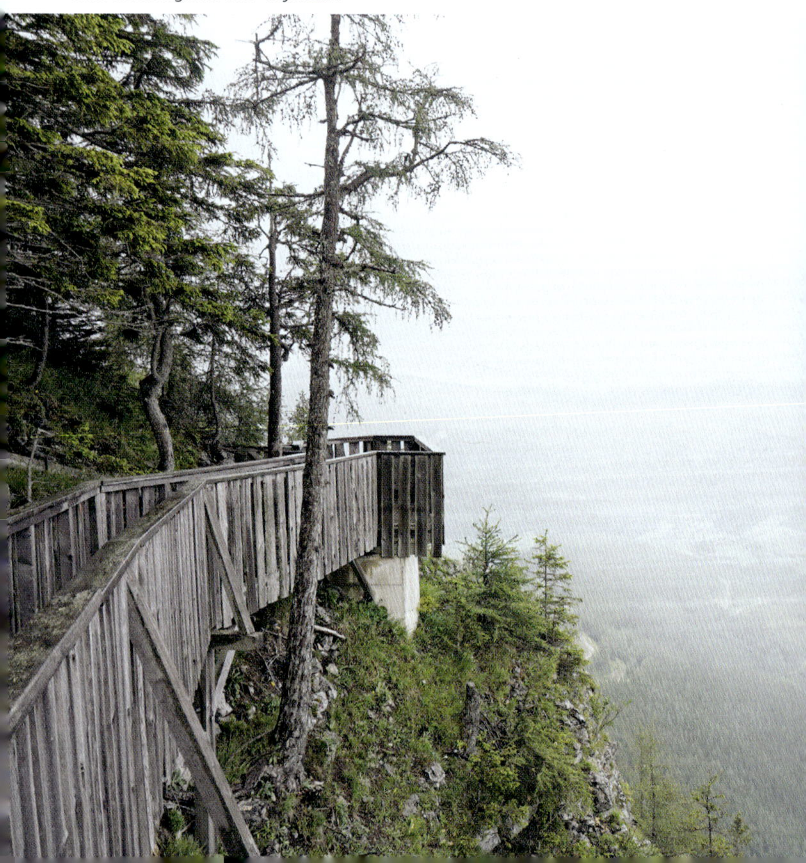

einem hölzernen vorgelagerten Steg, überblicken wir die Bergwelt vom Grazer Bergland bis zu einigen Hochschwab-Gipfeln wie Ebenstein oder Fölzstein. Wir steigen nahe einer Bike-Trail-Strecke aufwärts zur Gretlhöh', 1569 m, mit Wegkreuz. Vorbei an einem Pumptrack, landen wir an einer **Wegkreuzung** 5 mit Infotafeln und Hinweisschildern.

Nun hängen wir den »Rundwanderweg Schönleiten« (Nr. 2) an. Kurz nach der Almrauschhütte links auf den sichtbaren Trampelpfad auf der Skipiste wechseln, durch ein kleines Waldstück bergwärts zum **Schönleitenhaus** 6, dahinter ist die Windgrube, 1809 m, ein dankbarer Gipfel. Abstieg am Kammweg entlang wieder retour zur Wegkreuzung auf der **Bürgeralm** 5.

Hier können wir entweder wieder mit dem Sessellift abfahren oder zu Fuß nach Aflenz absteigen. Dafür kurz Richtung Skywalk wandern und am Waldrand links dem markierten Abstiegsweg folgen. Dieser leitet unschwierig, mit kurzem Straßenkontakt, zum **Pierergut** 7. Entweder ab hier auf der Bürgeralmstraße zur **Talstation** 2 oder am Waldpfad hinab zum Kurpark und kurz danach zur Ortsmitte von **Aflenz** 1.

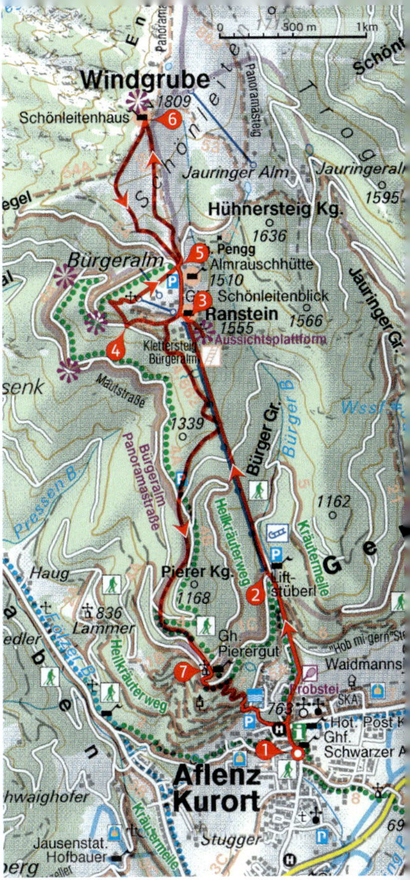

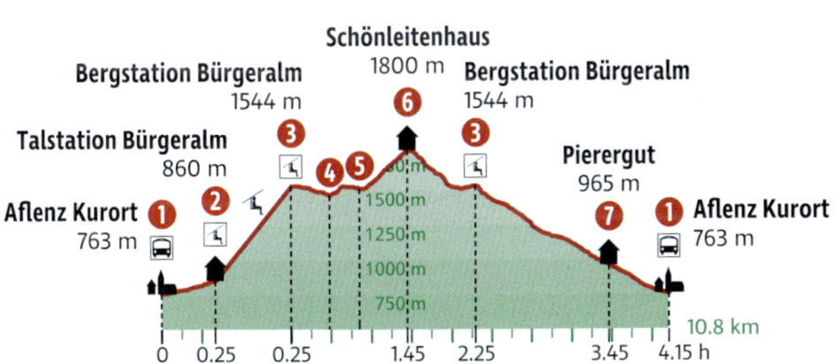

↗ 1310 m | ↘ 1310 m | 19.5 km

12 Bürgeralm, Windgrube, 1809 m, und Kampl, 1990 m

7.30 h

Wer steil aufsteigt, wird steile Aussichten ernten

Eine tagesfüllende Wandertour, die (fast) alle Stücke spielt. Urige Hütten, schroffe Felswände, saftige Almwiesen, prächtige Panoramen. Der Weg über Windgrube und Kampl gestaltet sich zu einem Genussweg, der länger in Erinnerung bleiben wird. Davor muss jedoch der steile Hans-Leitner-Steig bezwungen werden.

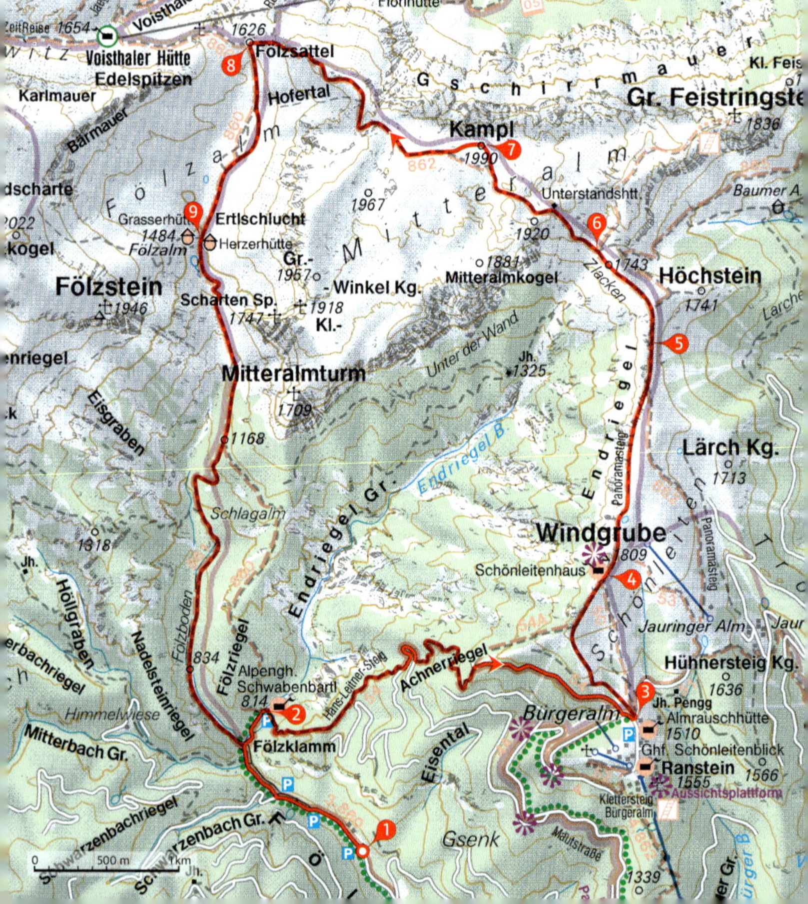

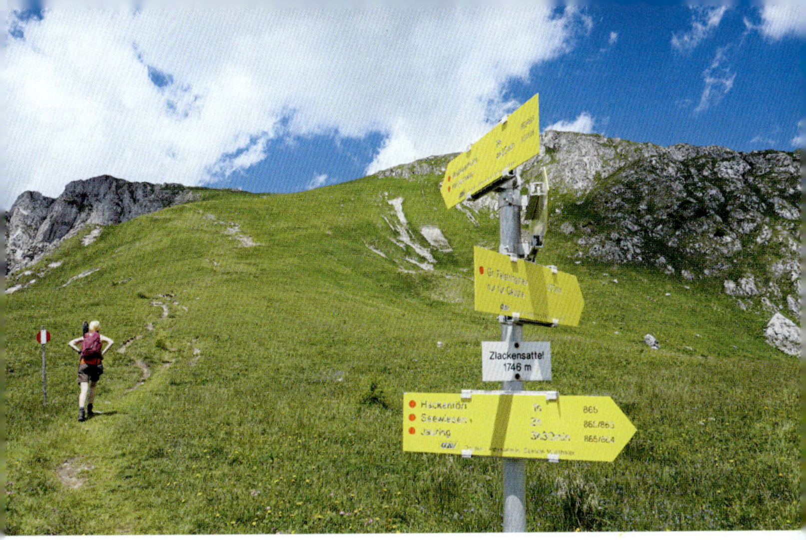

Wo geht's hin? Im Zweifel immer bergwärts.

Ausgangspunkt: Fölz, 761 m, gebührenpflichtige Parkplätze. Mit dem Auto auf der B 20 von Kapfenberg bzw. Mariazell nach Thörl. Von Thörl nach Aflenz fahrend links von der B 20 Richtung Fölz abzweigen.
ÖPNV: Öffentliche Anreise mit Bus 171 oder 172 (siehe Tour 10), Ausgangspunkt ca. 1 Std. Fußweg von der Bushaltestelle entfernt. Taxidienst Hochschwab-Reisen, Tel. +43 3861 2400.
Anforderungen: Teils steile Waldsteige auf die Bürgeralm, ansonsten unschwierige Wanderwege, durchgehend markiert. Ein kurzes Wegstück am Endriegel verlangt Trittsicherheit.
Einkehr: Alpengasthaus Schwabenbartl; ganzjährig bewirtschaftet außer November (Ruhetag: Mi, von Dezember bis April zusätzlich Do). Schönleitenhaus (siehe Tour 11). Grasserhütte auf der Fölzalm (siehe Tour 6).
Tipp: Abstecher zum Skywalk von der Gretlhöh' (siehe Tour 11).

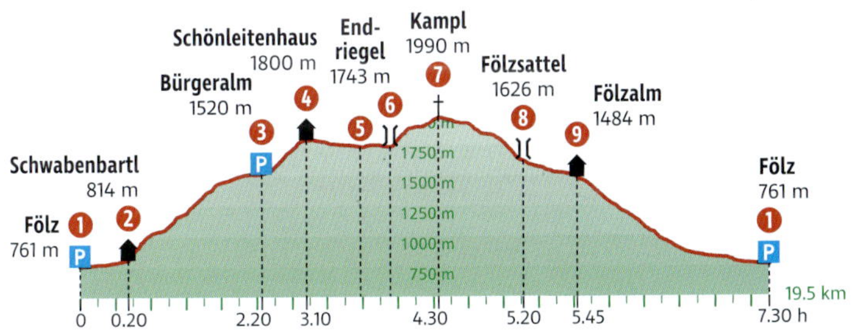

Von einem der beiden gebührenpflichtigen Parkplätze in der **Fölz** ❶ starten wir in diese abwechslungsreiche Wandertour taleinwärts. Hinter dem **Alpengasthaus Schwabenbartl** ❷ beginnt zur Rechten der Hans-Leitner-Steig, auf welchem wir rasch an Höhe gewinnen. Der wahrlich wunderschön angelegte Steig führt uns auf schmalen Pfaden, mit manchen Ausblicken Richtung Fölzstein, auf eine Forststraße. Links der Straße um eine Kehre folgen, ehe links abermals ein schmaler Pfad abzweigt. Dieser führt steil aufwärts auf eine weitere Forststraße, die uns zum Parkplatz bei der **Bürgeralm** ❸ bringt.

Direkt bei der Schranke startet scharf links ein Wiesenpfad, der für rund 30 m parallel zur vorher begangenen Forststraße – nur etwas oberhalb – verläuft. Der Pfad führt uns allmählich ansteigend am Waldrand nahe der Geländekante direkt zum **Schönleitenhaus** ❹. Die dahinter befindliche Windgrube, 1809 m, liegt rund 20 m abseits der Wegstrecke. Vom Schönleitenhaus gehen wir aussichtsreich nahe der Abbruchkante in den Sattel am **Endriegel** ❺. Kurz danach überwinden wir auf einem schmalen Steig einige kleinere Felsstufen, Trittsicherheit ist hier hilfreich. Ist diese Stelle überwunden, stehen gemütliche Wege durch Latschengassen zum **Zlackensattel** ❻ an. Es geht wieder aufwärts, vorbei an einer Unterstandshütte zum etwas neben dem Weg liegenden **Kampl** ❼.

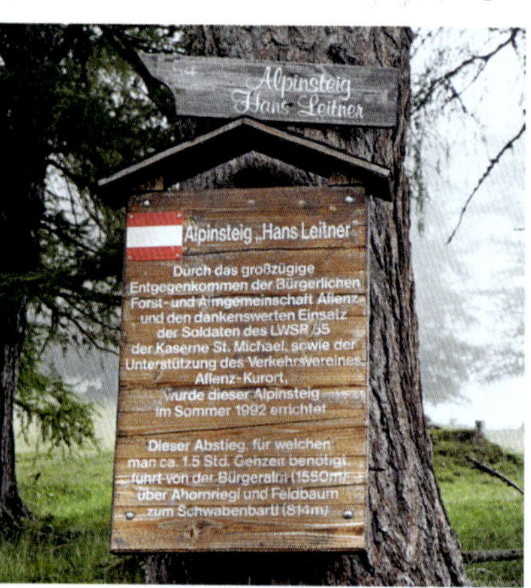

Danke auch an Hans Leitner für die Namensgebung.

Der weitere Weg leitet uns dank Stangenmarkierung über die Mitteralpe, während sich der Hochschwab langsam immer höher vor uns aufzubauen scheint. Mit Ausblicken ins Seetal und in die Fölz steigen wir ab zum **Fölzsattel** ❽, von wo aus wir in die schon zuvor gesichtete **Fölzalm** ❾ absteigen, mit Einkehr in der Grasserhütte (Grassahittn).

Der weitere Abstiegsweg ist kaum zu übersehen. Die eher schmälere Almstraße führt links vom Fölzbachgraben, teils über sehr steinige Abschnitte, stetig abwärts in den Fölzboden. Wir queren den Fölzbach und durchschreiten auf Baumstämmen die schmale Klamm, während unter unseren Füßen der Bach rauscht.

Der weitere Rückweg zu den **Parkplätzen** ❶ entspricht dem Anstiegsweg.

Im Abstieg zur Fölzalm.

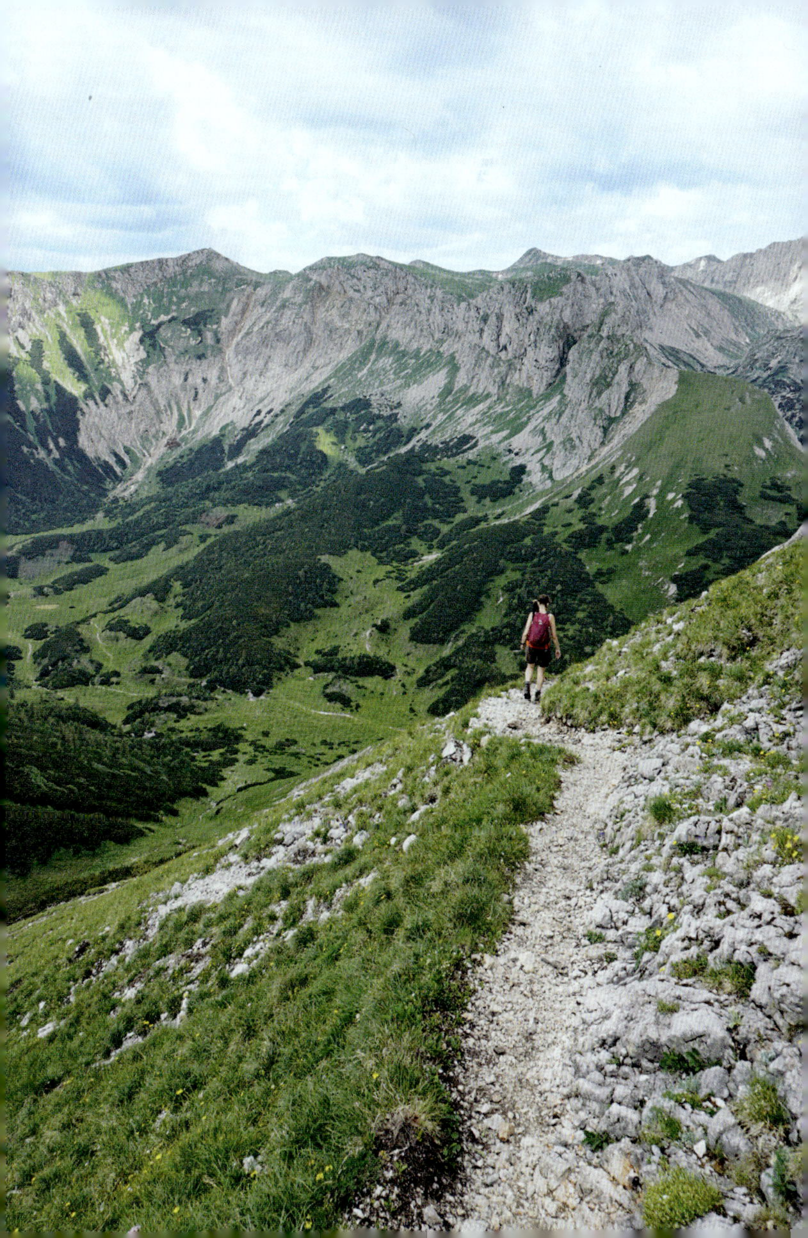

TOP

↗ 1200 m | ↘ 1200 m | 14.0 km

13 Fölzalm und Fölzstein, 1946 m

6.30 h

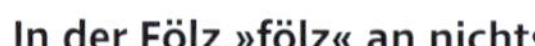

In der Fölz »fölz« an nichts

Wer des steirischen Dialekts mächtig ist, wird den Untertitel dieser Tour verstehen. Wenn es wo an nichts fehlt, dann »fölz« an nichts. So wie auch bei dieser beliebten Tour auf die weitläufige Fölzalm und durch die erfrischende Fölzklamm. Um das Namenstrio zu vervollständigen, bietet sich die unmarkierte und auch steile Besteigung des Fölzsteins an. Den Aufwand belohnen ein prächtiger Ausblick und am Rückweg eine schmackhafte Jause bei der Fölzalm. Wie gesagt, hier »fölz« an nichts.

Schmal und rustikal geht's durch die Fölzklamm.

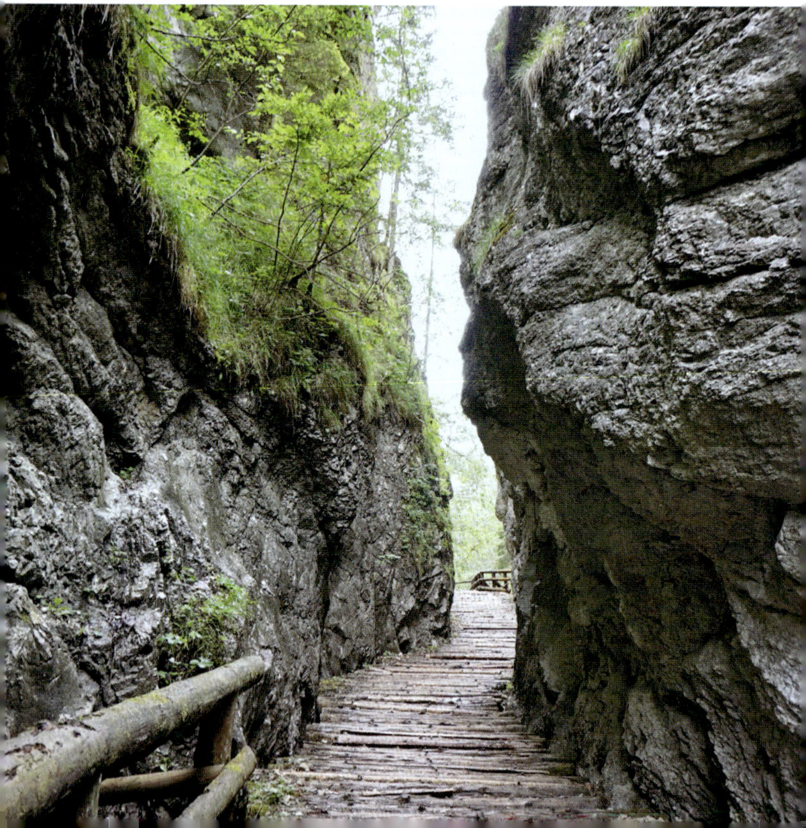

Ausgangspunkt: Fölz, 761 m (siehe Tour 12).
Anforderungen: Ab Fölzalm nahezu unmarkierte Wege, teils steiler und rutschiger Aufstieg zum Fölzstein.
Einkehr: Alpengasthaus Schwabenbartl (siehe Tour 12). Grasserhütte auf der Fölzalm (siehe Tour 6).

Die gebührenpflichtigen Parkplätze in der **Fölz** ❶ dienen als Ausgangspunkt dieser Tour. Von hier spazieren wir zum **Alpengasthaus Schwabenbartl** ❷ und biegen auf Höhe der Gaststätte links auf einen Steg über den Endriegelgrabenbach ab. Der Anstiegsweg führt gut markiert (Nr. 860) am Fölzriegel empor, quert alsbald eine Forststraße und verläuft über den beschilderten »Bierschlag«. Im oberen Bereich des Weges erblicken wir bereits den imposanten Fölzstein. Nach kurzem Abstieg mündet der Pfad bei einer **Wegkreuzung** ❸ auf den vom Fölzboden ansteigenden, etwas breiteren Weg 861 ein. Wir lassen den Wald hinter uns, zur Rechten baut sich der Mitteralmturm auf, geradeaus erkennen wir den weiteren Wegverlauf durch den Fölzgraben, zur Linken unser Gipfelziel. Steinreich geht's nun stetig empor, ehe wir die saftigen Almwiesen der **Fölzalm** ❹ erreichen.

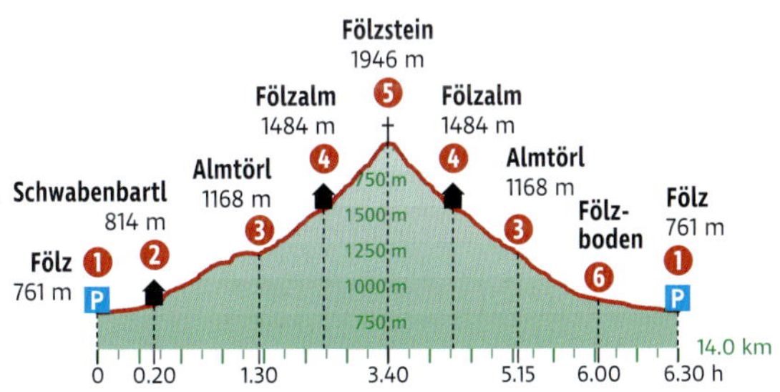

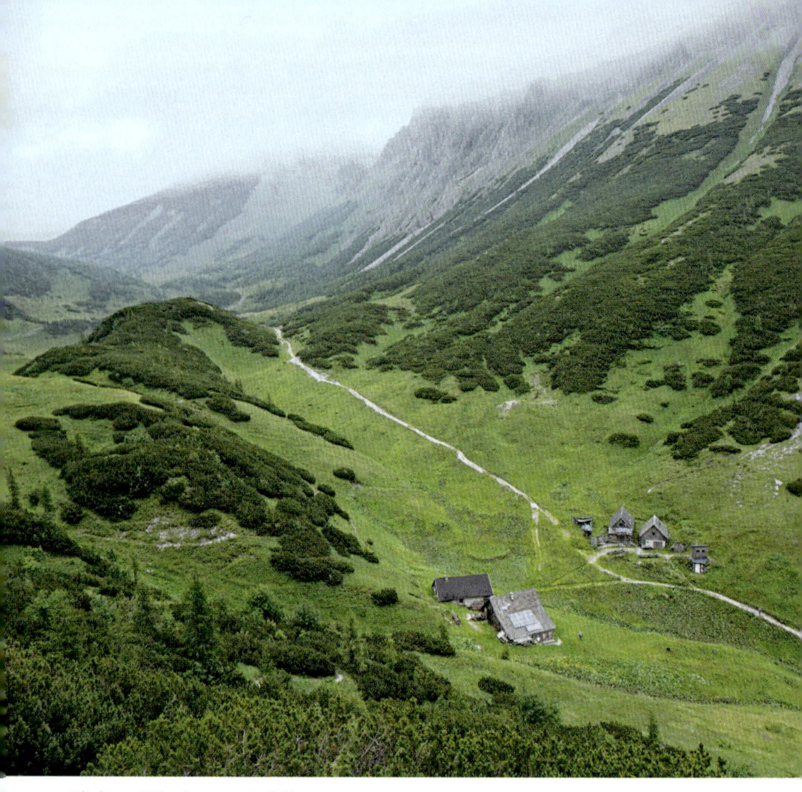

Blick zur Fölzalm vom Aufstiegsweg.

Der weitere Aufstieg auf den Fölzstein erfolgt auf unmarkierten Steigen durch Latschengassen und auf steinigen Serpentinen (siehe auch Tour 6). Unbedingt im zweiten größeren Latschenfeld links halten, um den richtigen Aufstiegsweg zu erwischen! Nach einigen steilen und steinigen Passagen ist das angenehme Gipfelplateau des **Fölzsteins** 5 erreicht.
Der Abstieg ist über die **Fölzalm** 4 bis zur Wegkreuzung im mittleren Teil des Fölzgrabens identisch zum Aufstiegsweg. Bei der genannten **Wegkreuzung** 3 biegen wir nun nicht zum beschilderten Schwabenbartl ab, sondern folgen dem markierten Weg hinab in den **Fölzboden** 6. Wir queren den Fölzbach und wandern nebenher hinab zur schmalen Klamm, die wir abschließend über eine rustikale Holzbrücke verlassen. Von hier spazieren wir direkt zu den **Parkplätzen** 1 oder legen noch einen Einkehrschwung im nahe gelegenen **Alpengasthaus Schwabenbartl** 2 ein.

↗ 910 m | ↘ 910 m | 14.1 km

5.30 h

Von Etmißl auf den Floning, 1583 m

14

Im Vorgarten des Hochschwab-Massivs

Wer sich von Etmißl ausgehend dem Floning zuwendet, kommt Schritt für Schritt dem Hochschwab-Massiv etwas näher, obwohl man sich eigentlich davon entfernt. Je höher wir steigen, desto mehr erblicken wir von der Südwand des Hochschwabs über dem kleinen Ort Etmißl. Der geografische Höhepunkt dieser Tour geizt dann zwar mit Ausblicken in den Norden, dafür umso mehr öffnet sich der Blick in den Süden. Abwechslung schadet nie.

Ausgangspunkt: Etmißl Ortszentrum, 709 m. Mit dem Auto auf der B 20 von Kapfenberg bzw. Mariazell nach Thörl. In Thörl bei der markanten Ruine von der B 20 Richtung Etmißl und St. Ilgen abzweigen. Bei der Ansiedlung »Büchsengut« links nach Etmißl. Gebührenfreie Parkplätze im Ortszentrum beim Friedhof und beim Feuerwehrhaus.
ÖPNV: Öffentliche Anreise mit Bus 171 oder 172 von Bruck an der Mur zur Bushaltestelle Thörl Ort, ab hier 1 Std. Fußweg neben gefährlicher Landstraße (nicht ratsam!). Empfehlung mit Taxidienst Hochschwab-Reisen, Tel. +43 3861 2400 (Taxiwunsch vorab anmelden; ca. 12 Euro pro Fahrt).
Anforderungen: Unschwierige Wanderwege und Waldsteige, meist markiert. Zwischen Franzosenkapelle und Floning nur vereinzelt markiert, guter Orientierungssinn erforderlich.
Einkehr: Unterwegs keine Einkehrmöglichkeit. Landgasthof Hubinger in Etmißl; ganzjährig geöffnet (Ruhetag: Mo, Di), Nächtigung möglich.

Immer wieder erhaschen wir feine Ausblicke auf das Hochschwab-Massiv.

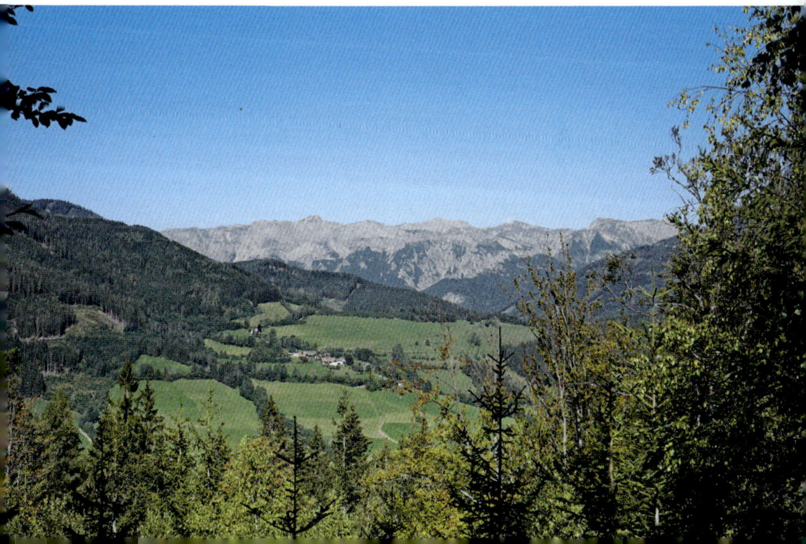

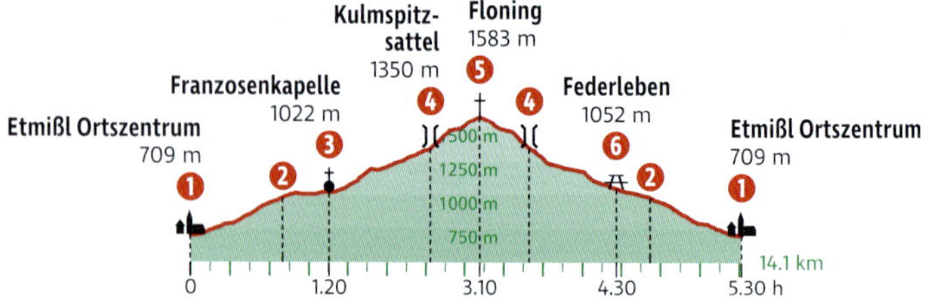

Vom Ortszentrum von **Etmißl** ❶ ausgehend biegen wir bei den Tennisplätzen von der Hauptstraße, den Oischingbach querend, ab. Erste Wegzeichen und Markierungen weisen auf das »Franzosenkreuz« und den »Hochschwabblick« hin, beides werden wir heute noch antreffen. Wir folgen dem Weg im Reitergraben aufwärts, folgen rechts einer Forststraße und blicken hinab auf Etmißl. Hinter dem aufsteigenden Höhenrücken sehen wir bereits die ersten felsigen Zacken des Hochschwab-Massivs. Von diesem Anblick nicht ablenken lassen, denn wir verlassen die Forststraße kurz danach links auf einen bergwärts führenden Waldpfad. Die erste Forststraße queren wir, in die zweiten biegen wir links ein. Nach einem Aussichtsbankerl rechts halten und bei der folgenden **Lichtung** ❷ geradeaus, Wegweiser »Franzosenkreuz«.

Bei der nächsten Linkskehre steigen wir rechts über einen schmalen Pfad auf eine weitere Forststraße ab und folgen dem eben wegführenden Pfad ab der Kehre. Nach wenigen Gehminuten haben wir die hölzerne **Franzosenkapelle** ❸ (»Franzosenkreuz«) erreicht. Direkt dahinter geht es auf dem Waldweg (Wegweiser Floning) bis zur nächsten größeren Weggabelung. Hier den unmarkiert bergwärts führenden Weg zur Linken wählen. Dieser führt nach einer steinigen Passage auf eine Forststraße, in die wir rechts

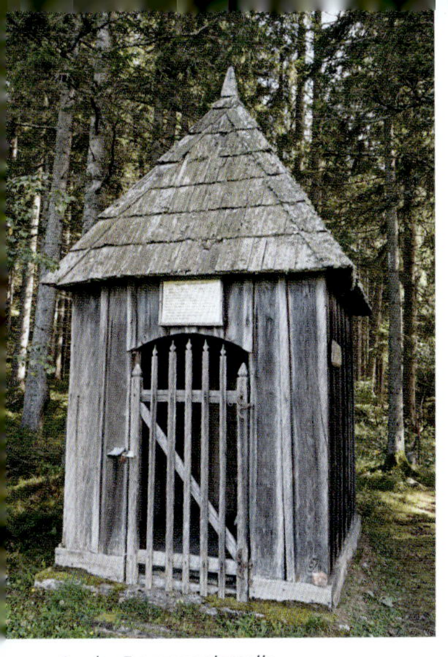

An der Franzosenkapelle.

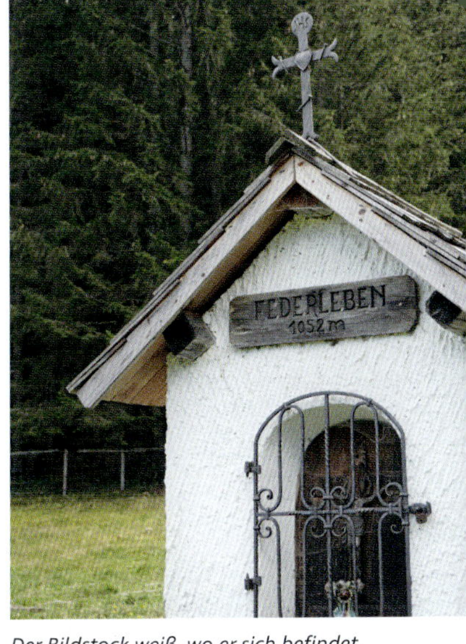

Der Bildstock weiß, wo er sich befindet.

einbiegen. Durch das Tor der Weißenbacheralm, bei der kommenden Gabelung links nahezu eben weiter; zur Rechten blicken wir auf die Bergwelt zwischen Trenchtling und Brandstein. Die nunmehr stetig bergwärts ansteigende Forststraße führt direkt zum **Kulmspitzsattel** 4 mit Weidezaun. Wir folgen nun in der Direttissima dem Geländeverlauf rechts vom Weidezaun bergwärts. Nach einem Überstieg am Wiesenweg weiter, erreichen wir links haltend nach wenigen Minuten die Gipfelwiese des **Floning** 5 mit Rastbank. Nach Norden hin versperren Fichten die Sicht vom höchsten Punkt dieser Tour, in den Süden jedoch breiten sich die sanften Berge der Fischbacher Alpen und der Gleinalpe vor uns aus.

Im Abstieg wieder auf selber Wegstrecke retour zum **Kulmspitzsattel** 4, hier zur Rechten dank zweier größerer Steine den Weidezaun übersteigen, ein kleiner Wegweiser »Thörl« ist ersichtlich. Über einen schmalen Waldpfad gelangen wir zu einer Forststraße, hier links abbiegen. Direkt nach einer Rechtskehre verlassen wir die Forststraße links auf einen eher unscheinbaren, aber gut sichtbaren Pfad. Dieser führt wiederum abwärts zu einer weiteren Forststraße, welche wir bis zur **Federleben** 6 ausgehen. Ein Rastplatz beim Bildstock und die zarte Aussicht auf den Hochschwab kennzeichnen diese Almfläche. Der bezeichnete Weg führt retour über die Wiese zu einem Überstieg und auf einer Forststraße mit den wohl schönsten Ausblicken dieser Tour auf den Hochschwab zur bereits bekannten **Lichtung** 2. Ab hier steigen wir wieder hinab nach **Etmißl** 1.

TOP

15

↗ 1460 m | ↘ 1460 m | 16.5 km

Über das G'hackte auf den Hochschwab, 2277 m

8.15 h

Die Königstour auf den Hochschwab

Der Talschluss beim Bodenbauer ist einer der beliebtesten Ausgangspunkte, wenn es um die Besteigung des Schwaben oder vieler anderer Gipfel, Hütten und Seen geht. Der Weg durch das »G'hackte« ist ein felsiges und gut versichertes Unterfangen, sollte aber keinesfalls unterschätzt werden. Für Geübte der ideale Aufstiegsweg auch für eine Wochenendtour mit Nächtigung am Schiestlhaus und Abstieg über die Häuslalm zurück zum Bodenbauer (siehe Tour 16).

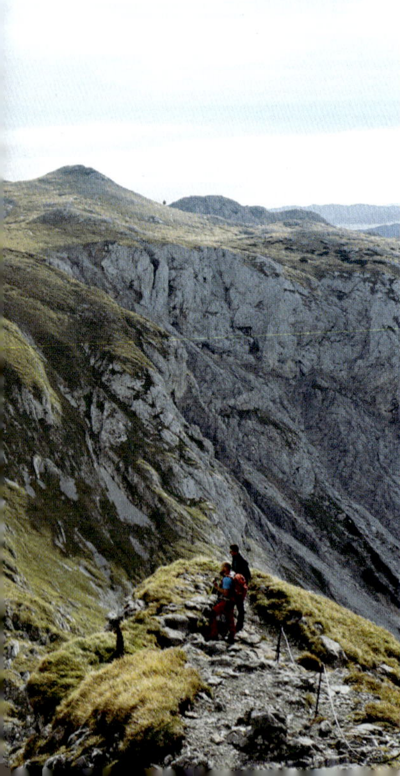

Im oberen Abschnitt blicken wir in die Ferne, links der Karlhochkogel.

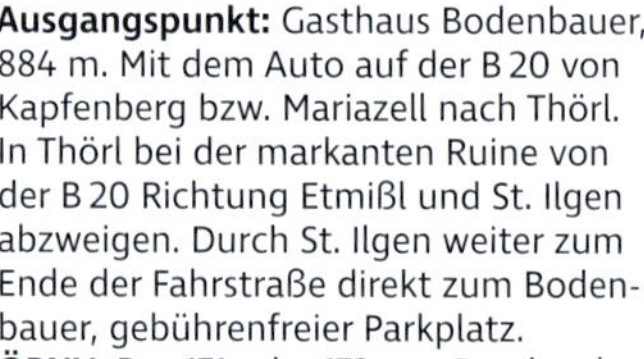

Ausgangspunkt: Gasthaus Bodenbauer, 884 m. Mit dem Auto auf der B 20 von Kapfenberg bzw. Mariazell nach Thörl. In Thörl bei der markanten Ruine von der B 20 Richtung Etmißl und St. Ilgen abzweigen. Durch St. Ilgen weiter zum Ende der Fahrstraße direkt zum Bodenbauer, gebührenfreier Parkplatz.
ÖPNV: Bus 171 oder 172 von Bruck a.d. Mur zur Bushaltestelle Thörl Ort, ab hier mit Taxidienst Hochschwab-Reisen, Tel. +43 3861 2400 (Taxiwunsch vorab anmelden; ca. 30 Euro pro Fahrt).
Anforderungen: Durchgehend markierte Wanderwege und Alpinsteige. Weg durch das G'hackte mit Leitern, Seilen, Ketten und Stangen gesichert, selten ausgesetzt. Gute Kondition und stabiles Wetter sind Voraussetzungen. Steinschlaggefahr beachten! Auf der Hochfläche befindet sich als Notunterstand das Fleischer-Biwak.
Einkehr: Gasthaus Bodenbauer; fast ganzjährig geöffnet (Ruhetag: Mo, Di), im Nov.geschlossen, im Winter Sa und So geöffnet. Schiestlhaus (siehe Tour 1).
Variante: Abstieg zum Vogauer Kreuz 4 über Graf-Meran-Steig (siehe Tour 1) und Trawiessattel; rund 2.00 Std.
Tipp: Der An- und Abstieg über das G'hackte an einem Tag ist anspruchsvoll. Eine Nächtigung am Schiestlhaus empfiehlt sich, Abstieg dann tags darauf am gleichen Weg oder über die Häuslalm, siehe Tour 16.

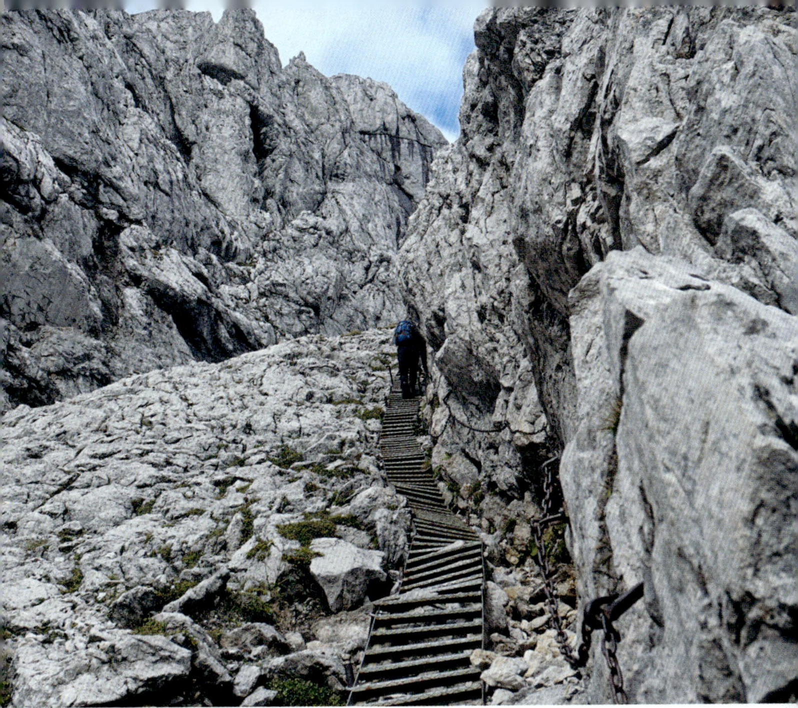

Gut versichert verläuft der Weg durch das G'hackte.

Ab dem **Gasthaus Bodenbauer** ❶ spazieren wir auf der breiten Schotterstraße gemächlich ins Trawiestal. Nach rund 20 Min. folgen wir links dem markierten Weg, überqueren den **Trawiesbach** ❷ und steigen am Fuß der imposanten Hundswand bergwärts. Nach einer Wasserauffüllmöglichkeit überschreiten wir die **Trawiesalm** ❸ und erreichen auf teils steinigen Pfaden das hintere Ende des Trawiestals. Der anschließende Steig führt in Serpentinen bergwärts (kurze Kettensicherung) zum G'hacktbrunn (Wasserstelle) und nach kurzem Aufschwung zum **Vogauer Kreuz** ❹ an einer Wegkreuzung. Zur Rechten breitet sich die typische Karstlandschaft über Trawiessattel und Karlhochkogel aus, zur Linken wartet die schroffe Felsrinne durch das G'hackte auf uns.

Nach einigen Serpentinen haben wir den Einstieg in diese Passage erreicht. Eine Eisenstiege mit schmalen Stufen sowie eine Kettensicherung helfen uns beim Überwinden der ersten Schwierigkeiten, Stahlseile und Stangen säumen den weiteren Aufstiegsweg. Hier herrscht Steinschlaggefahr, vor allem im oberen Teil nahe dem Überhang vom G'hacktstein. Nach einer

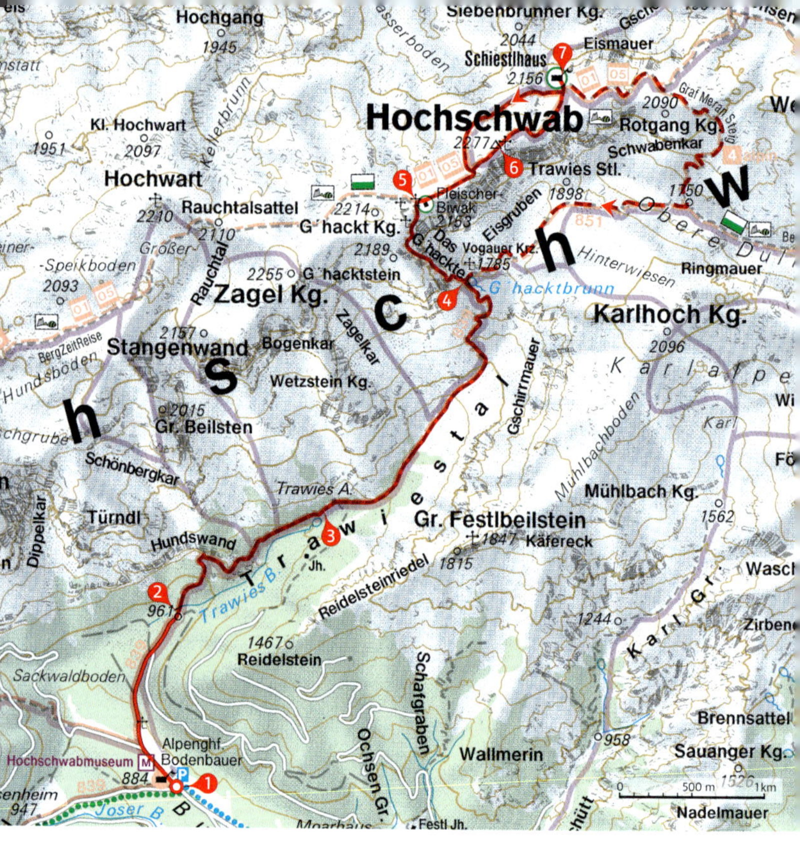

Felsstufe verlassen wir den Bereich des Überhangs, blicken rückwärtig auf eine eindrucksvolle Berglandschaft, haben aber noch nicht alle Schwierigkeiten gemeistert. Eisenstangen und Seile leiten uns zum Ausstieg dieses spannenden Weges. Markierungsstangen weisen uns den Weg, vorbei an einer Doline mit Eisenkreuz, zur Hochfläche und schließlich zum **Fleischer-Biwak** 5. Dieses Biwak für maximal zwölf Personen steht nicht ohne Grund hier: Viele Menschen sind in der Vergangenheit am Hochschwab verunglückt, oft in Schneestürmen, die am Hochschwab sehr stark ausfallen können. Die Biwakschachtel soll Menschen in Not vor ähnlichen Schicksalen bewahren.

Zur Rechten ist der Weg Richtung Hochschwab-Gipfel vorgezeichnet. Wir müssen nur noch eine kleine Rinne durchqueren und stehen nach wenigen

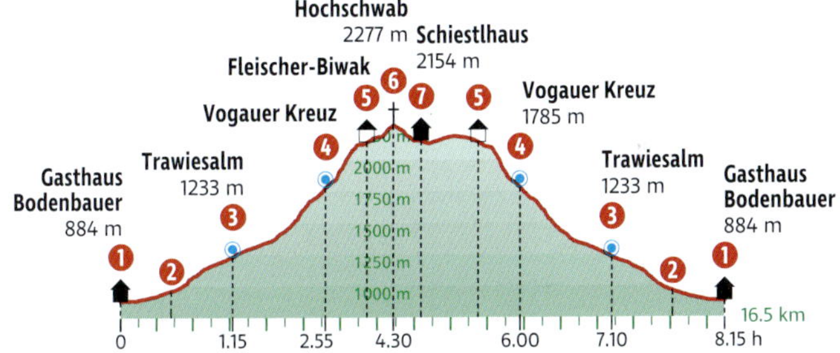

Minuten bereits am Gipfel des **Hochschwabs** 6. Wir genießen den Rundumblick, ein Panoramatisch hilft uns beim Identifizieren der Berge.
Von hier aus erreichen wir das **Schiestlhaus** 7 in rund 20 Min. dank ausreichender Stangenmarkierung, die uns im Abstieg bei der Orientierung hilft. Danach haben wir mehrere Möglichkeiten: 1. Wir steigen über das G'hackte wieder ab. 2. Über den Graf-Meran-Steig und Trawiessattel wieder ins Trawiestal und zurück zum Bodenbauer (Variante). 3. Über die Häuslalm retour zum Bodenbauer (siehe Tour 16). 4. Wir legen eine Nacht im Schiestlhaus ein und überlegen uns, welche Route wir am kommenden Tag absteigen oder wohin wir weiterwandern.

Am Hochschwab die Ruhe genießen.

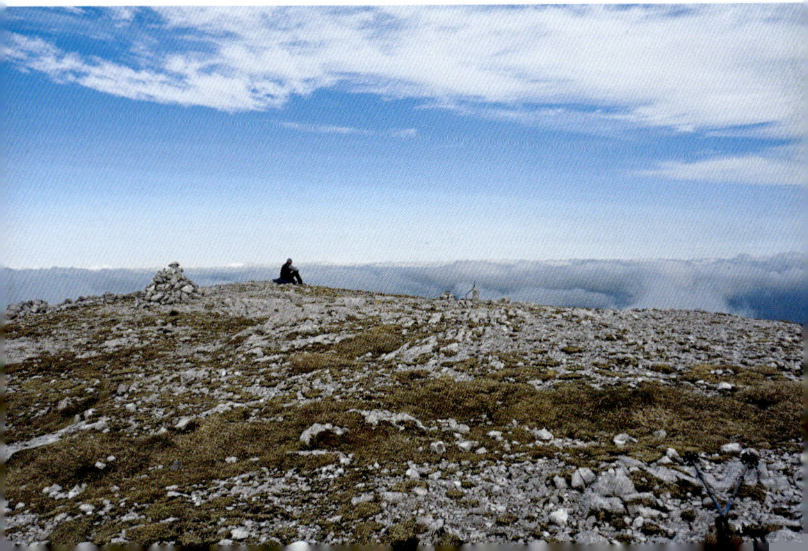

↗ 170 m | ↘ 1440 m | 11.8 km

16 Vom Schiestlhaus, 2154 m, zum Bodenbauer

4.30 h

Probelauf für die Hochschwab-Überquerung

Die Hochfläche westlich des Schwaben besticht mit ihren weitläufigen Landschaften und einfach zu erreichenden Erhebungen. Aber nur kurzfristig: Noch bevor wir die Häuslalm erreichen, wandelt sich das Gelände in eine zerklüftete und mit Latschen überzogene Felslandschaft. Dieser Wegabschnitt wird nicht nur von Steinböcken und Gämsen begangen. Auch die Hochschwab-Überquerer erfahren hier die abwechslungsreiche Szenerie des steirischen Massivs hautnah.

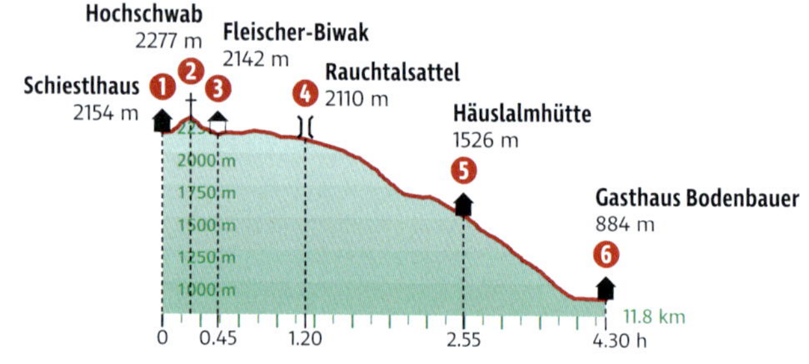

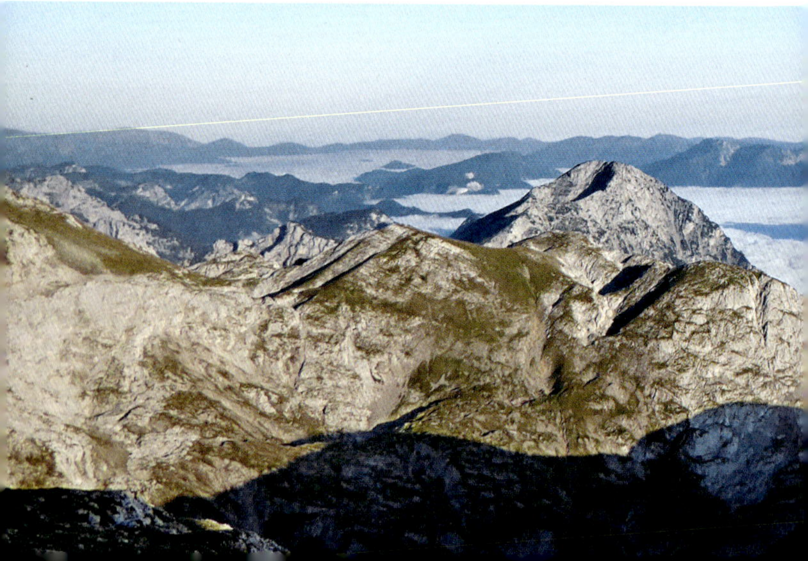

Ausgangspunkt: Schiestlhaus, 2154 m. Zustieg siehe Tour 1 und 4.
Endpunkt: Gasthaus Bodenbauer, 884 m (siehe Tour 15).
Anforderungen: Durchgehend markierte Wanderwege, bei Nebel auch auf Stangenmarkierung achten, sehr windanfällig.
Einkehr: Häuslalmhütte; bewirtschaftet von Anfang Mai bis Mitte September von Mittwoch bis Sonntag und von Mitte Oktober bis Ende März Donnerstag bis Sonntag, 16 Schlafplätze. Gasthaus Bodenbauer (siehe Tour 15).
Varianten: Gipfelmöglichkeiten mit Hochwart, 2210 m, und Zinken, 1926 m. Beide sind unschwierig, aber weglos zu erreichen, guter Orientierungssinn erforderlich.
Tipp: Besuch des Hochschwab-Museums beim Bodenbauer.
Hinweis: Jagdsperre von Mitte September bis Mitte Oktober, Häuslalm während dieser Zeit nicht bewirtschaftet. Wege können jedoch begangen werden.

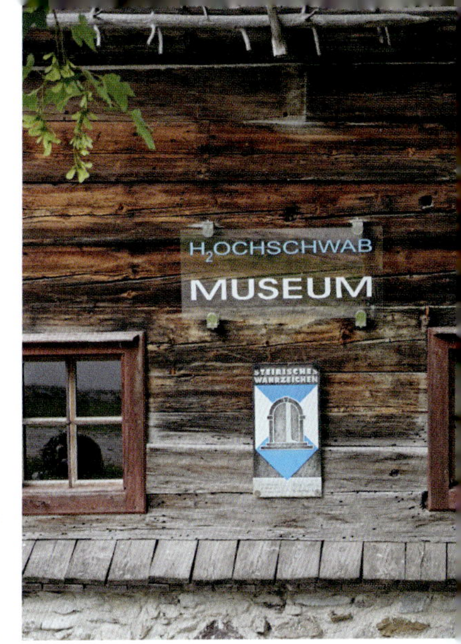

Bild oben: Beim Bodenbauer befindet sich ein sehenswertes Hochschwab-Museum.
Unten: Frühmorgens am Schiestlhaus mit Blick zur Riegerin und ins Salzatal.

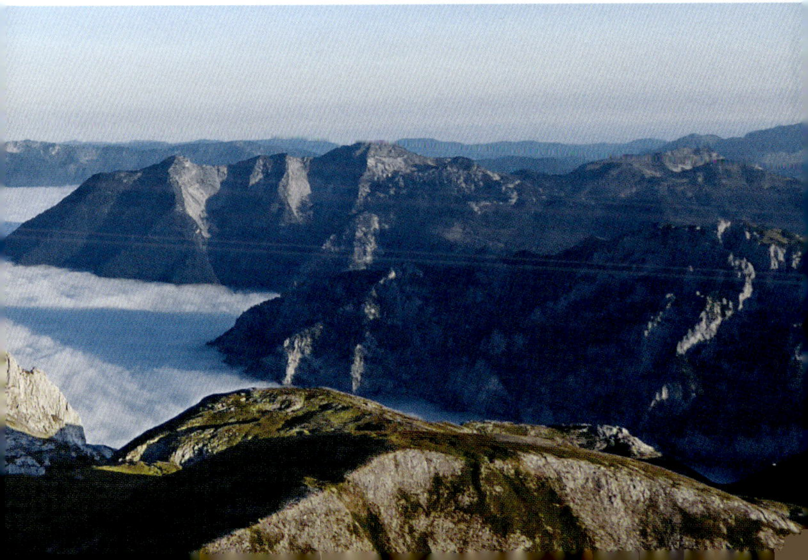

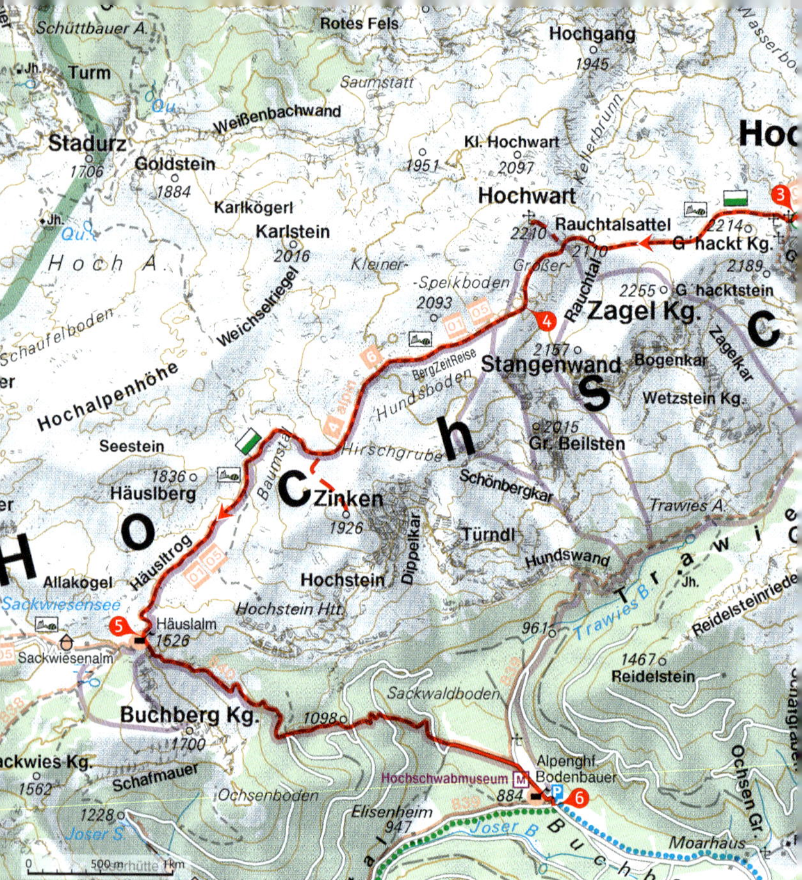

Vom **Schiestlhaus** ❶ wandern wir links haltend direkt hinauf zum Gipfelkreuz auf dem **Hochschwab** ❷ und erfreuen uns am Panorama. Dann steigen wir in überschreitender Manier zum **Fleischer-Biwak** ❸ ab und folgen nun dem weiteren Weg (801/805) zur Häuslalm mit einigen Gipfelmöglichkeiten abseits der markierten Strecke. Wir umgehen zuallererst den G'hacktkogel, 2214 m, und den Zagelkogel, 2255 m (zweithöchster Gipfel im Hochschwab-Massiv), nordseitig und steigen in den **Rauchtalsattel** ❹, ab. Hier würde sich kurz danach zur Rechten der Hochwart, 2210 m, für einen Gipfelsieg anbieten.

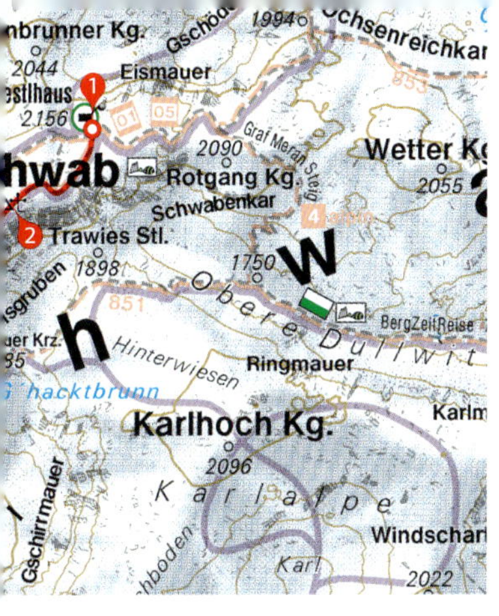

Nach einer etwas felsigeren Passage wandern wir über die sanften Hundsböden weiter südwestwärts. Schritt für Schritt kommen wir den mit Latschen bedeckten Gebieten näher – hier besteht mit dem Zinken, 1946 m, noch eine Gipfelmöglichkeit – und folgen dem wiederum steinigeren und dolinenartigen Gelände abwärts zur **Häuslalmhütte** 5.

Von hier aus führt der markierte Weg (Nr. 840) am Fuße des Buchbergkogels über einen Waldsteig abwärts. Wir queren mehrmals eine Forststraße und wandern sanft auslaufend zum **Gasthaus Bodenbauer** 6.

Liegen und Verdauen gehören zu den Tagesaufgaben von Steinböcken.

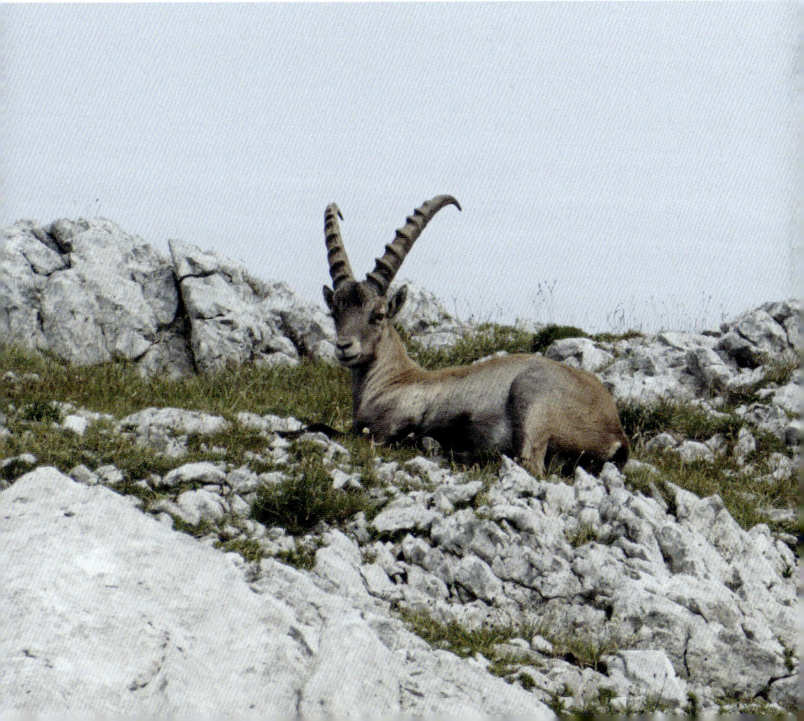

↗ 350 m | ↘ 350 m | 8.9 km

17 Vom Bodenbauer zum Josersee, 1228 m

2.45 h

Ein Kleiner ganz groß

Wer am Nordufer des Josersees auf die dunkle Wasseroberfläche blickt und sieht, wie sich die schroffen Felswände der Meßnerin darin spiegeln, fragt sich gewiss: Ab welcher Größe wird eine Wasserfläche eigentlich zum See? Limnologen würden sagen, jede mit Wasser gefüllte Senke ist ein See, Nicht-Limnologen sei ein subjektives Empfinden gegönnt. Gut, dass dem Josersee solche Diskussionen herzlich egal sind. Er fügt sich wildromantisch zwischen Buchbergkogel und Meßnerin in die landschaftliche Senke ein und flüstert den neugierigen Genusswanderern leise zu: »Wenn ich einen See seh, brauch ich kein Meer mehr.«

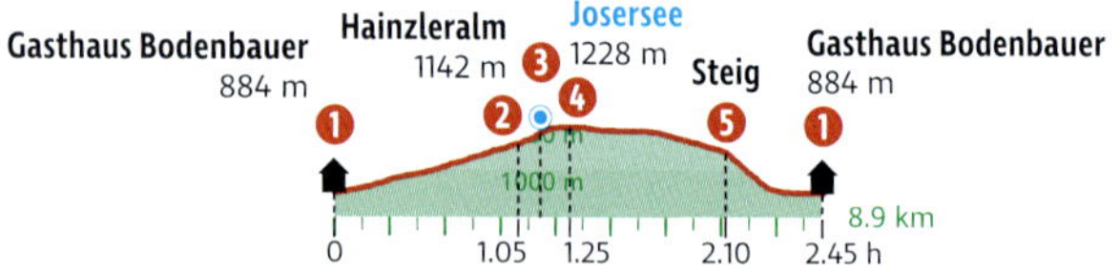

Ausgangspunkt: Gasthaus Bodenbauer, 884 m (siehe Tour 15).
Anforderungen: Unschwierig zu gehende Forststraßen und Waldwege. Markierung meist nicht umfangreich, aber ausreichend.
Einkehr: Gasthaus Bodenbauer (siehe Tour 15). Unterwegs keine Möglichkeit.

Variante: Statt über den Waldsteig 5 zurück zum Ausgangspunkt beim Gasthaus Bodenbauer abzukürzen, kann auch die nicht so steile Forststraße ausgegangen werden.
Tipp: An das Nordufer des kleinen Josersees setzen und die sich im Wasser spiegelnde Meßnerin bewundern.

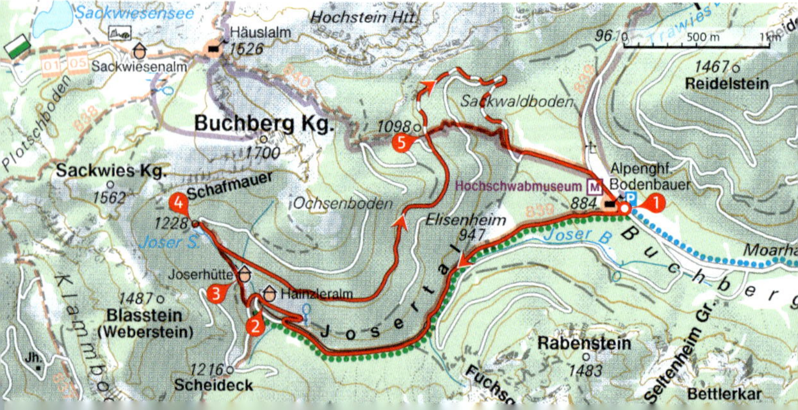

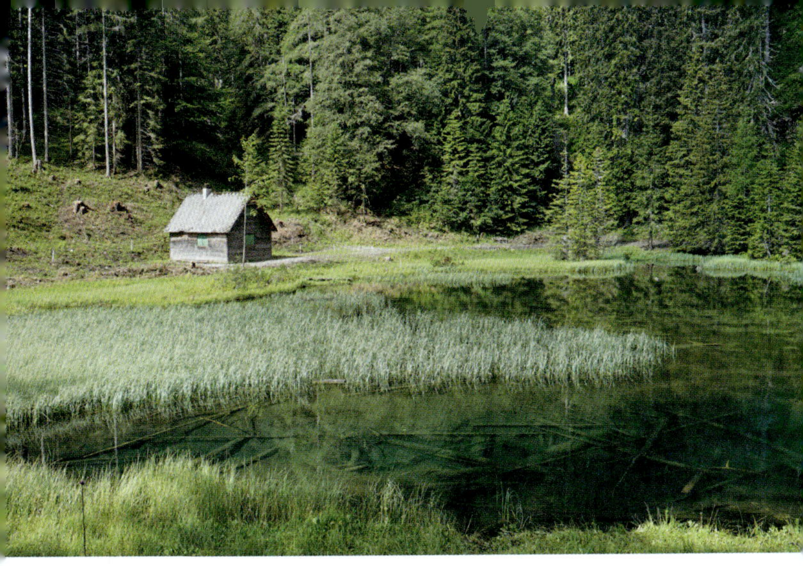

Verstecktes Kleinod unweit des Bodenbauers: am Josersee.

Vom Parkplatz am **Gasthaus Bodenbauer** ❶ weist noch vor dem Gebäude die Beschilderung (Hainzleralm, Joser-Alm/See) auf eine Schotterstraße ins Josertal. Wir passieren einen Parkplatz und einen Umkehrplatz und wandern zum verlassenen Elisenheim, im Hintergrund präsentiert sich der markante Zinken (siehe Tour 16). Die Forststraße neben dem Joserbach verläuft nach zwei Kehren direkt zur urigen **Hainzleralm** ❷. Wir gehen noch ein kleines Stück weiter und biegen scharf rechts zur benachbarten **Joseralm** ❸ mit Getränkebrunnen ab.

Von der Joseralm führt die Fahrstraße weiter bergwärts, quer über den Joserbach, zu einer Forststraße. Zur Linken landen wir nach wenigen Gehminuten am idyllischen **Josersee** ❹. Vom Nordufer aus gesehen spiegelt sich, je nach Tageszeit, die Meßnerin auf der Wasseroberfläche des kleinen Sees. Hinter uns schraubt sich die Schafmauer in die Höhe, die vom Sackwiesenkogel bis hin zum Buchbergkogel reicht (siehe Tour 18).

Wir verlassen das Kleinod wieder auf der schon bekannten Forststraße, ignorieren nun die Verbindung zur Joseralm und wandern auf der Forststraße weiter. Deren Ausblicke zum Bodenbauer und ins Trawiestal sowie auf die umliegende Bergwelt zwischen Buchbergkogel, Zinken und Festlbeilstein begeistern. Den querenden **Wandersteig** ❺ zwischen Bodenbauer und Häuslalm nutzen wir, um direkt zum **Bodenbauer** ❶ abzusteigen. Alternativ können wir auch entlang der Forststraße zum Ausgangspunkt weiterwandern.

↗ 820 m | ↘ 820 m | 10.9 km

18 Buchbergkogel, 1700 m, und Häuslalm

4.45 h

Abwechslungsreiche Rundtour mit sehenswertem Gipfelblick

Wieder einmal ist der Bodenbauer als Ausgangspunkt Garant für eine sehenswerte Bergwanderung. Vorbei am Josersee führt diese wenig begangene Runde auf den Buchbergkogel, der mit einem fabelhaften Ausblick die Strapazen des Aufstiegs wieder vergessen lässt. Außerdem zeigt sich hier bereits die Häuslalmhütte und lockt mit ihrer Spezialität, einem »Ritschert«, die Gäste in die Hütte. Ritschert ist ein speziell in Bergregionen gekochter Eintopf mit Rollgerste, Hülsenfrüchten und Selchfleisch. Das lassen wir uns nicht entgehen!

Ausgangspunkt: Gasthaus Bodenbauer, 884 m (siehe Tour 15).
Anforderungen: Sehr steiler Serpentinenweg vom Josersee auf den Schafmauersattel. Wenig markiert ist der Weg zum Buchbergkogel, aber gut sichtbar. Abstieg vom Buchbergkogel zur Häuslalm steil und rutschig.
Einkehr: Häuslalmhütte (siehe Tour 16). Gasthaus Bodenbauer (siehe Tour 15).
Variante: Den Buchbergkogel rechts liegen lassen und vom Schafmauersattel 4 links auf spärlich markierten Wegen zuerst leicht ansteigend auf eine kleine Hochfläche, dann scharf rechts zur Sackwiesenalm absteigen. Ab hier wieder leicht ansteigend weiter zur Häuslalm 6.

Am Buchbergkogel mit Blick zum Hochschwab (rechts).

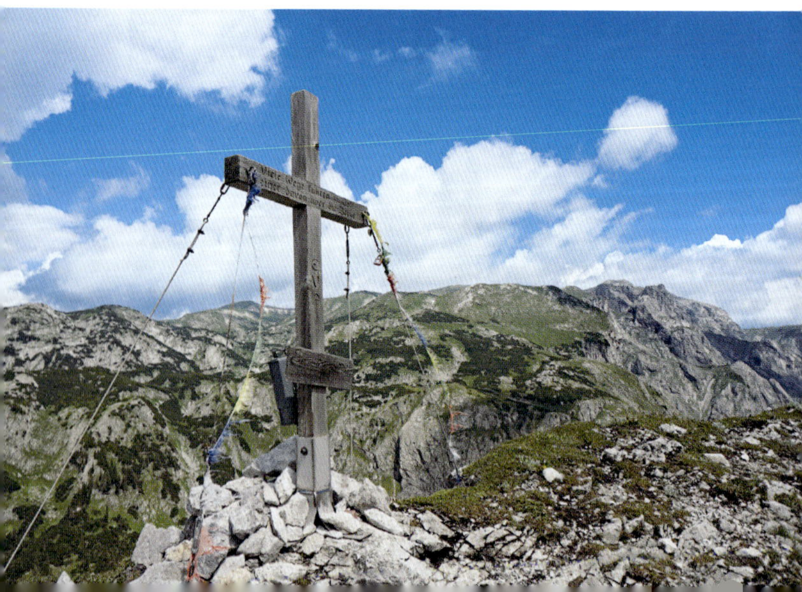

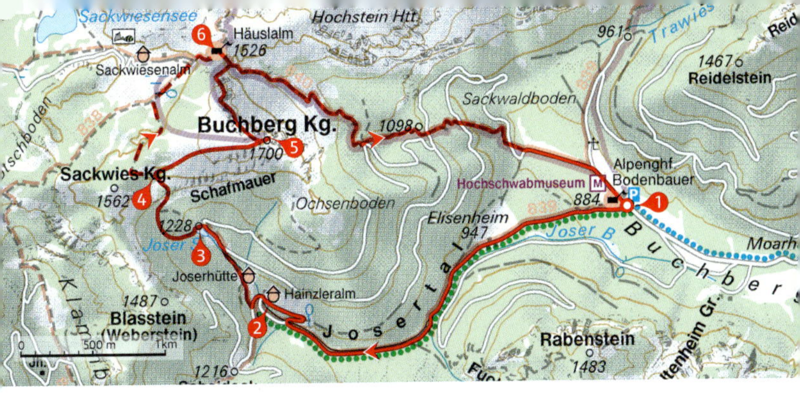

Vom **Gasthaus Bodenbauer** ❶ wie bei Tour 17 über **Hainzleralm** ❷ und Joseralm zum **Josersee** ❸. Wir umgehen den See in Richtung Uferhütte, biegen aber kurz davor rechts auf einen gut sichtbaren Waldsteig ab. Dieser führt nun anfänglich unmarkiert und auf schmalen Pfaden bergwärts, an einer kleinen Lichtung halten wir uns rechts und steigen stetig höher. Zeitweise bestätigen uns rote Punkte, am richtigen Weg zu sein; am steilen Aufstiegspfad sind die Hände zum Abstützen hilfreich. Am **Schafmauersattel** ❹ angekommen, wenden wir uns sofort rechts dem gut sichtbaren Trampelpfad zu.

Dieser leitet uns nun, selten begleitet von Punktmarkierungen, bergwärts und durch eine abschließende Latschengasse auf den Gipfel des **Buchbergkogels** ❺. Die Aussicht von diesem Punkt ist umfassend und zeigt uns mit einem Blick alle unterschiedlichen Landschaften des Hochschwab-Massivs, von Felswänden bis hin zu Karstflächen und Almwiesen.

Wir gehen wieder einige Meter am bekannten Weg retour, verbleiben dann aber am schmalen Pfad nahe der Geländekante. Der unbezeichnete Pfad bietet einige felsige Ausblicke und führt anschließend durch Latschengassen teils steil abwärts und rutschig zur **Häuslalmhütte** ❻. Von hier aus bringt uns der gut bezeichnete Wanderweg (Nr. 840) unschwierig zurück zum Ausgangspunkt am **Gasthaus Bodenbauer** ❶.

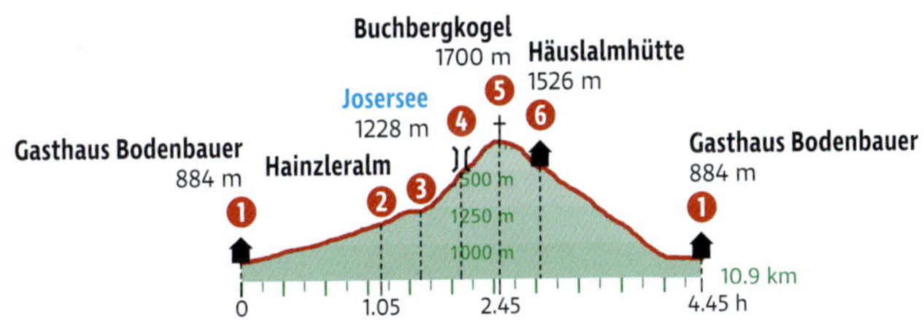

↗ 1010 m | ↘ 1010 m | 15.2 km

19 Vom Bodenbauer zur Sonnschienhütte, 1523 m

6.00 h

Vom Bodenbauer dorthin, wo die Sonne scheint

Bitte nicht falsch verstehen: Auch zum Bodenbauer findet die Sonne ihren Weg. Aber wer schon einmal auf der Terrasse der Sonnschienhütte im gleichnamigen Almgebiet gesessen hat, kann gut nachvollziehen, warum die Hütte so heißt, wie sie heißt. Aber nicht nur die Sonnenterrasse ist das Erhellende dieser Tour. Auch der liebreizende Sackwiesensee lässt die Glückshormone regelrecht sprießen.

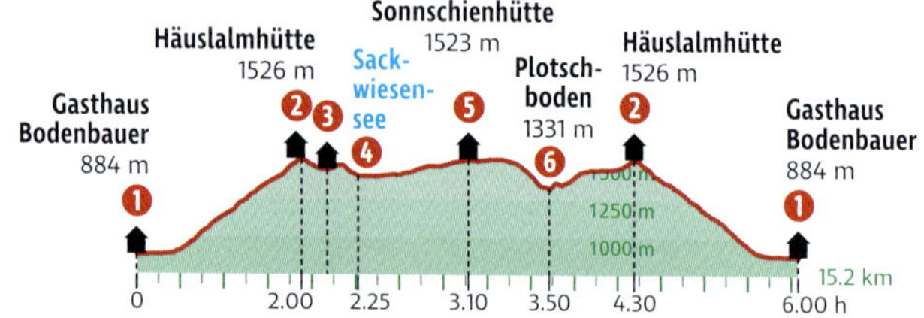

Ausgangspunkt: Gasthaus Bodenbauer, 884 m (siehe Tour 15).
Anforderungen: Durchgehend markierte Wanderwege, unschwierig zu gehen. Weg am Westufer des Sackwiesensees sehr nass und Teile des Weges nicht immer gut begehbar.
Einkehr: Häuslalmhütte (siehe Tour 16). Sackwiesenalm; bewirtschaftet Juni bis September, Schlafplätze auf Anfrage. Sonnschienhütte, ÖAV; fast ganzjährig bewirtschaftet (Mitte September bis Mitte Oktober sowie Mitte März bis Mitte Mai geschlossen, im Winter montags Ruhetag), 60 Schlafplätze.
Tipp: Etwa 50 m oberhalb des Sackwiesensees ist eine Höhle erkennbar, die man über einen Serpentinenweg erreicht. Von oben eröffnet sich ein prächtiger Blick über den gesamten See.

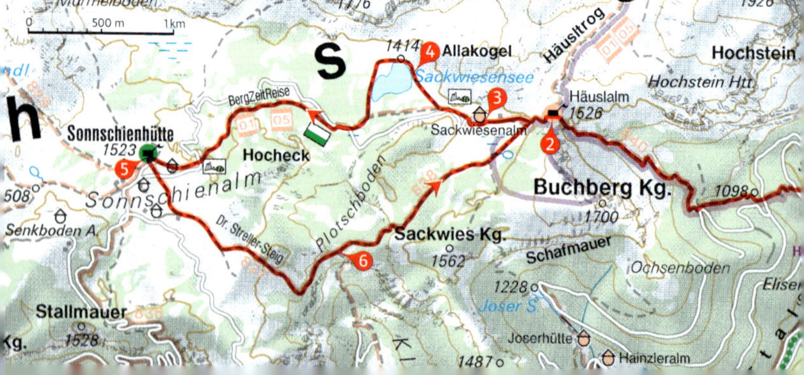

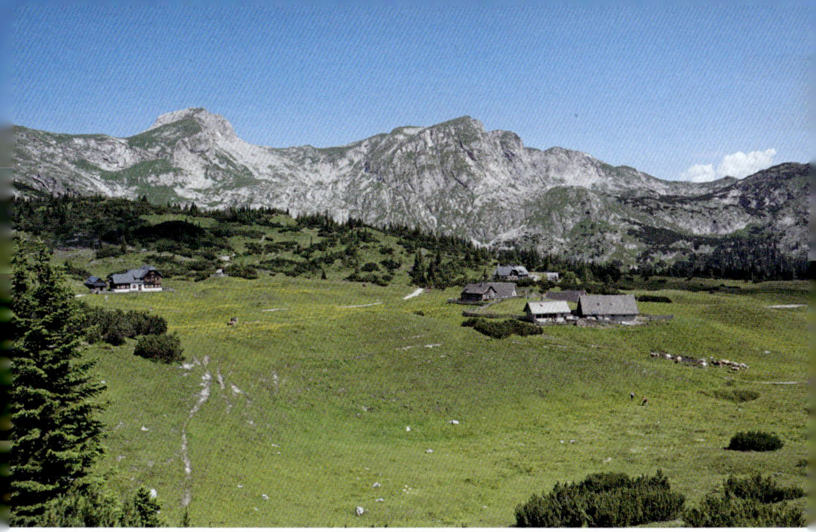

Sonnschienhütte (links) mit Ebenstein.

Wir kehren dem **Gasthaus Bodenbauer** ❶ unsere Rucksäcke zu und folgen der Forststraße taleinwärts zur ersten Gabelung. Wir halten uns links, wechseln anschließend auf den markierten Waldsteig, der uns stetig bergwärts im Angesicht des Buchbergkogels zur **Häuslalmhütte** ❷ führt. Mit den hier einmündenden Weitwanderwegen 01 und 05 ist der weitere Weg zur ruhig gelegenen **Sackwiesenalm** ❸ und zum idyllischen **Sackwiesensee** ❹ vorgezeichnet. Der See liegt etwas abseits des Hauptweges in einer Senke und lässt sich umrunden, wobei die Wege am westlichen Ufer meist sehr feucht sind. Oberhalb des Sees erkennen wir außerdem eine kleine Höhle, die mittels Serpentinenpfad erreicht werden kann und einen noch schöneren Blick über den See bietet.

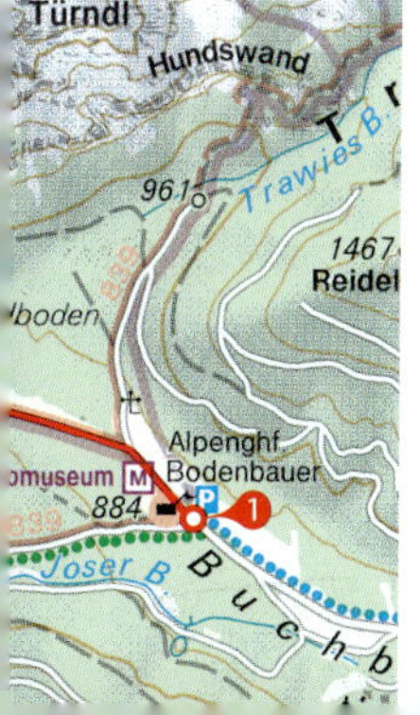

Wieder am Hauptweg wandern wir ständig im leichten Auf und Ab durch das Filzmoos bis zur weitläufigen Sonnschienalm. Der markierte Weg führt direkt zur **Sonnschienhütte** ❺. Von hier starten wir auf dem Dr.-Ferdinand-Streller-Steig in Richtung Klammboden (Nr. 837, kurze Kettensicherung), kommen abwärts zur markanten **Wegkreuzung** ❻ unterhalb des **Plotschbodens** und steigen ab hier wieder bergwärts. Wir erreichen abermals die liebliche Sackwiesenalm und nähern uns der **Häuslalmhütte** ❷.

Auf bekannten Wegen steigen wir wieder zum **Gasthaus Bodenbauer** ❶ ab.

↗ 1060 m | ↘ 1060 m | 9.5 km

20 Von Tragöß auf die Meßnerin, 1835 m

4.45 h

Schroffe Felsen, aussichtsreicher Gipfel

Die Meßnerin gilt als der Hausberg von Tragöß und präsentiert dem Ort nicht nur ihr schroffes Antlitz, sondern auch ein markantes Felsloch. Dieser Felsdurchgang wird bei der Besteigung der Meßnerin für Wanderer aber keine Rolle spielen. Was zu tragen kommt, sind der breite Gipfelaufbau und der imposante Blick auf das Hochschwab-Massiv.

Ausgangspunkt: Bushaltestelle Tragöß-Oberort Ort, 776 m. Mit dem Auto von der S 6 oder S 35 bzw. B 116 Bruck an der Mur auf die Tragößer Straße nach Tragöß-Oberort abbiegen. Gebührenpflichtiger Parkplatz am Informationszentrum Grüner See (etwas abseits dieser Tour). Gebührenfreie Parkplätze unterhalb der Kirche am Festsaal fast am Ausgangspunkt bzw. 300 m aufwärts im Haringgrabenweg bei einer Brücke.

ÖPNV: Mit dem Bus 175 vom Bahnhof Bruck an der Mur zur Endstation (nahezu stündlich von 5 bis 18 Uhr an Schultagen, vier Verbindungen an schulfreien Tagen, nur in Sommerferien drei Verbindungen an Wochenenden).

Anforderungen: Stetig steiler Aufstiegsweg, jedoch unschwierig zu gehen, durchgehend markiert.

Einkehr: Unterwegs keine Möglichkeit. Gasthof zur Post in Tragöß; ganzjährig bewirtschaftet (Ruhetag: Mo, in der Nebensaison auch Di), 22 Schlafplätze.

Tipp: Besuch des Heimatmuseums Tragöß; geöffnet Anfang Juni bis Ende September, an Sonntagen von 15 bis 18 Uhr, im Juli und August zusätzlich an Samstagen und Feiertagen, gleiche Uhrzeit.

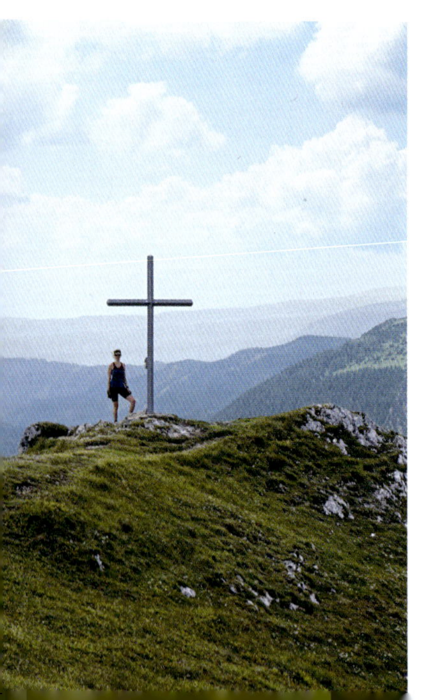

Von der Bushaltestelle **Tragöß-Oberort Ort** ❶ spazieren wir zum Gasthof zur Post und biegen rechts in den Haringgrabenweg ab. Einige Wegweiser zeigen uns, welche Tourenziele wir von hier aus ansteuern könnten. Für heute möge es die Meßnerin, der Tragößer Hausberg, sein.

Vorbei an Heimatmuseum und Kirche, biegen wir an einem Bildstock links ab und folgen der be-

Das Gipfelkreuz der Meßnerin.

schilderten Straße Richtung Meßnerin (Nr. 844). Der Weg führt bei einer Rechtskehre geradeaus auf eine Schotterstraße (Privatgrund, Durchgang für Wanderer erlaubt). Vor einem Holzhaus rechts auf den Wiesenweg abbiegen, an einer Wegkreuzung am Waldrand abermals rechts halten. Der nachfolgende schmale Pfad führt zwei Forststraßen querend stetig bergwärts zum **Ambrosi-Bründl** ❷.

Ab hier beginnt der eigentliche Aufstiegsweg zur Meßnerin. Bis zur **Windscharte** ❸ queren wir abermals einige Forststraßen, immer wieder eröffnen sich uns Blicke auf den Grünen See, die Pribitz und auf die südwestlichen Felswände der Meßnerin. Unweit eines markanten Felsklotzes mit einer Gedenktafel startet der Dr.-Peter-Meissl-Steig, der in Serpentinen durch Latschengassen auf die Hochfläche der Meßnerin führt. Die letzten Höhenmeter auf den Gipfel der **Meßnerin** ❹ verlaufen über sanft ansteigende Bergwiesen. Auf der breiten Bergkuppe finden wir unterschiedliche Aussichtsplatzerl, die immer einen anderen Höhepunkt ins Blickfeld rücken.

Der Abstieg zum **Ambrosi-Bründl** ❷ verläuft auf der Anstiegsroute. Wir gehen danach noch ein Stück am bekannten Weg abwärts, halten uns aber links und folgen dem schmalen Waldsteig vorbei an einer Hütte über den Haringbach zum **Haringgrabenweg** ❺, links von uns befindet sich ein Parkplatz. Rechts erreichen wir auf der Straße wieder den Ausgangspunkt in **Tragöß-Oberort** ❶.

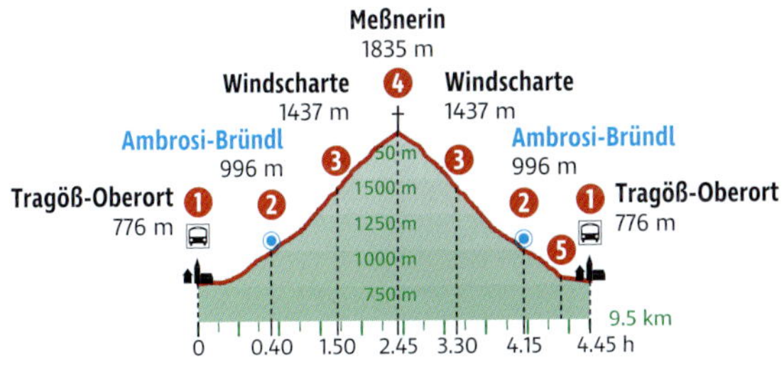

↗ 80 m | ↘ 80 m | 6.6 km

21 Rund um den Grünen See, 776 m

2.00 h

Spektakuläres Ausflugsziel in Tragöß-Oberort

Der Grüne See gilt als eines der beliebtesten Ausflugsziele der Steiermark. Einen noch stärkeren Besucherschub erhielt der Grüne See, nachdem er 2014 zu Österreichs schönstem Platz gekürt wurde. Daher wird es kaum eine Jahreszeit geben, in der keine Besucher rund um das Kleinod anzutreffen sind. Vor allem beliebt ist die Besichtigung des Sees während der Schneeschmelze, wenn das wohl bekannteste Rastbankerl Österreichs unter Wasser verschwindet. Nicht minder sehenswert sind die benachbarten Gewässer Kreuzteich und Pfarrerteich. Erfrischende Spaziergänge stehen hier somit auf der Tagesordnung.

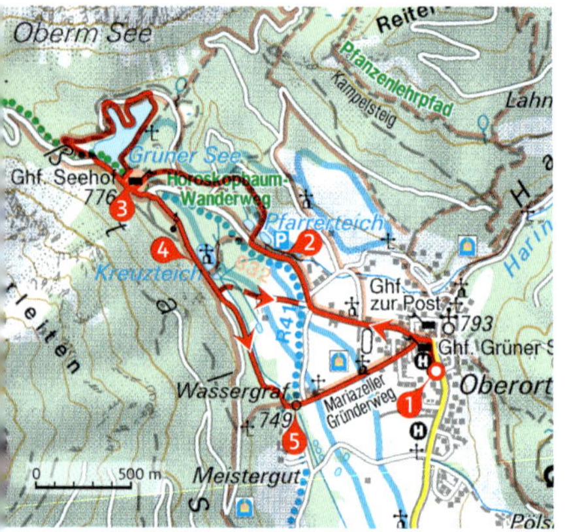

Ausgangspunkt: Bushaltestelle Tragöß-Oberort Ort, 776 m. Öffentliche Anreise siehe Tour 20. Mit dem Auto siehe ebenso Tour 20; Weiterfahrt zum Informationszentrum Grüner See, gebührenpflichtiger Parkplatz direkt am Informationszentrum.
Anforderungen: Einfach zu gehende Forst- und Schotterwege.
Einkehr: Gasthof zur Post Tragöß (siehe Tour 20). Gasthof Seehof; geöffnet von Mai bis Oktober ohne Ruhetag.
Variante: Rückweg abkürzen über die Seestraße: nach dem Kreuzteich 4 links auf Waldweg und über die Seestraße ins Ortszentrum.
Tipp: Das berühmte Sitzbankerl – im Frühling meist unter Wasser – befindet sich am Nordufer des Grünen Sees. Das Meßnerinloch sieht man besonders gut, wenn das vorgesehene »Fernrohr« aus Holz neben der Seestraße benutzt wird.
Hinweis: Zur Schneeschmelze im Frühling werden nicht alle Wege um den Grünen See benützbar sein, die im Sommer ohne Probleme zu gehen sind. Im Zweifel den äußersten Weg um den See gehen.

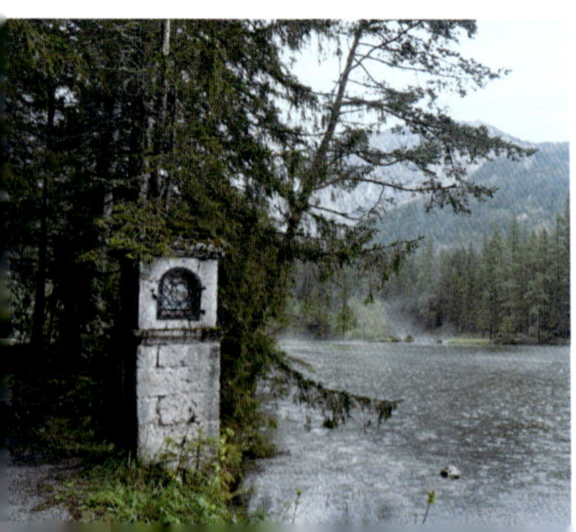

Dampfender Kreuzteich.

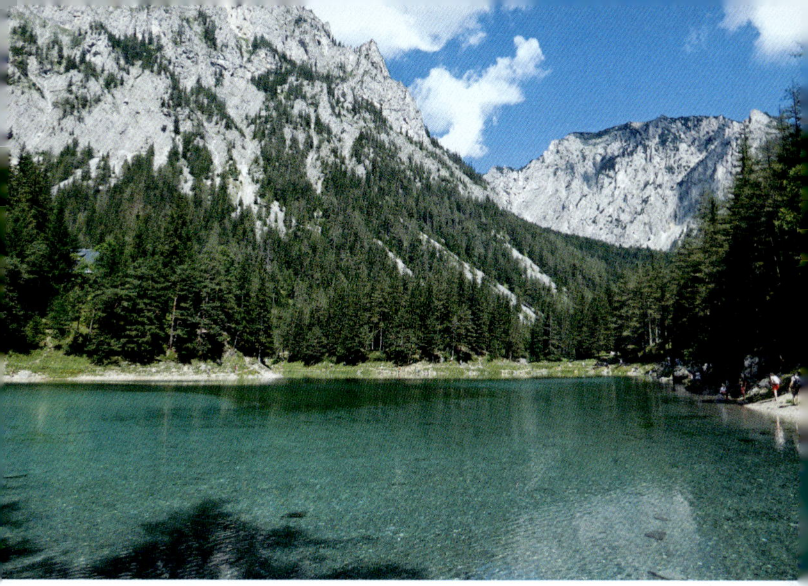

Eingebettet in der Bergwelt: Grüner See.

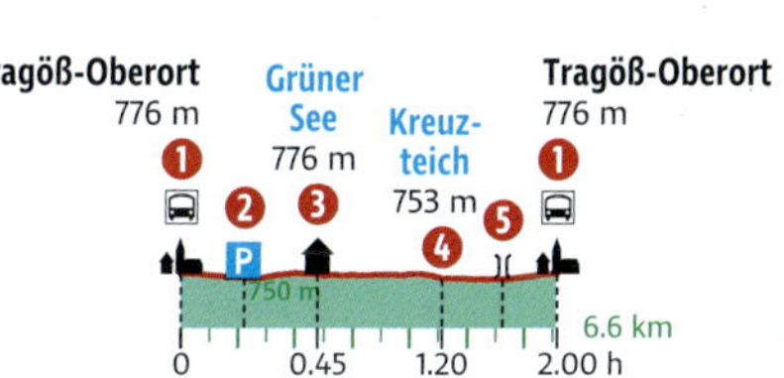

Ab der Bushaltestelle **Tragöß-Oberort Ort** ❶ spazieren wir zum Gasthof zur Post und folgen links dem Straßenverlauf zum Blickpunkt Meßnerinloch. Nach wenigen Minuten erreichen wir das **Informationszentrum** ❷. Kurz begehen wir noch die Fahrstraße, ehe wir direkt am Pfarrerteich, mit Blick auf die imposante Felswand der Pribitz, rechts abbiegen. Am Ufer entlang führt uns dieser beschilderte Weg zum Gasthof Seehof, kurz danach landen wir am **Grünen See** ❸. Es lohnt sich die Umrundung des Sees entgegen dem Uhrzeigersinn, die ufernahen Wege sind zur Schneeschmelze nicht begehbar. Höher liegende Trampelpfade gibt es aber in ausreichender Menge.

Nach getaner Seerunde passieren wir den Seehof sowie den Parkplatz, biegen jedoch kurz danach rechts auf eine Schotterstraße ab. Diese führt uns zum ebenso sehenswerten **Kreuzteich** ❹. Wir folgen dem Schotterweg weiter am Lamingbach entlang, ehe von rechts ein Wanderweg vom Hiaslegg einmündet. Hier biegen wir, mittlerweile wieder auf Asphaltbelag, links über die **Holzbrücke** ❺ ab und spazieren am Güterweg retour nach **Tragöß-Oberort** ❶.

22 Klammhöhe, 970 m, und Kamplsteig

2.30 h

Naturkundliches Wissen am Fuße der Meßnerin erfahren

Eine gemütliche Rundtour oberhalb von Tragöß-Oberort, deren Wirkung auf den menschlichen Geist jedoch nicht zu vernachlässigen ist. So erklären uns beispielsweise am Blumenpfad Kamplsteig etliche Hinweisschilder, was hier blüht und gedeiht und wie eigentlich Bäume und Moose funktionieren. So wie 1 Gramm trockenes Moos in 10 Minuten 6 Gramm Wasser aufsaugen kann, saugen wir am Blumenpfad Kamplsteig das angebotene Wissen auf. Hat ja – zumindest beim Autor dieser Zeilen – augenscheinlich funktioniert.

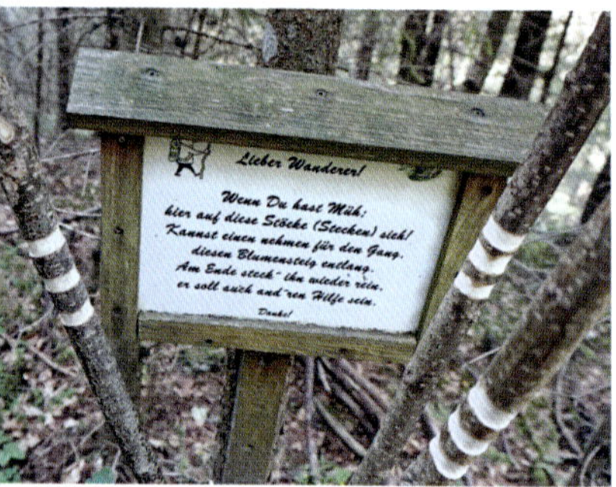

Wanderstöcke zum Ausleihen.

Ausgangspunkt: Bushaltestelle Tragöß-Oberort Ort, 776 m (siehe Tour 20).
Anforderungen: Unschwierige markierte Wanderwege und Waldsteige.
Einkehr: Unterwegs keine. Gasthof zur Post in Tragöß (siehe Tour 20).
Variante: Vom Abzweiger »Blick zum Grünen See« links über einen steilen und wenig markierten Weg auf den Gipfel am Kamplriedl, 1150 m, mit »Gipfelkreuz« und schöner Aussicht. Gleicher Weg wieder retour. Gesamt 30 Min. und 130 m im An- und Abstieg zusätzlich.
Tipp: Am Beginn und Ende des Kamplsteigs können hölzerne Wanderstöcke für die Begehung ausgeliehen werden.

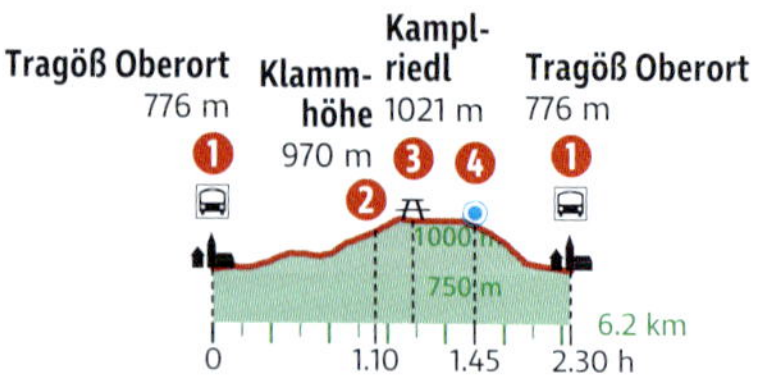

Ab der Bushaltestelle **Tragöß-Oberort Ort** ❶ zum Gasthof zur Post, rechts in den Haringgrabenweg. Vorbei an Heimatmuseum und Kirche, biegen wir an einem Bildstock links ab und folgen der beschilderten Straße Richtung Klamm (Nr. 837). Der Weg führt bei einer Rechtskehre geradeaus auf eine Schotterstraße (Privatgrund, Durchgang für Wanderer erlaubt). Vor einem Holzhaus rechts auf den Wiesenweg abbiegen, an einer Wegkreuzung am Waldrand links rechts halten, Wegweiser »Sonnschienhütte«. Der markierte Weg führt abwechselnd auf Forststraßen und Waldwegen stetig bergwärts, vorbei am »Frühstückstein« zur **Klammhöhe** ❷.

Zur Rechten erblicken wir den beschilderten Blumenpfad am **Kamplsteig** (auch Kampelsteig). Zu Beginn werden wir auf das Meßnerinloch hingewiesen und blicken durch ein stationäres Fernrohr auf das Felsenfenster der Meßnerin. Weiter geht's nun am informationsreichen Kamplsteig entlang, etliche Steckschilder und Infotafeln weisen auf besondere Pflanzen und Funktionen hin. Am **Kamplriedl** ❸ verspricht uns ein Wegweiser neben einem Rastplatz einen Blick zum See. Der Grüne See präsentiert sich uns jedoch nur marginal. Wer es ein wenig abenteuerlicher mag, wandert genau in entgegengesetzter Richtung vom Rastplatz auf einem schmalen Pfad bergwärts zum Gipfelkreuz auf dem Kamplriedl, siehe Variante.

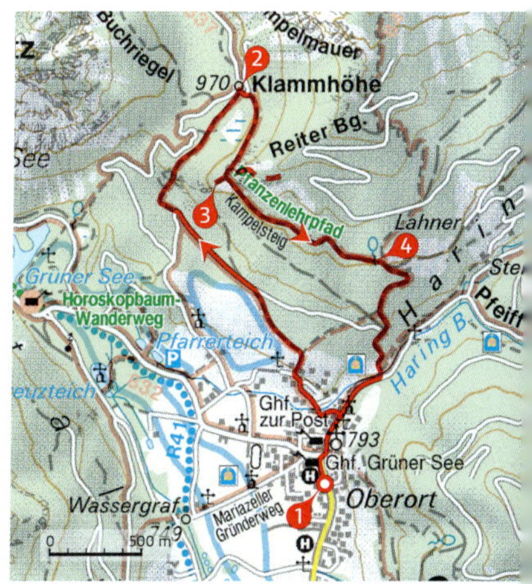

Der Kamplsteig geht nach rund 15 Min. in einen breiten Wiesenweg über und führt uns zum **Ambrosi-Bründl** ❹. Wir steigen am markierten Weg abwärts, halten uns links und folgen dem schmalen Waldsteig vorbei an einer Hütte über den Haringbach zur Straße, links von uns befindet sich ein Parkplatz. Rechts erreichen wir am Haringgrabenweg wieder den Ausgangspunkt in **Tragöß-Oberort** ❶.

Die Ruhe genießen am Kamplsteig.

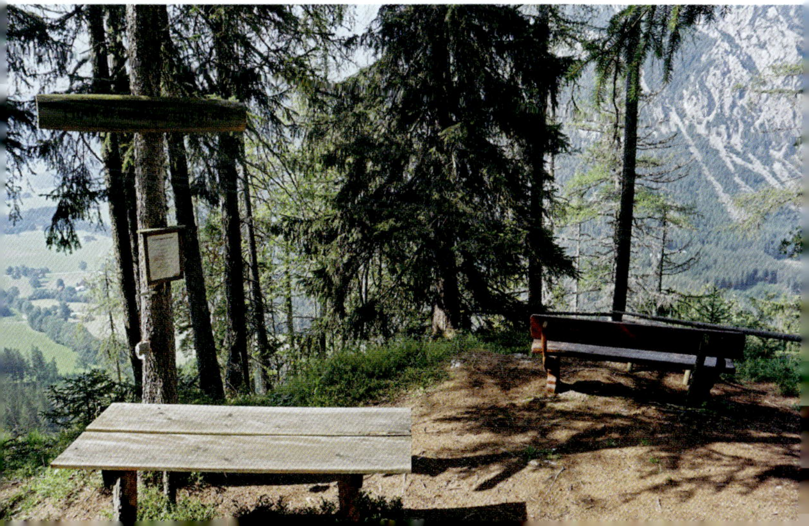

↗ 1080 m | ↘ 1080 m | 13.7 km

23 Vom Hiaslegg auf den Hochturm, 2081 m

6.00 h

Eine Wanderung auf den mächtigen Trenchtling

Das Edelweiß galt seinerzeit als Symbol für Liebestreue und Wagemut. Nur verwegene Kletterer schafften es, das seltene Edelweiß im Gebirge zu finden und ein gepflücktes Exemplar ihrer Liebe im Tal zu überreichen. Zeiten ändern sich, so ist auch das Pflücken des Edelweiß nicht mehr gern gesehen, steht es doch unter Naturschutz. Hätten die Kletterer in früheren Zeiten bereits den Edelweißboden am mächtigen Trenchtlingstock oberhalb von Tragöß gekannt, sie hätten sich manch halsbrecherische Tour erspart. Uns sei jedenfalls diese genussvolle Wanderung über den Edelweißboden zum aussichtsreichen Hochturm gegönnt.

Ausgangspunkt: Almwirtshaus Hiaslegg, 1154 m. Mit dem Auto von der S 6 oder S 35 bzw. B 116 Bruck an der Mur auf die Tragößer Straße abbiegen. In Pichl-Großdorf auf die Passstraße zum Hiaslegg abzweigen. Von Trofaiach (siehe Tour 48) über die Rötzstraße und die großteils nicht asphaltierte Passstraße zum Ausgangspunkt; gebührenpflichtiger Parkplatz (Tagesgebühr 4 Euro, nur Münzeinwurf).
ÖPNV: Bus 175 vom Bahnhof Bruck an der Mur zur Bushaltestelle Pichl-Großdorf Kapelle (nahezu stündlich von 5 bis 18 Uhr an Schultagen, vier Verbindungen an schulfreien Tagen, an Wochenenden nur in den Sommerferien drei Verbindungen). Ab hier 1.30 Std. Fußweg auf der Passstraße.
Anforderungen: Unschwierige, durchgehend markierte Wanderwege, abwechslungsreiche Weguntergründe von Almböden bis Schrofengelände.
Einkehr: Unterwegs keine. Almwirtshaus Hiaslegg am Ausgangspunkt; bewirtschaftet Juni bis Oktober ohne Ruhetag, nur bei Schlechtwetter freitags geschlossen.
Tipp: Der Edelweißboden heißt nicht umsonst so.

Sonnenbad auf der Gipfelwiese des Hochturms.

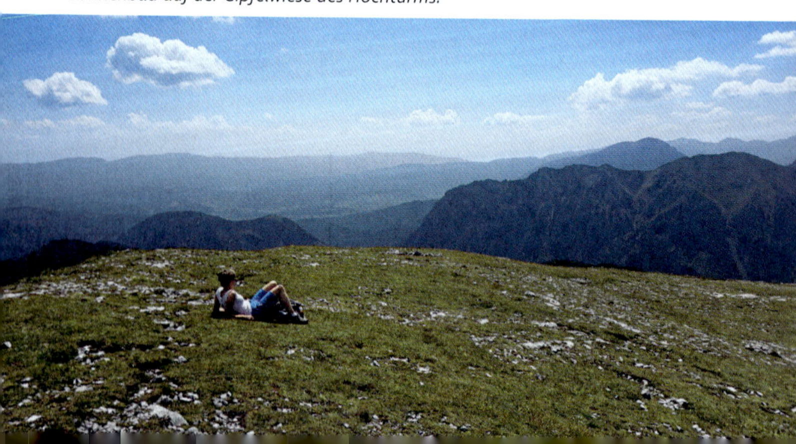

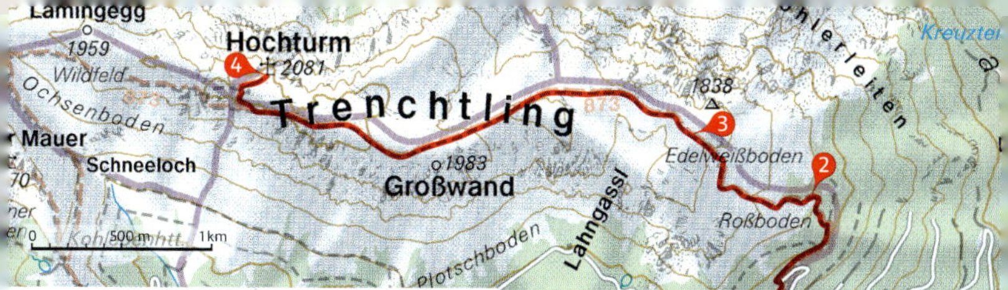

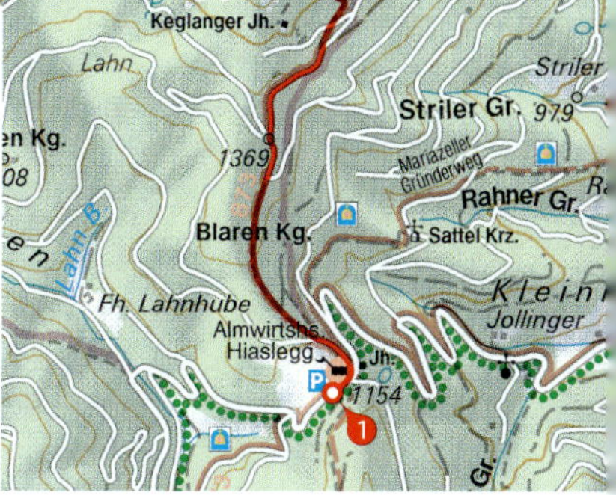

Vom gebührenpflichtigen Parkplatz am **Almwirtshaus Hiaslegg ❶** weist uns ein Schild auf den markierten Weg (Nr. 873) zum Hochturm hin. Gut markiert steigen wir durch den dichten Hochwald empor; bei einer Linkskehre mit Hochsitz verlassen wir die Forststraßenwege. Der folgende Steig führt bergwärts zum **Wetterkreuz ❷** und kurz am Waldrand bzw. einem Latschenfeld entlang auf den weitläufigen **Edelweißboden ❸**. Bereits hier blicken wir tief hinab ins Lamingtal und in der Nähe auf unzählige Edelweiß-Blumen. Außerdem werden wir auf das hier vorhandene Naturschutzgebiet hingewiesen.

Der Weg über die weitere Hochfläche ist stets gut ersichtlich, zusätzlich erleichtern Markierungen und Steinmännchen die Orientierung. Kurzzeitig kommen wir der Geländekante nahe und überblicken von hier fast das gesamte Hochschwab-Massiv. Wir gewinnen stetig an Höhe, überqueren einen kleinen Sattel, steigen wiederum leicht abwärts und dringen dabei in steinigeres Gelände vor. Steigspuren führen uns nun in Serpentinen zum Gipfelkreuz auf dem **Hochturm ❹**. Hier liegt die umliegende Bergwelt scheinbar zum Greifen nahe, selbst der markante Erzberg bei Eisenerz ist von hier aus sichtbar. Die weite Gipfelwiese lädt zum Sonnenbad ein.

Der Abstieg zum **Hiaslegg ❶** erfolgt auf derselben Strecke.

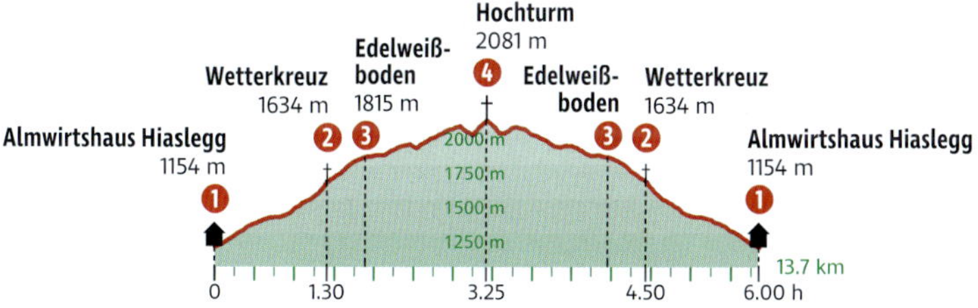

↗ 680 m | ↘ 680 m | 10.2 km

24 Aus der Jassing auf die Sonnschienhütte, 1523 m

4.00 h

Über die Russenstraße auf die Sonnschienalm

Der kürzeste Weg zur Sonnschienhütte verläuft von der Jassing aus über die Russenstraße. Diese Schotterstraße wurde im Ersten Weltkrieg von russischen Kriegsgefangenen angelegt. Wer tiefer in das Hochschwab-Gebiet vordringen will, dem sei eine Nächtigung auf der Sonnschienhütte nahe gelegt. Einige spannende Tourenmöglichkeiten lassen sich von der Hütte aus realisieren, wie zum Beispiel der markante Ebenstein (siehe Tour 29) oder der Brandstein (Tour 30). Auch eine Überschreitung nach Wildalpen ist von der Hütte aus möglich, sowie jegliches Weiterwandern in alle Himmelsrichtungen.

Ausgangspunkt: Parkplatz Jassing, 890 m. Anfahrt bis Tragöß siehe Tour 20, Weiterfahrt zum Informationszentrum Grüner See und auf Almstraße zum gebührenpflichtigen Parkplatz Jassing, Tagesticket 6 Euro. Achtung: Parkticket für Jassing bereits am Parkplatz beim Informationszentrum lösen! Öffentliche Anreise bis Tragöß-Oberort Ort siehe Tour 20, von der Bushaltestelle etwa 1.30 Std. Fußweg zum Ausgangspunkt. 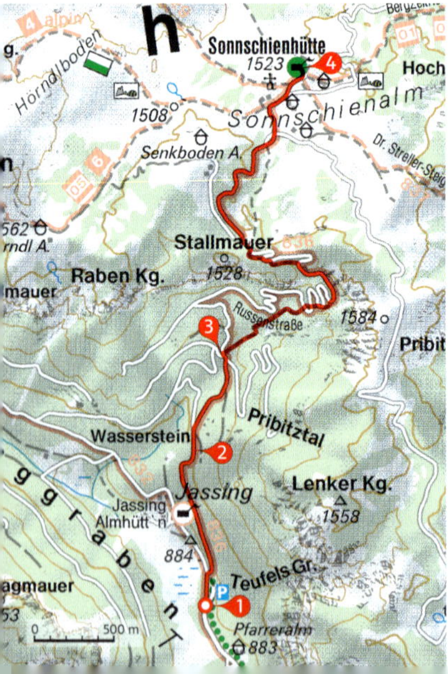
Anforderungen: Unschwierige Wanderung auf Schotterstraßen, Abkürzungen auf teils steilen Waldsteigen. Durchgehend markiert.
Einkehr: Jassing Almhütt'n; 5 Min. Fußweg vom Parkplatz Jassing entfernt, wegen Pächterwechsel derzeit nicht bewirtschaftet (Stand Mai 2021). Sonnschienhütte (siehe Tour 19).
Tipp: Nächtigung auf der Sonnschienhütte und Kombination mit den Touren 26 bis 30.
Hinweis: Jagdsperre von Mitte September bis Mitte Oktober, die Sonnschienhütte ist in diesem Zeitraum nicht bewirtschaftet.

Vom Parkplatz in der **Jassing** ❶ starten wir auf der Russenstraße, einer Schotterstraße, die in vielen Serpentinen auf die Sonnschienalm führt und zugleich unseren Zustieg ausmacht. Am **Wasserstein** ❷ können wir nach bereits wenigen Minuten unsere Trinkflasche auffüllen, falls wir dies in der Jassing verabsäumt haben. Nach dem befestig-

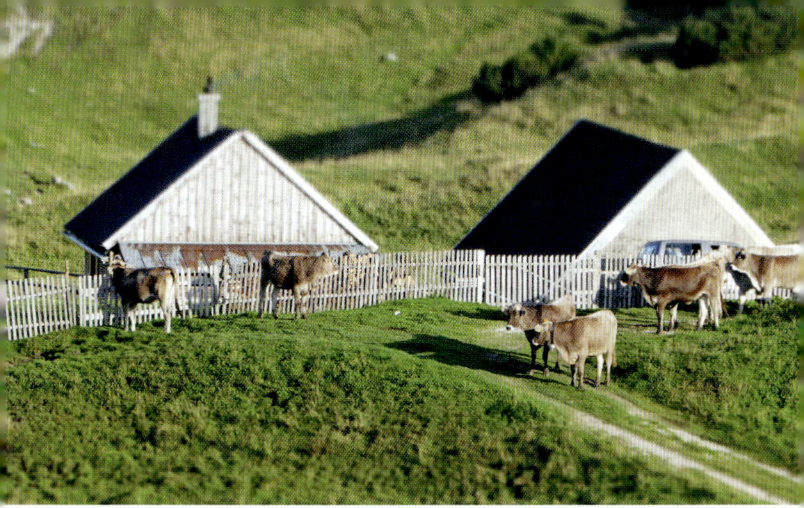

Mit der richtigen Kameraeinstellung Miniaturkühe fotografieren.

ten Graben des **Sonnschienbaches** ❸ können wir rechts auf einen Steig abzweigen, der einige Straßenserpentinen abkürzt. Dieser Steig nennt sich liebevoll **»Schinder«**. Steil ist er, aber gut begehbar.

Auf einer Höhe von rund 1280 m treffen wir wieder auf die Russenstraße, können die kommenden Serpentinen jedoch weiterhin abkürzen. Es geht durch den »Lawinengang« (Vorsicht im Winter), danach bleiben wir weiterhin auf der Russenstraße, passieren das Sonnschientörl, blicken zur Linken auf die idyllisch gelegene Senkbodenalm und erreichen nach einer Geländekante die weitläufige Sonnschienalm. Am nördlichen Ende der Alm sehen wir die **Sonnschienhütte** ❹.

Der schnellste Weg dorthin: Von der Russenstraße kommend links zum Jagdhaus, an der Wegkreuzung rechts zur Hütte. Entweder genießen wir hier eine Erfrischung auf der Sonnenterrasse, steigen am Aufstiegsweg wieder ab und kehren auf der **Jassingalm** ❶ ein – oder wir nächtigen hier und kombinieren weitere Touren für ein perfektes Bergerlebnis.

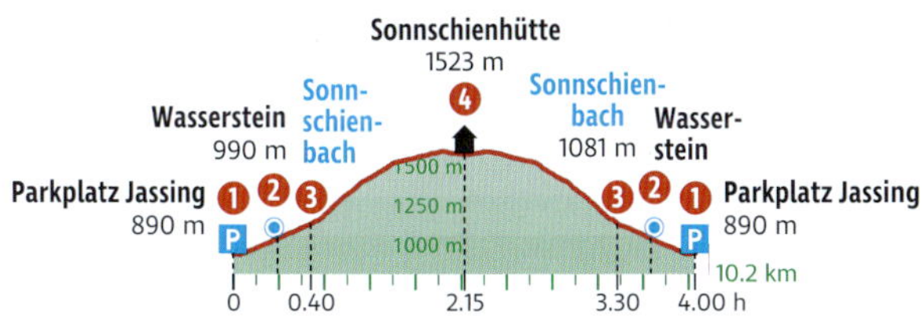

↗ 890 m | ↘ 890 m | 17.9 km

25 Durch die Klamm auf die Sonnschienhütte, 1523 m

6.15 h

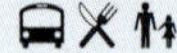

Einer der schönsten Wege zur Sonnschienalm

Durch eine rauschende Klamm und über zwei sanfte Klammböden führt dieser sehenswerte Aufstiegsweg zur Sonnschienhütte. Von der Klamm aus lässt sich auch ein Blick auf das Meßnerinloch im Westgrat des Berges werfen. Wie jedes Felsloch in den Alpen, ist auch dieses mit einer Sage verbunden. Und, wie so oft, hat der Teufel seine Hände mit im Spiel: Auf der Sonnschienalm fand eine Tanzveranstaltung statt, der Teufel erkor ein lebenslustiges Mädchen aus Tragöß zu seiner Tanzpartnerin. Er verspätete sich jedoch teuflisch. In seiner Eile übersah er im Anflug zur Sonnschienalm den Westgrat der Meßnerin und schlug ein Loch in den Felsgrat. Ob er dennoch die Tanzbeine schwingen konnte, ist nicht bekannt.

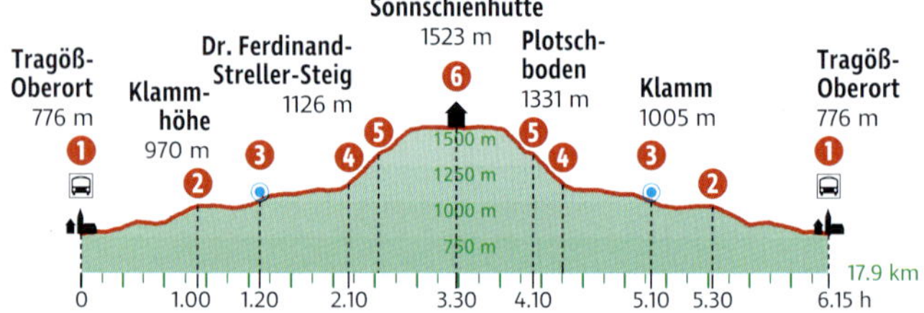

In Fels geschlagene Stufen am Streller-Steig.

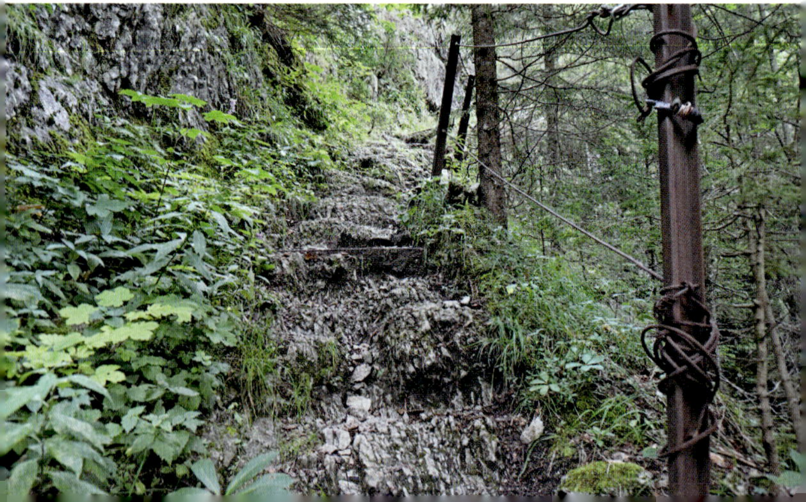

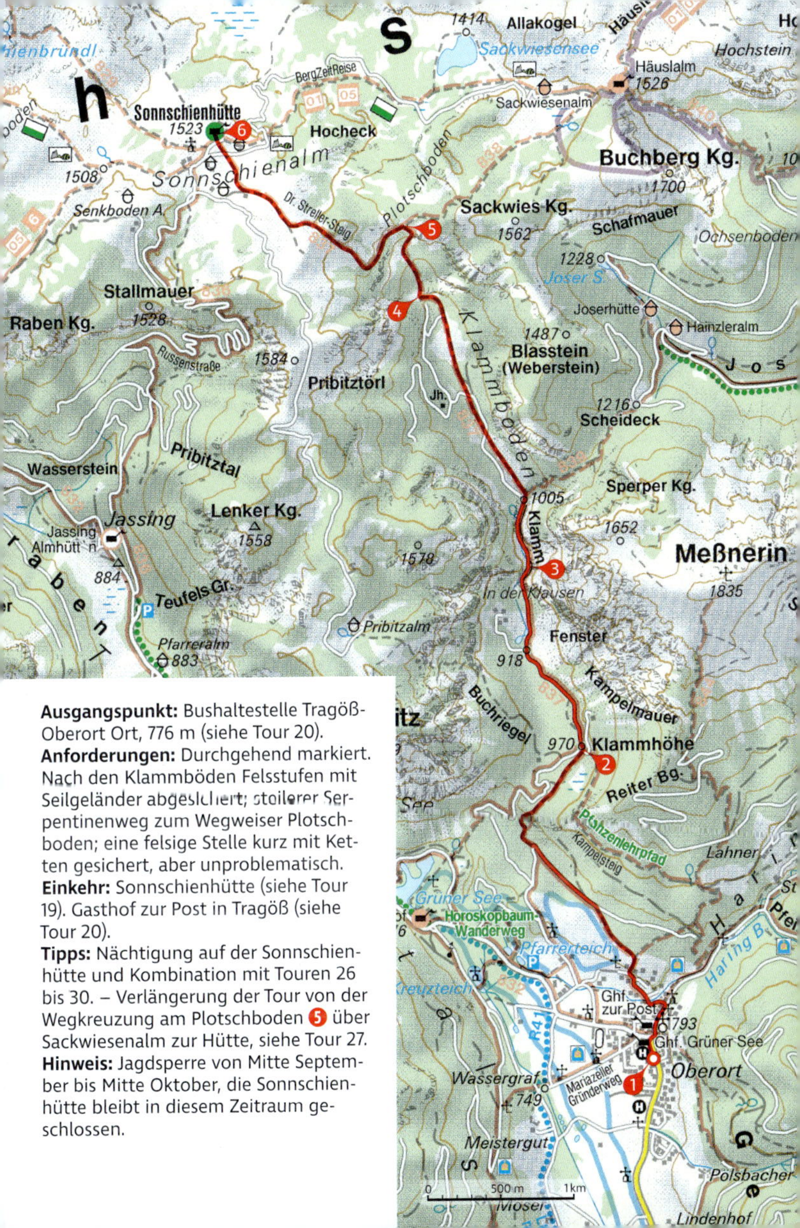

Ausgangspunkt: Bushaltestelle Tragöß-Oberort Ort, 776 m (siehe Tour 20).
Anforderungen: Durchgehend markiert. Nach den Klammböden Felsstufen mit Seilgeländer abgesichert; steilerer Serpentinenweg zum Wegweiser Plotschboden; eine felsige Stelle kurz mit Ketten gesichert, aber unproblematisch.
Einkehr: Sonnschienhütte (siehe Tour 19). Gasthof zur Post in Tragöß (siehe Tour 20).
Tipps: Nächtigung auf der Sonnschienhütte und Kombination mit Touren 26 bis 30. – Verlängerung der Tour von der Wegkreuzung am Plotschboden 5 über Sackwiesenalm zur Hütte, siehe Tour 27.
Hinweis: Jagdsperre von Mitte September bis Mitte Oktober, die Sonnschienhütte bleibt in diesem Zeitraum geschlossen.

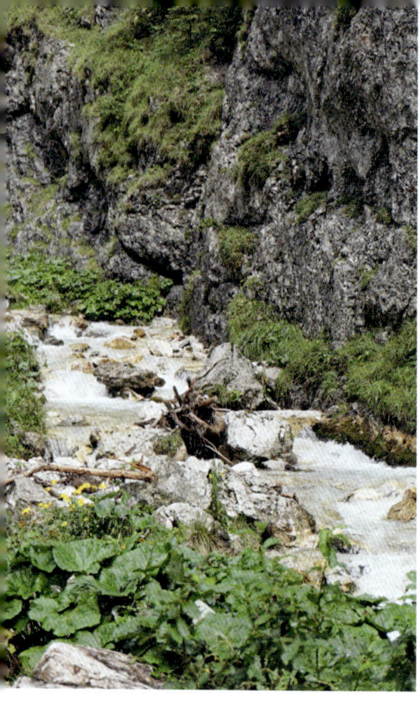

Rauschende Erfrischung in der Klamm.

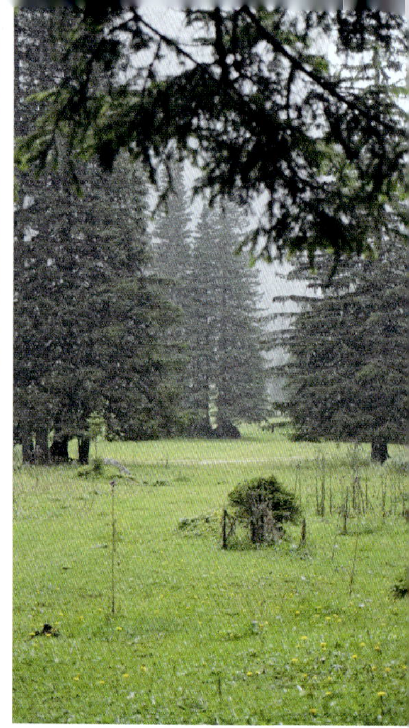

Regenguss unter einer Fichte verbracht.

Von der Bushaltestelle **Tragöß-Oberort Ort** ❶ bis zur **Klammhöhe** ❷ wie bei der Tour 22.

Ab hier wandern wir zwischen den steilen Felswänden von Pribitz und Meßnerin in die schmale und meist wasserlose **Klamm** ❸ und zum meist wasserführenden Klammbründl. Gemächlich ansteigend überqueren wir zwei Freiflächen, den 1. und den 2. Klammboden. Kurz nach Nr. 2 beginnt der beschilderte **Dr.-Ferdinand-Streller-Steig** ❹.

Dieser führt über Felsstufen versichert mit Drahtseilen hinweg. Ab der Tafel »Baumgart« wird der Aufstiegsweg wieder etwas gemütlicher, bleibt aber dennoch steil und führt in Serpentinen zu einer markanten **Wegkreuzung** ❺ unterhalb des **Plotschbodens**. Wir halten uns links am Weg 837, überwinden eine mit Ketten gesicherte Stelle und unterschreiten einen kleinen Überhang, ehe wir wenige Minuten nach der Tafel »Ameisbühel« sanften Almboden erreichen. Der weitere Weg zur **Sonnschienhütte** ❻ gleicht einem gemütlichen Spaziergang.

Der Abstieg erfolgt wie Aufstieg, eventuell mit einer Variante über die Sackwiesenalm (siehe Tour 27).

↗ 260 m | ↘ 260 m | 8.2 km

2.45 h

Almrunde um den Kulmstein

26

Almhüpfen im Hochschwab-Massiv

Dieser Rundwanderweg führt an drei urigen Almen westlich der Sonnschienhütte vorbei. Vor allem der südliche Weg zur Hörndlalm und weiter zur Bärnsbodenalm ist sehenswert, auch die Ausblicke in Richtung Griesmauer und TAC-Spitze. Namensgeber dieser Teilstrecke ist Dr. Georg Kotek, jahrelanger Vorsitzender der Alpenvereins-Sektion Voisthaler.

Ausgangspunkt: Sonnschienhütte, 1523 m. Zustieg s. Touren 19, 24, 25, 36.
Anforderungen: Meist unschwierige markierte Wander- und Almwege, kurze gesicherte Stelle unterhalb des Kulmsteins.
Einkehr: Hörndlalm, Bärnsbodenalm und Androthalm; alle Hütten bewirtschaftet von Mitte Juni bis Anfang September, Schlafplätze auf Anfrage. Achtung: Unter der Woche sind die Hütten nicht immer besetzt. Sonnschienhütte (siehe Tour 19).
Tipp: Unbedingt in einer der Hütten einkehren und selbstgemachte Schmankerl probieren!

»05« steht für den Nord-Süd-Weg.

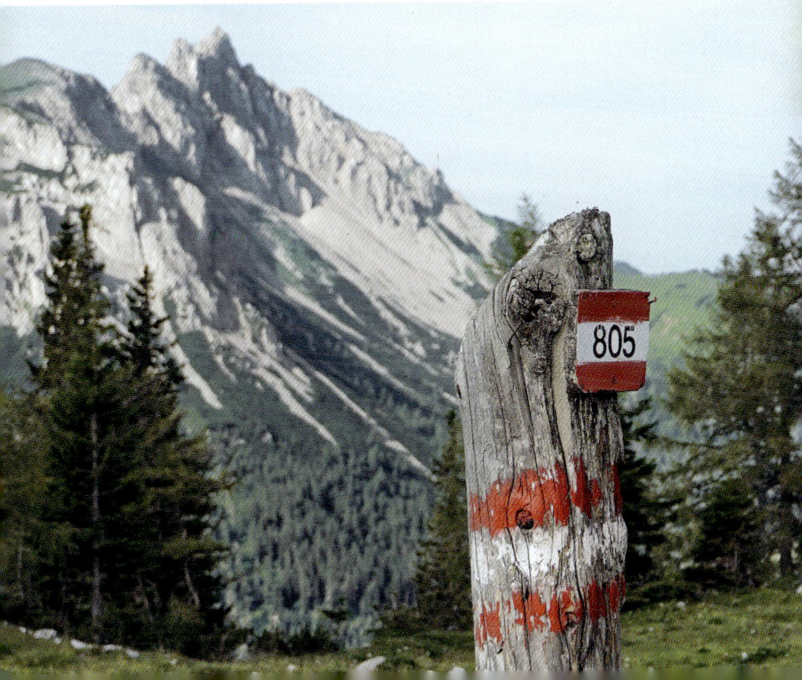

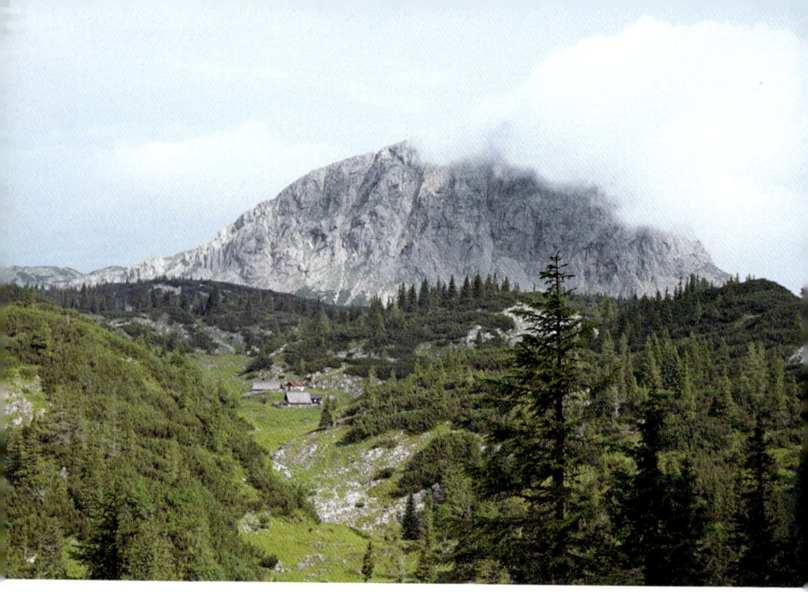

Bild oben: Bärnsbodenalm, im Hintergrund ist der Brandstein noch etwas schüchtern. Unten: Einkehr auf der Androthalm.

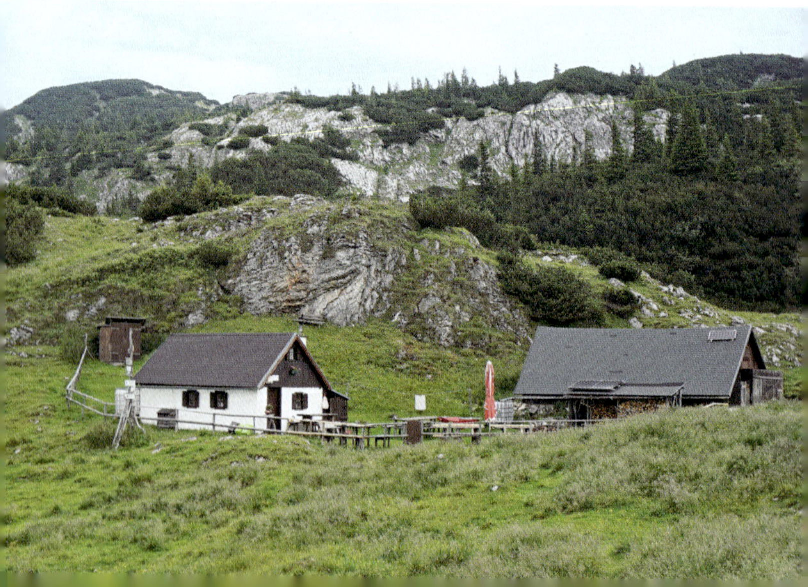

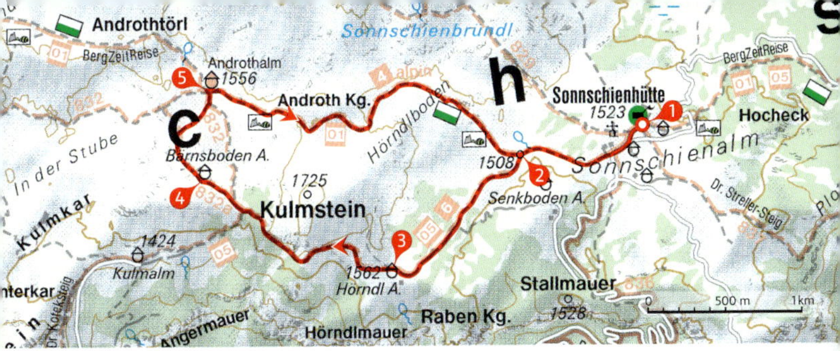

Wir kehren der **Sonnschienhütte** ❶ unsere Rucksäcke zu, spazieren zum Jagdhaus auf der Sonnschienalm und folgen bei der Wegkreuzung geradewegs der Almstraße. Diese führt uns gut markiert und beschildert mit 801 (Nordalpenweg) und 805 (Nord-Süd-Weg) zur Wegkreuzung **Stoanbrunn** ❷. Hier trennen sich die beiden Weitwanderwege.

Wir biegen links ab und folgen somit dem »05er« am »Dr.-Kotek-Steig« (weitere akademische Titel dichten ihm manche Wegweiser an) Richtung Hörndlalm. Ein schmaler Pfad leitet uns zu einer Almstraße, diese wiederum endet bei der **Hörndlalm** ❸. Wir folgen dem Karrenweg über den Almboden und bestaunen zu unserer Linken die schroffen Felstürme der Griesmauer. Es erwartet uns ein spannender Quergang unterhalb der steilen Felswand des Kulmsteins, eine Stelle ist mit Ketten versichert, jedoch unproblematisch.

Unser nächstes Ziel, die Bärnsbodenalm, präsentiert sich bereits vor der Felskulisse des Brandsteins. Wir steigen leicht bergab zu einer Wegkreuzung, ignorieren den links wegführenden Weg Richtung Neuwaldegg-Sattel, und halten uns rechts mit Ziel Bärnsbodenalm. Kurz danach müssen wir uns abermals entscheiden. Auf einer Freifläche orientieren wir uns nach links zur **Bärnsbodenalm** ❹, rechts würden wir zur Androthalm abkürzen. Links an der Almhütte vorbei, wandern wir über genussvolle Almwege stetig sanft an- und absteigend zur ruhig gelegenen **Androthalm** ❺.

Wiederum am Nordalpenweg mit der Nummer 801 wandern wir retour Richtung Sonnschienalm. Einsame Latschen- und Almwege leiten uns gut markiert zur Wegkreuzung am **Stoanbrunn** ❷ und zur **Sonnschienhütte** ❶.

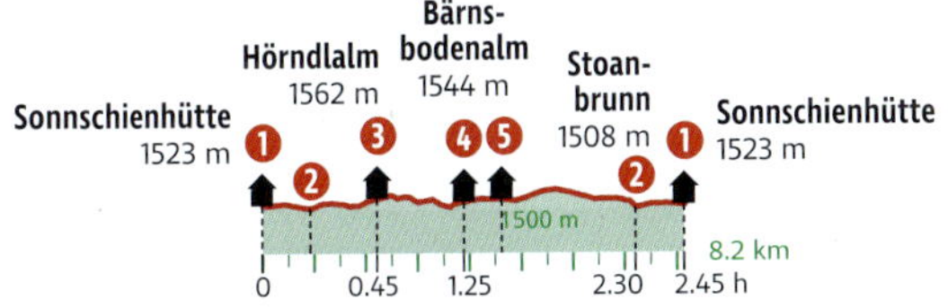

↗ 470 m | ↘ 470 m | 9.2 km

27 Sackwiesenkogel, 1562 m, und Sackwiesensee

3.30 h

Genussvolle Rundtour für Ruhesuchende

Von der Sonnschienhütte lassen sich einige Wandertouren in Angriff nehmen. Diese hier zählt wohl zu den sogenannten Geheimtipps. Der unmarkierte und zum Schluss weglose Aufstieg auf den Sackwiesenkogel zieht zwar nicht viele Wanderer an, belohnt aber mit einem Ausblick durch die Klamm zwischen Meßnerin und Pribitz, weit ins Lamingtal hinaus. Die Ruhe gepachtet haben wir auch am idyllischen Sackwiesensee. Eine Rundtour für Wanderer etwas abseits der üblichen Trampelpfade.

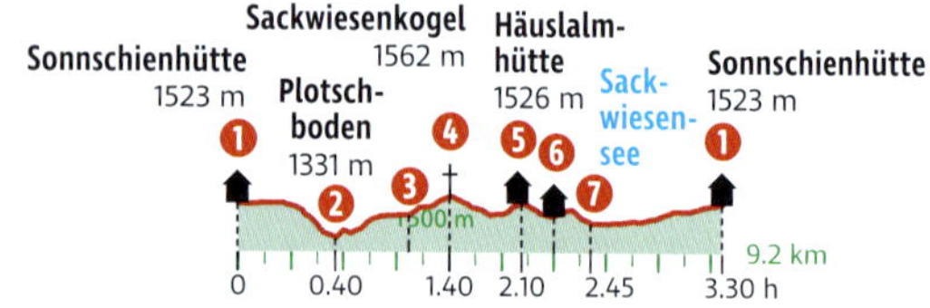

Ausgangspunkt: Sonnschienhütte, 1523 m. Zustieg siehe Touren 19, 24, 25 und 36.
Anforderungen: Unschwierige und meist markierte Wanderwege. Einzig der Weg auf den Sackwiesenkogel ist unmarkiert und kurz vor dem Gipfel weglos. Teile des Weges am Westufer des Sackwiesensees sehr nass und nicht immer gut begehbar.
Einkehr: Sackwiesenalm; bewirtschaftet von Mitte Juni bis Anfang September, Schlafplätze auf Anfrage. Sonnschienhütte (siehe Tour 19). Häuslalmhütte (siehe Tour 16).
Variante: Wer noch einen Gipfel erklimmen will, kann vom Sackwiesenkogel 4 auf den Buchbergkogel, 1700 m, wechseln (Tour 18). Hierzu auf der kleinen Hochfläche vor dem Waldstück am Sackwiesenkogel, vom Gipfel kommend, rechts in einen Graben, unmarkiert, Steinmännchen. Stetig absteigend zum Schafmauersattel, ab hier weiter wie in Tour 18 über den Buchbergkogel zur Häuslalm.

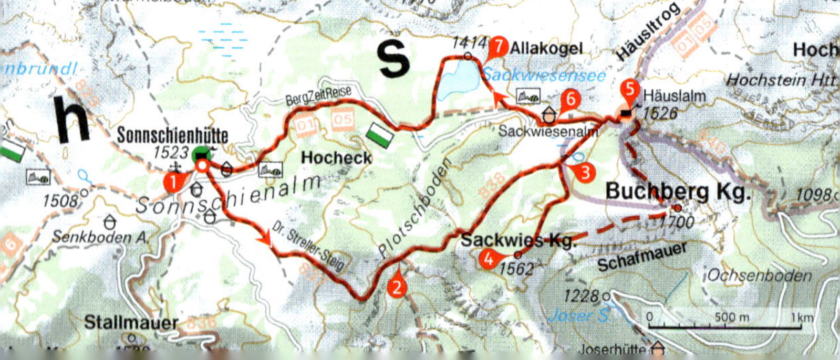

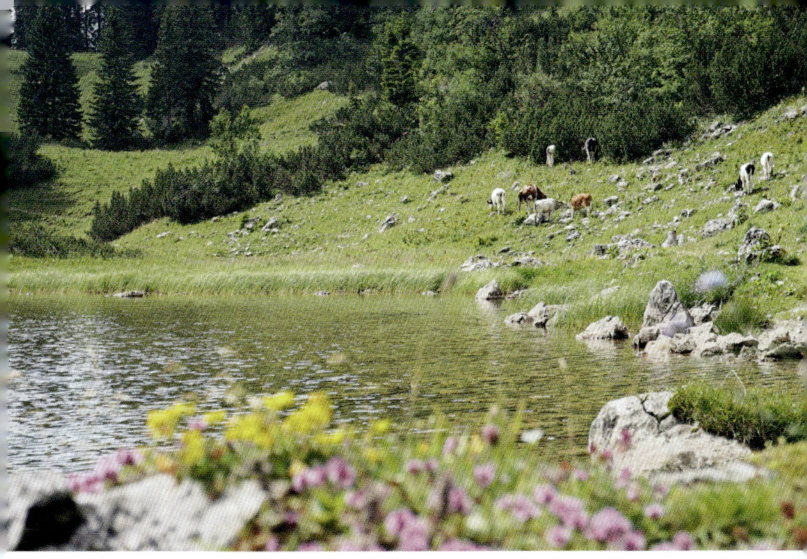

Erfrischung am Sackwiesensee.

Wir starten an der **Sonnschienhütte 1** vorerst auf den Weg Richtung Klammboden über den Dr.-Ferdinand-Streller-Steig (Nr. 837, kurze Kettensicherung) abwärts zur markanten **Wegkreuzung 2** unterhalb des **Plotschbodens**. Hier steigen wir wieder bergwärts und erreichen nach einigen Serpentinen die Almfläche der lieblichen **Sackwiesenalm**. Wir bleiben am rot markierten Weg, ehe wir bei den wenigen Überresten alter **Steinhäuser 3** landen. Zur Linken erblicken wir die bewirtschaftete Almhütte der Sackwiesenalm, zur Rechten führt ein gut sichtbarer Karrenweg bergwärts.
Nach rund 70 m auf diesem Karrenweg wählen wir, kurz nach einer durchschrittenen Baumlinie, bei einer breiten Gabelung die linke Wiesengasse. Nun erkennen wir einen Pfad, der uns stetig bergwärts auf eine hoch liegende Wiesenfläche führt. Gänzlich unmarkiert und meist weglos folgen wir dem ansteigenden, unschwierigen Wiesengelände, kurz einen Weg an Bäumen vorbei suchend, zum höchsten Punkt des **Sackwiesenkogels 4**. Dieser kommt zwar ohne Gipfelkreuz aus, punktet jedoch mit absoluter Ruhe und einem südseitigen Panorama. Eindrucksvoll blicken wir durch die Klamm weit ins Lamingtal hinaus, rechts vom Trenchtling zeigt sich die schroffe Griesmauer.
Auf der gleichen Wegstrecke steigen wir wieder zur **Sackwiesenalm** ab und biegen bei den steinigen Überresten alter Gebäude **3** rechts zur **Häuslalmhütte 5** ab. Von hier wandern wir, wie bei Tour 19, über **Sackwiesenalm 6** und **Sackwiesensee 7** retour zur **Sonnschienhütte 1**.

↗ 400 m | ↘ 400 m | 12.1 km

28 Von der Sonnschienhütte zur Pribitz, 1579 m

3.45 h

Ein einfacher Alpen-Spaziergang

Wer von Tragößß oder vom Grünen See auf die Pribitz blickt, wird auf eine schroffe, steil abfallende Felswand bis hinauf zum Gipfel schauen. Kaum vorstellbar, dass sich dahinter von der Sonnschienalm eine einfach zu gehende Almstraße Richtung Pribitz windet, wobei erst die letzten Höhenmeter auf einem Wanderweg zu bewältigen sind. Die sanfte Gipfelwiese lädt zur Rast ein, doch Vorsicht ist an der Abbruchkante geboten. Denn die Pribitz-Wand sieht nicht nur vom Tal steil aus, sie ist es auch in Wirklichkeit.

Ausgangspunkt: Sonnschienhütte, 1523 m. Zustieg siehe Touren 19, 24, 25 und 36.
Anforderungen: Problemlose Alm- und Wanderwege, selten markiert, aber gut sichtbar.

Einkehr: Pribitzalm; bewirtschaftet von Mitte Juni bis Anfang September. Sonnschienhütte (siehe Tour 19).
Hinweis: Insbesondere mit Kindern im Gipfelbereich auf die Abbruchkante achten!

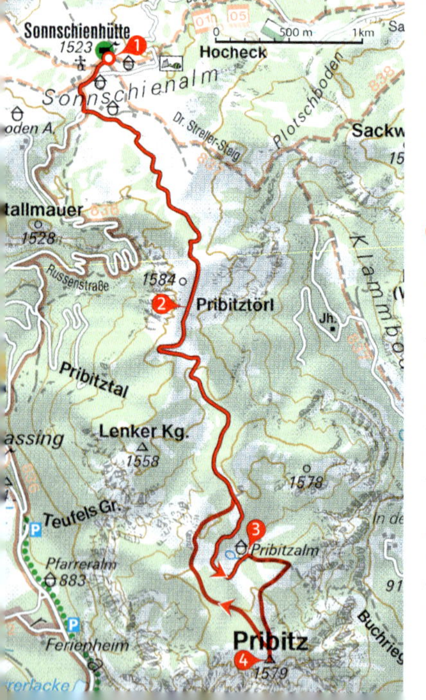

Von der **Sonnschienhütte** ❶ spazieren wir zum Jagdhaus und biegen an der Wegkreuzung links Richtung Russenstraße ab. Bevor wir auf diese treffen würden, wechseln wir links auf die im Vergleich zur Sonnschienalm etwas höher gelagerte Schotterstraße. Auf dieser nun leicht ansteigend auf das **Pribitztörl** ❷ nahe einer Geländekante. Von hier weg leitet die Schotterstraße direkt zur Pribitzalm, wobei einige Steigspuren eine Abkürzung zur Alm ankündigen. Es bleibt also uns überlassen, ob wir die Straße zur bereits sichtbaren Alm ausgehen oder uns auf den verschiedenen Steigen versuchen.
Direkt bei der **Pribitzalm** ❸ biegen wir zur Rechten auf einen schmäleren Waldpfad ab und steigen zu einem kleinen Sattel mit einer Weggabelung ab (Schild »Winderwildgatter«). Rechts auf dem Trampelpfad bergwärts, weiter durch eine

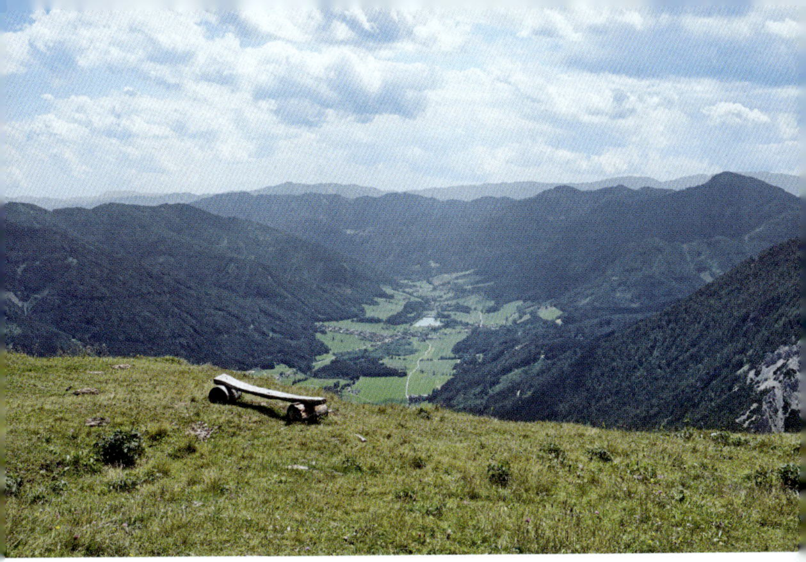

Blick von der Pribitz ins Lamingtal.

steinige Latschengasse und zum Abschluss sanft über Wiesenpfade zur aussichtsreichen Gipfelwiese auf der **Pribitz** ❹. Highlight ist gewiss nicht das schmächtige Gipfelkreuz, sondern das sich vor uns ausbreitende Panorama. Der mächtige Trenchtling-Stock präsentiert sich zur Rechten, zur Linken ragt die Meßnerin empor, dazwischen verläuft das Lamingtal durch die alpine Landschaft.

Der Rückweg gestaltet sich auf den ersten Metern nach dem Gipfel noch wie der Aufstiegsweg. Nach einer Minute biegen wir an einer Y-Kreuzung (Steinhaufen) links ab, rechts ist unser Aufstiegsweg. In weiterer Folge erkennen wir Steigspuren im Wald und lassen uns auch von einem weiteren Steinhaufen nicht vom Weg abbringen.

Von links kommend führt der anspruchsvolle Stockerwandsteig zur Pribitz hoch, wir halten uns mit dem Hauptweg rechts und erreichen über einen kleinen Rücken gehend wieder die bekannte Schotterstraße. Auf ihr wiederum bergan zum **Pribitztörl** ❷ und retour zur **Sonnschienhütte** ❶.

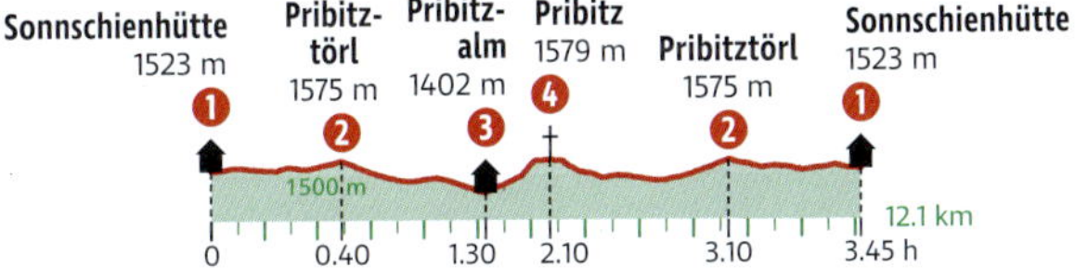

TOP

29

↗ 610 m | ↘ 610 m | 8.3 km

Von der Sonnschienhütte auf den Ebenstein, 2123 m

3.30 h

Ein Berg, zwei Gipfel – der Hausberg der Sonnschienhütte

Aufgrund seiner Form erscheint der Ebenstein als markanter Felsklotz im westlichen Hochschwab-Massiv. Er gilt als Hausberg der Sonnschienhütte und ist ein gern gesehenes Fotomotiv im Schwaben-Gebiet. Den breiten Gipfelaufbau erreichen wir am Südgipfel, den höchsten Punkt des Ebensteins mit einem kleinen Gipfelkreuz finden wir am benachbarten Nordgipfel. Welchen Gipfel wir nun als Rastplatz auserwählen, ist ziemlich egal. Wir können an beiden Plätzen nur alles richtig machen und staunend in die Ferne blicken.

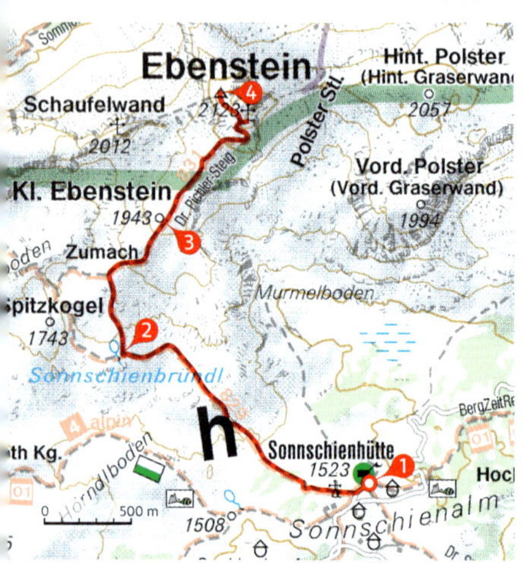

Ausgangspunkt: Sonnschienhütte, 1523 m. Zustieg siehe Touren 19, 24, 25 und 36.

Anforderungen: Durchgehend markierte Wanderwege, knapp unterhalb des Gipfels etwas steileres Schrofengelände und eine versicherte Stelle.

Einkehr: Unterwegs keine Einkehrmöglichkeit. Sonnschienhütte (siehe Tour 19).

Tipp: Der Ebenstein wird gerne in Kombination mit einer Nächtigung auf der Sonnschienhütte bestiegen.

Blick westwärts zu Brandstein (links) und Hochkar (rechts).

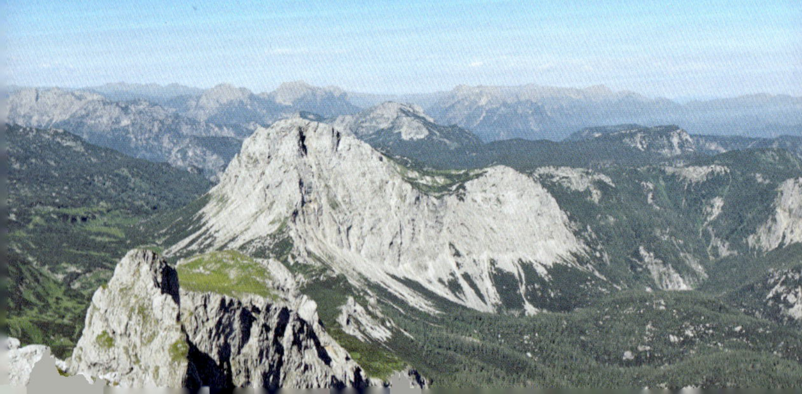

Von der **Sonnschienhütte** 1 spazieren wir Richtung Jagdhaus, biegen davor aber rechts auf den markierten Weg 829/831 zum Ebenstein ab. Dieser führt nun ausreichend markiert im stetigen Auf und Ab durch Dolinengelände, vorbei an der »1600«-Höhenmarke zum **Sonnschienbründl** 2. Wenige Meter vor der Wasserquelle biegen wir rechts auf den nunmehr beschilderten Weg 831 Richtung Ebenstein ab. Mit Blick auf den Brandstein steigen wir einen Wiesenpfad zur markanten Felsnase des **Kleinen Ebensteins** 3 mit einem Gedenkkreuz hoch, die Stangenmarkierung dient dabei zur Orientierung.

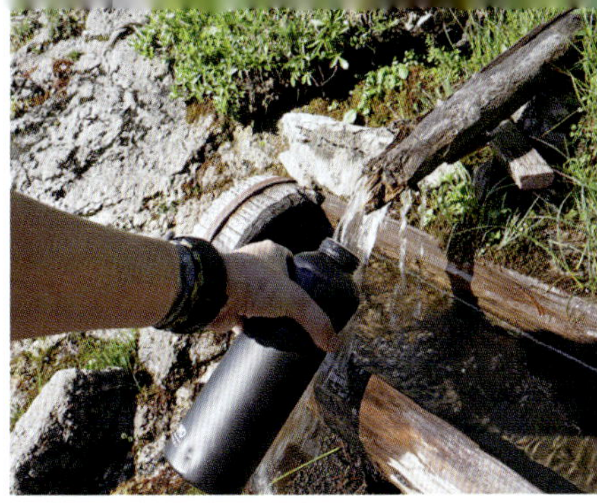

Am Sonnschienbründl frisches Wasser tanken.

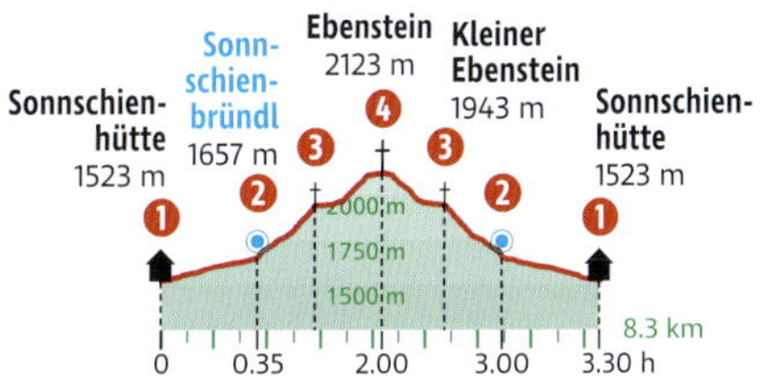

Nach dem breiten Sattel führt der stetig steiler werdende Steig über eine versicherte Querung auf den südlichen Gipfel des Ebensteins. Den höchsten Punkt des **Ebensteins** 4 im Nordwesten erreichen wir nach wenigen Minuten. Das prächtige Bergpanorama lädt auf jeden Fall zu einer ausgiebigen Rast ein. Vom Südgipfel blicken wir hinab zur Sonnschienalm und starten mit dem Abstieg, der uns auf dem gleichen Weg wieder retour zur **Sonnschienhütte** 1 führt.

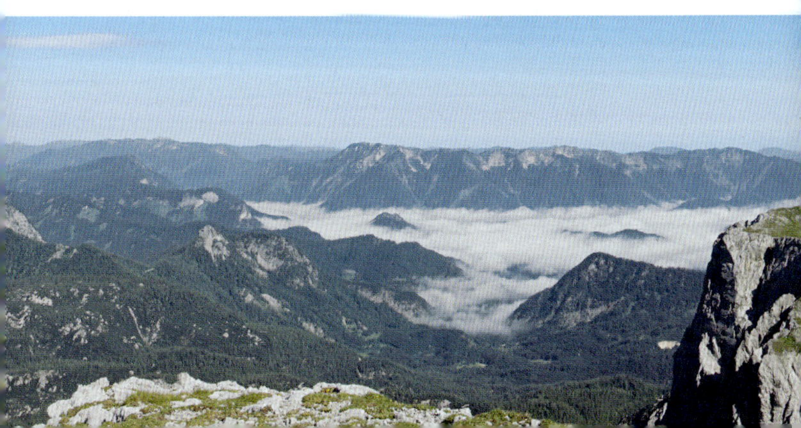

↗ 830 m | ↘ 830 m | 15.3 km

30 Von der Sonnschienhütte auf den Brandstein, 2003 m

5.30 h

Der entlegenste Berg im Hochschwab-Gebiet

Mehrere Stunden sind für die Besteigung des Brandsteins im westlichen Hochschwab-Massiv einzuplanen. Der 2003 Meter hohe Berg ist jedenfalls nicht schnell zu ersteigen und wird deshalb gerne in Kombination mit einer Nächtigung auf der Sonnschienhütte in Angriff genommen. Wobei: Manchmal wird der Brandstein auch einfach »mitgenommen«. Wer sich am Nordalpenweg dem Leopoldsteinersee nähert, nimmt den Zweitausender gerne ins Tourenbuch mit auf.

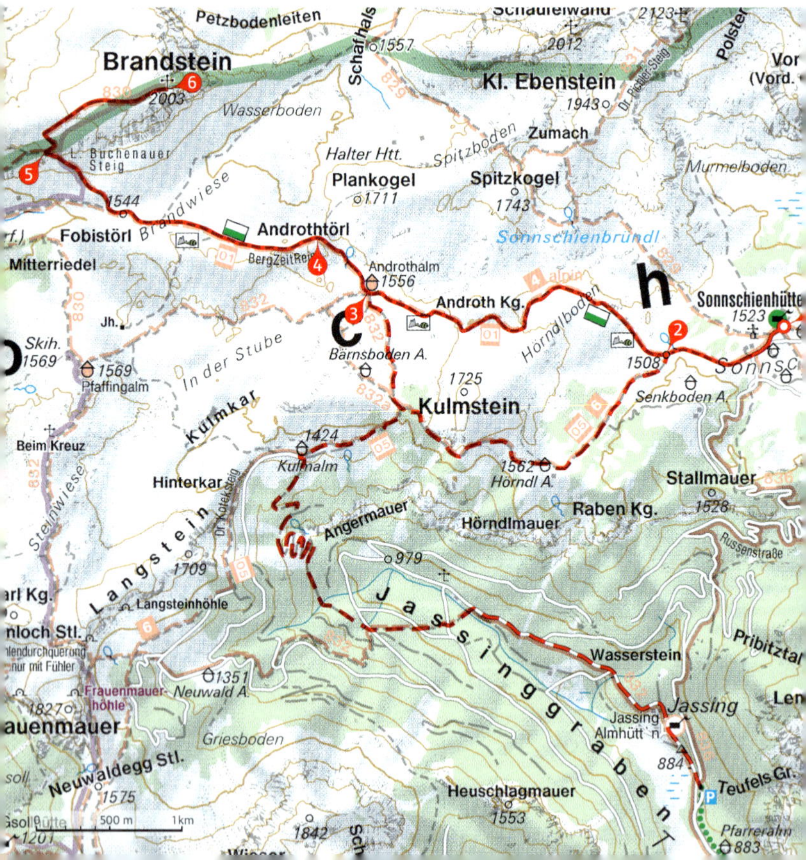

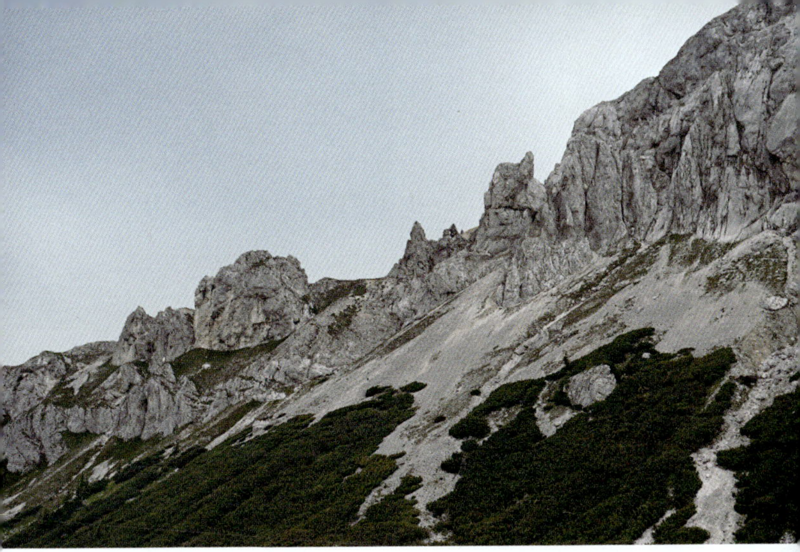

Oben: Die schroffen Westausläufer des Brandsteins. – Unten: Im Almrausch der Berge.

Ausgangspunkt: Sonnschienhütte, 1523 m. Zustieg siehe Touren 19, 24, 25 und 36.
Anforderungen: Durchgehend markierte Wanderwege, vom Fobistörl zum Sattel am Brandstein teils mühsamer Schuttsteig.
Einkehr: Androthalm (siehe Tour 26). Sonnschienhütte (siehe Tour 19).
Varianten: 1. Alternativer Rückweg von der Androthalm 3 über Hörndlalm zur Sonnschienhütte, siehe Tour 26.
2. Abstiegsvariante in die Jassing von der Androthalm über Kulmalm und Jassinggraben; 2.15 Std. ab Androthalm 3.

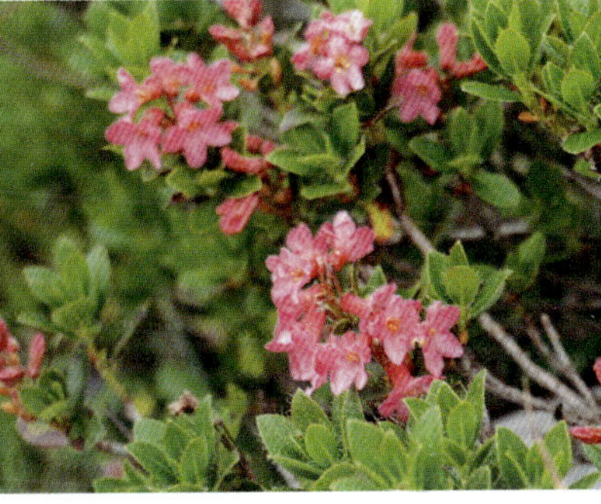

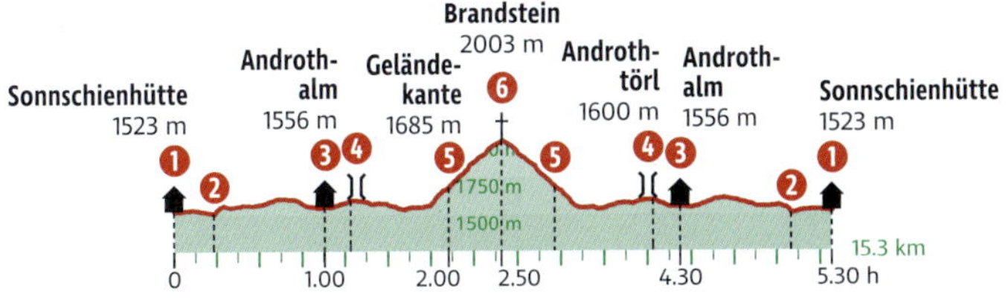

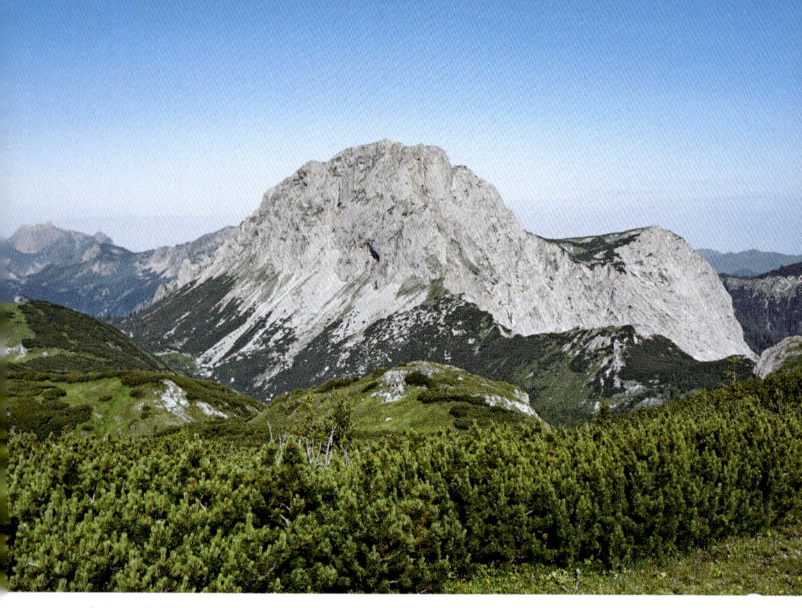

Blick auf den Brandstein vom Kleinen Ebenstein.

Gut gestärkt starten wir bei der **Sonnschienhütte** ❶ die Besteigung des Brandsteins. Wie bei der Tour 26 ist unser erstes Ziel die Wegkreuzung **Stoanbrunn** ❷. Ab hier folgen wir dem Nordalpenweg 01 im ständigen Auf und Ab durch Alm- und Latschen-Gelände zur **Androthalm** ❸ mit Wasserbrunnen. Wir folgen bei der Alm dem rechts abzweigenden Weg Richtung Leopoldsteinersee (Markierungen auf Felsen beachten). Den Brandstein bereits im Angesicht, überschreiten wir das **Androthtörl** ❹ und wandern durch Latschengassen weiter westwärts.

Kurz nach der Tafel »Fobistörl« biegen wir rechts auf den markierten Aufstiegsweg zum Brandstein ab. Eine Fels- und Geröllrinne will am stetig bergwärts führenden Pfad überwunden werden. Haben wir die **Geländekante** ❺ erreicht, wenden wir uns rechts dem weiteren Anstieg zu. Zum Abschluss wird's nochmals felsig, ehe wir das Gipfelkreuz am **Brandstein** ❻ erreichen. Während der Höhenrücken nach Westen sanft ansteigt, fällt das Gelände gegen Osten steil ab.

Der Abstieg zur **Sonnschienhütte** ❶ erfolgt auf der Anstiegsroute. Alternativ dazu bietet sich eine Variante über die Hörndlalm zur Sonnschienalm an, oder auch ein direkter Abstieg über die Kulmalm in die Jassing.

Einkehr auf der Androthalm, jedoch zum falschen Zeitpunkt ohne Bewirtung.

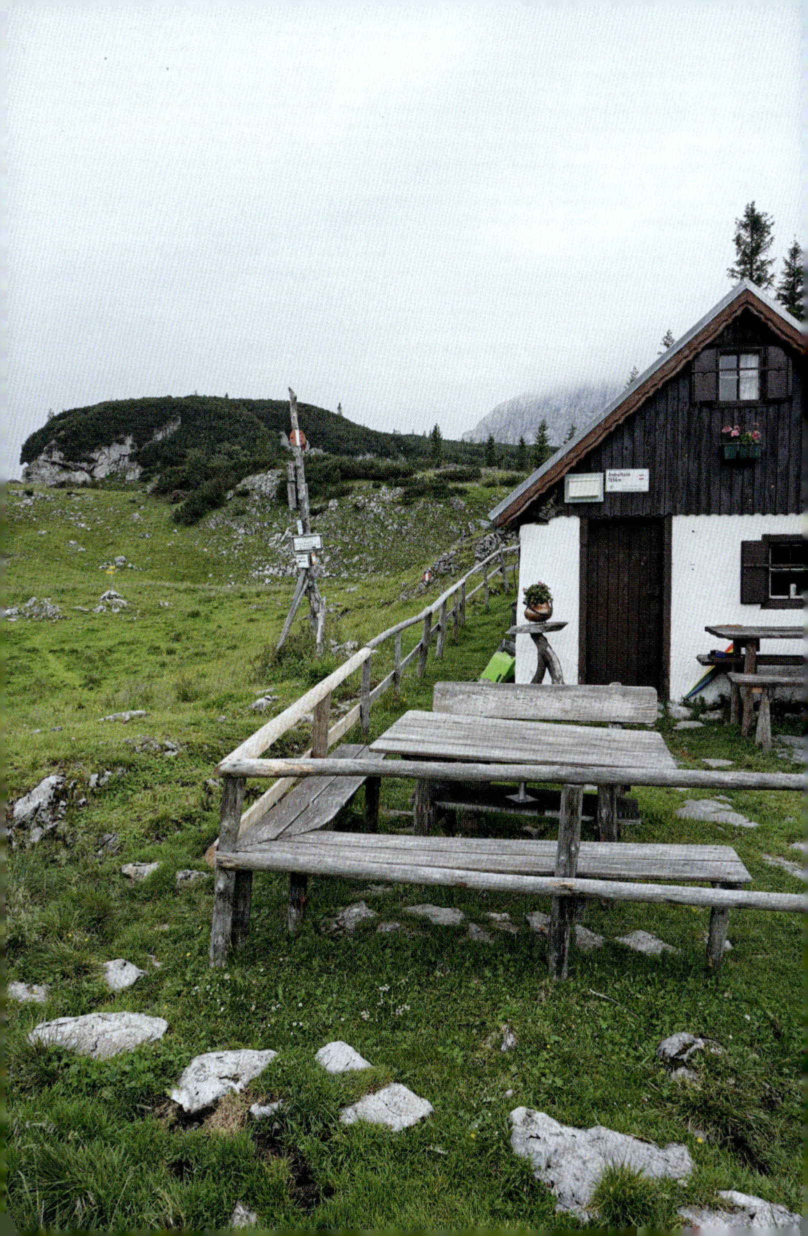

TOP

31

↗ 830 m | ↘ 830 m | 18.5 km

Hintere Halterhütte und Zinken, 1619 m

6.15 h

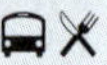

Der höchste Gipfel der Zeller Staritzen

Als überlaufen kann man die Wanderwege auf der Zeller Staritzen nicht bezeichnen. Als unterschätzt aber auf jeden Fall. Sanfte Almwege und nahezu urwaldähnliche Waldwege wechseln sich ab, dazu gesellt sich eine Gipfelwiese, die einen weitläufigen Blick auf die Nordseite des Hochschwab-Massivs bietet. Wird am höchsten Punkt des Zinkens keine ausgiebige Rast eingelegt, dann strecken wir spätestens auf der Halterhütte bei einem erfrischenden Getränk und einer zünftigen Jause die Beine von uns.

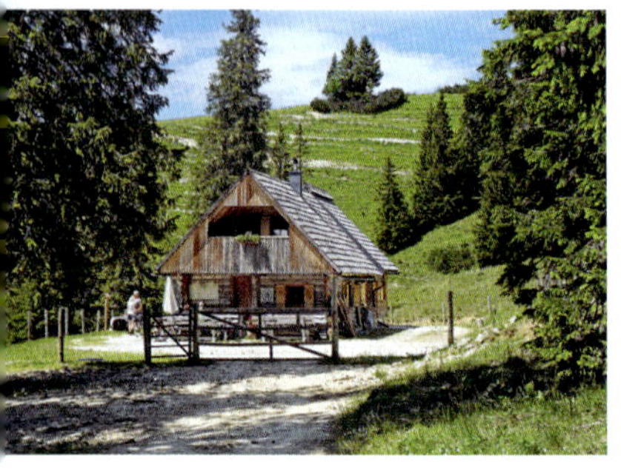

Ausgangspunkt: Bushaltestelle Wegscheid Rammertal, 830 m. Mit dem Auto auf der B 20 von Kapfenberg bzw. Mariazell zum Abzweiger Rammertal (auch Ramertal bezeichnet). Gebührenfreier Parkplatz im Kreuzungsbereich Türntal/Rammertal. Alternativ Zufahrt zum Kastenriegel, 1094 m, auf einer Schotterstraße möglich und auch erlaubt (kürzt die Tour beträchtlich ab).
ÖPNV: Mit dem Bus 172 vom Bahnhof Bruck an der Mur bzw. Busbahnhof Mariazell zum Ausgangspunkt (ca. 4–5 Verbindungen am Tag).

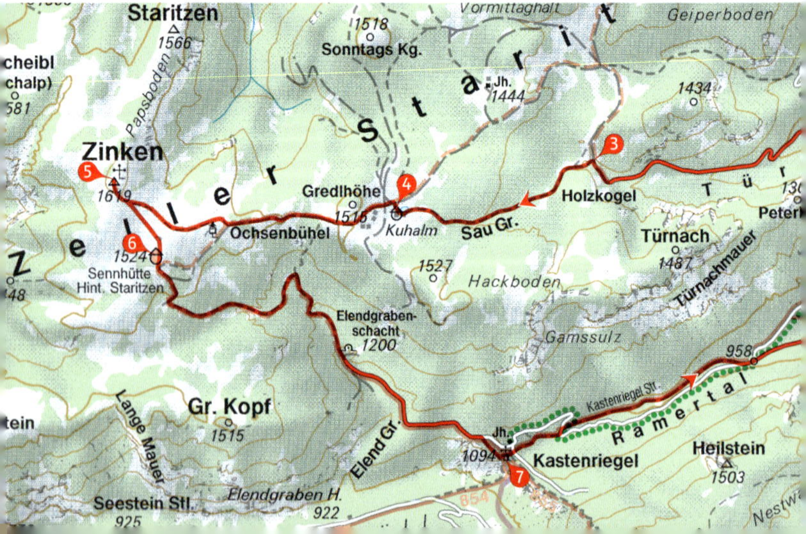

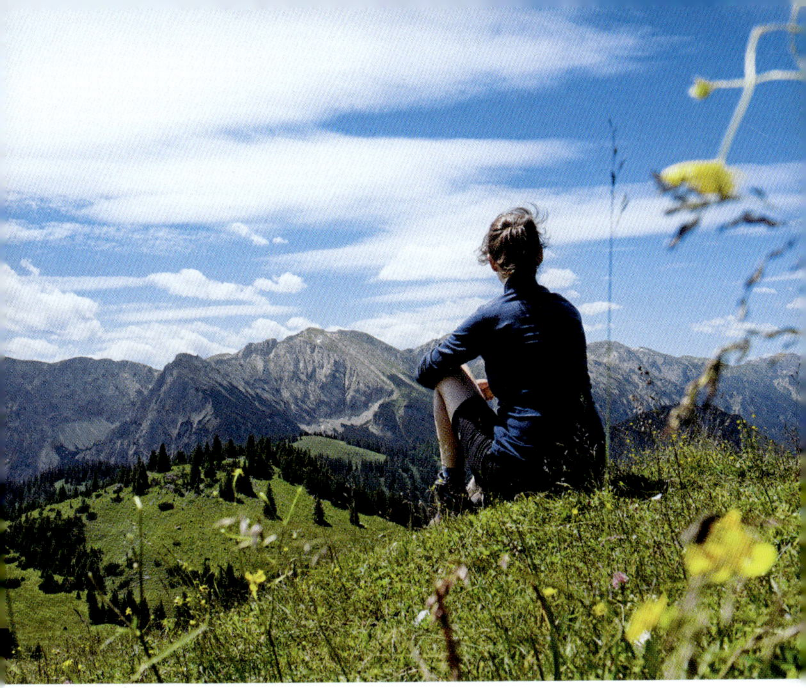

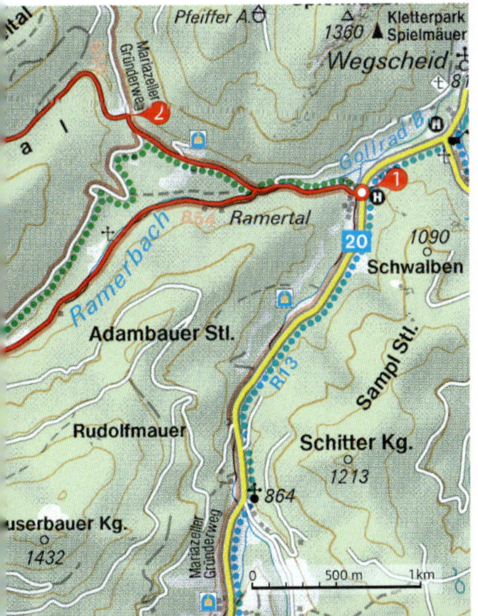

Oben: Eindrucksvolle Rast am Zinken.
Links: Halterhütte unterhalb des Zinken.

Anforderungen: Unschwierig zu gehende Wanderwege und Steige, Markierungen unterschiedlich. Saugraben mit orangen Punkten markiert, Aufstieg auf Zinken über Almfläche weglos, Abstiegsweg ab Halterhütte leicht zu übersehen; Orientierungssinn notwendig.
Einkehr: Hintere Halterhütte; bewirtschaftet von Mitte Juni bis Anfang September.
Variante: Verkürzung der Tour vom Parkplatz Kastenriegel 7, zum Zinken hin und retour auf gleichem Weg; gesamt 3.15 Std. und 520 m im An- und Abstieg.
Hinweis: Zufahrtsstraße zum Kastenriegel nicht immer geöffnet!

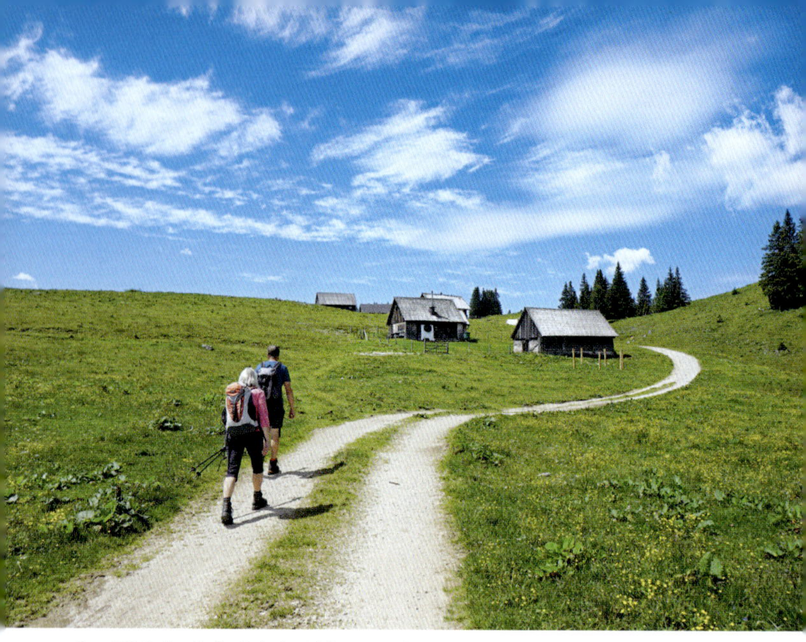

Gemütlich durch die Kuhalm Richtung Zinken.

Direkt von der Bushaltestelle **Wegscheid Rammertal** ❶ gehen wir auf der Straße ins Rammertal (auch Ramertal), Hinweisschilder zum »Mariazeller Gründerweg« begleiten uns. Wir halten uns an der kommenden Straßenkreuzung mit Beschilderung rechts Richtung Brunngraben und wandern bei der darauffolgenden Kreuzung geradeaus (links führt die Kastenriegelstraße auf den Kastenriegel). An der kommenden Lichtung befindet sich zur Rechten am Weg in den **Brunngraben** ein **Parkplatz** ❷, wir biegen links auf die Forststraße Richtung »Zeller Staritze« ab. Die folgende Schotterstraße führt teils sehr steil durch das Türntal bergwärts. Direkt nach einem Bildstock mit dem heiligen Leonhard und einem Weidedurchgang biegen wir links in den **Saugraben** ❸ ab. Dieser leitet mit orangen Punkten markiert durch lichten Hochwald zur idyllisch gelegenen **Kuhalm** ❹ mit fabelhaften Blicken auf Ringkamp, Hochweichsel und den Höhenrücken der Aflenzer Staritzen.

Die Almstraße führt nun an weiteren Almhütten vorbei leicht abwärts zu einem Weidedurchgang und anschließend wiederum sanft ansteigend am **Ochsenbühel** entlang. Rund 5 Min. nach dem Weidedurchgang, kurz vor einer Linkskurve, zieht sich zur Rechten ein sichtbarer, aber unmarkierter Pfad über die sanfte Bergwiese hinauf. Wir steigen hoch und folgen meist

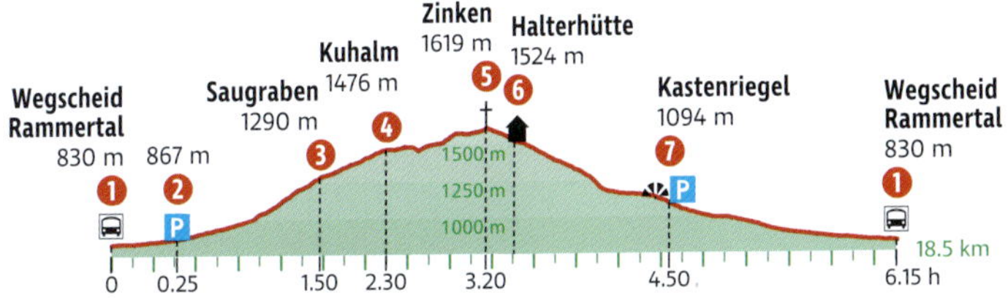

weglos dem Gelände in einem Rechtsbogen zum bereits sichtbaren Gipfelkreuz am **Zinken** ❺. Nordseitig zeigt sich der Ötscher, das wahre Bergpanorama erstreckt sich jedoch im Süden. Vom Ebenstein südwestlich von uns bis hin zur Aflenzer Staritzen direkt im Süden erblicken wir einen Großteil des Hochschwab-Massivs.

Der Abstieg erfolgt abermals meist weglos über die Almweide, wir wandern an den Viehtränken links vorbei und gehen in einem Bogen links an einem Graben vorbei zur bewirtschafteten **Halterhütte** ❻. Nach erfolgreicher Stärkung verlassen wir die Halterhütte auf der Almstraße und biegen von dieser nach rund 100 m, eher unscheinbar, auf einen Wiesenpfad ab. Zur Rechten sind etwas versteckt an einem Baum Markierungen zu finden. Der danach gut sichtbare Wanderweg führt beständig abwärts, vorbei an einigen Baumriesen, auf eine aussichtsreiche Forststraße. Eindrucksvoll präsentiert sich die markante Dippelwand oberhalb der Hinteren Höll.

Ein Waldsteig kürzt die Forststraße zum aussichtsreichen **Kastenriegel** ❼ mit Rastplatz ab. Für den weiteren Abstieg wählen wir den markierten Weg (Nr. 854), der abwechselnd auf Waldwegen und Forststraßen hinab ins Rammertal und schließlich auf bekanntem Weg zur **Bushaltestelle** ❶ führt.

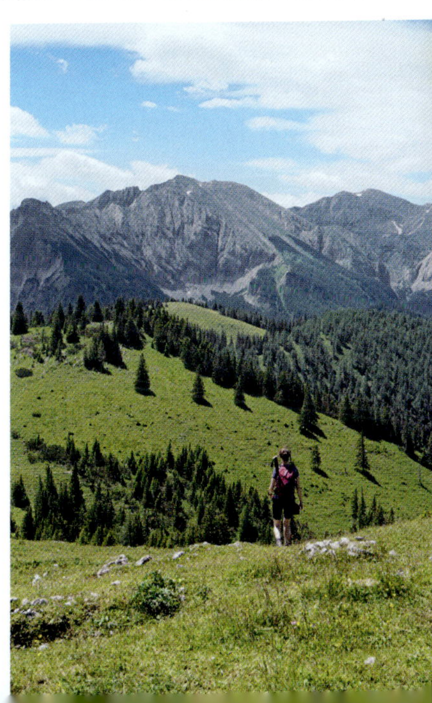

Prächtige Ausblicke auf das Hochschwab-Massiv.

↗ 550 m | ↘ 550 m | 7.2 km

32 Spielmäuer, 1360 m, und Teufelsbrücke

3.00 h

Ein ganzjähriger Wanderweg auf den höchsten Punkt der Spielmäuer

Im Jahr 2016 sind die Klettergärten und Klettersteige der Spielmäuer errichtet worden, zur Hirschbrunft und während der Winterruhe für sportliche Aktivitäten sind sie jedoch gesperrt. Anders der markierte Wanderweg, der westwärts die Felswände umgeht und mühelos auf den Gipfel führt. Quasi als Ganzjahresbonus führt der Wanderweg auch an der Teufelsbrücke vorbei, einem imposanten steinigen Gebilde.

Ausgangspunkt: Bushaltestelle Wegscheid Abzw Aschbach, 820 m. Mit dem Auto auf der B 20 von Kapfenberg bzw. Mariazell zum Abzweiger Aschbach bei Wegscheid. Gebührenfreier Parkplatz direkt bei der Bushaltestelle vor dem Gasthof zur Post.
ÖPNV: Bus 172 vom Bahnhof Bruck a.d. Mur bzw. Busbahnhof Mariazell zum Ausgangspunkt (ca. 4–5-mal täglich).
Anforderungen: Unschwierige und durchgehend markierte Wanderwege. Unterhalb der Teufelsbrücke etwas steiler und rutschig; außerdem eine kleine Holzleiter, aber unproblematisch.
Einkehr: Unterwegs keine. Gasthaus zur Post; im August 2021 neu eröffnet, bewirtschaftet an Wochenenden, Nächtigung ab Ende 2021.
Tipp: Drei unterschiedliche Klettersteige (B/C bis D) führen durch die Spielmäuer auf den Gipfel. Besonders imposant ist »Felix' Himmelsleiter«. Klettersteigset und Steinschlaghelm unbedingt erforderlich!
Hinweis: Sperre des Klettergartens und der Klettersteige während Hirschbrunft (Mitte Sept.–Mitte Okt.) und Winterruhe (Mitte Nov.–Ende April). Der Wanderweg ist in dieser Zeit aber begehbar.

Von unten betrachtet zeigt sich die wahre Größe der Teufelsbrücke.

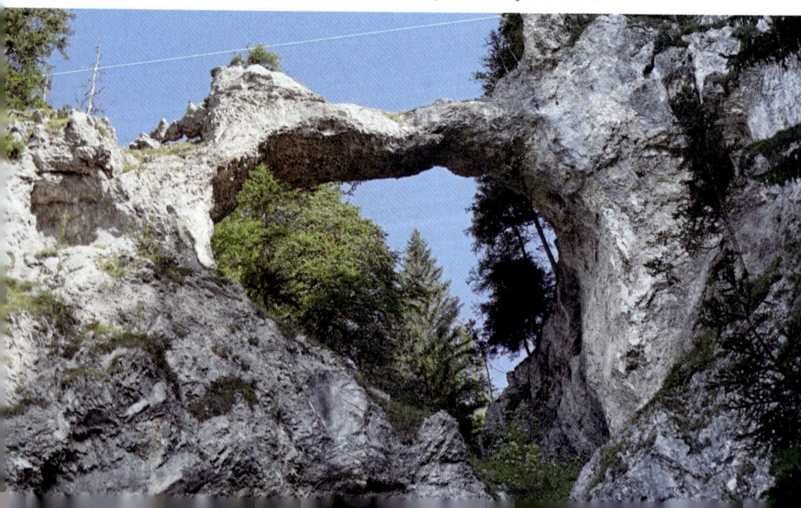

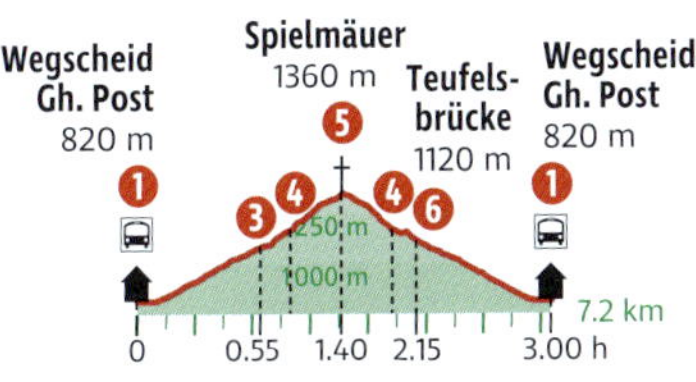

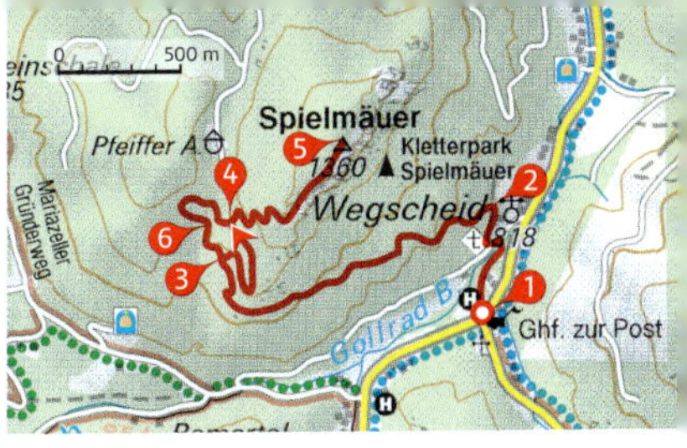

Von der Bushaltestelle **Wegscheid Abzw Aschbach** 1 oder vom Parkplatz kommend, überqueren wir die Bundesstraße und gehen auf dem Schotterpfad, an einer Informationstafel und Rastplätzen vorbei, über einen Steg zu einer Straße. Hier kurz links und sogleich rechts auf die leicht aufwärts führende Forststraße abbiegen und nach wenigen Minuten links auf einen **Waldpfad** 2 einschwenken (Holzwegweiser).

Dieser führt nun stetig bergwärts, passiert den Abzweiger zu Klettersteigen und Klettergarten, lässt uns eine Felsstufe auf einer kleinen Holzleiter überwinden und leitet zu einer **Wegkreuzung** 3. Für den Normalweg auf den Gipfel biegen wir hier rechts ab, landen etwas weiter oberhalb abermals bei einer **Kreuzung** nahe der **Teufelsbrücke** 4 und biegen ebenso rechts ab. In Serpentinen steigen wir stetig bergwärts, kommen nahe an die Geländekante, spazieren an den Ausstiegen der Klettersteige vorbei und landen alsbald am Gipfelkreuz der **Spielmäuer** 5 mit Rastbank.

Wir steigen auf gleicher Strecke wieder retour zur **Kreuzung** 4 nahe dem Fotopoint Teufelsbrücke. Doch nicht nur blicken wir von hier abwärts auf das Naturwunder, sondern in der Ferne auch auf Hochweichsel und Ringkamp. Außerdem erfahren wir, welche Sage sich um die Teufelsbrücke rankt. Wir folgen nun dem markierten Waldpfad, der abwärts um das felsige Gebilde herumführt, tasten uns an einer Felswand entlang und stehen nun unterhalb der **Teufelsbrücke** 6, die von hier noch beeindruckender wirkt. Es geht auf teils rutschigen Pfaden abwärts und in einer sanften Gegensteigung zur bekannten **Wegkreuzung** 3.

Ab hier wieder auf derselben Strecke retour zum **Ausgangspunkt** 1.

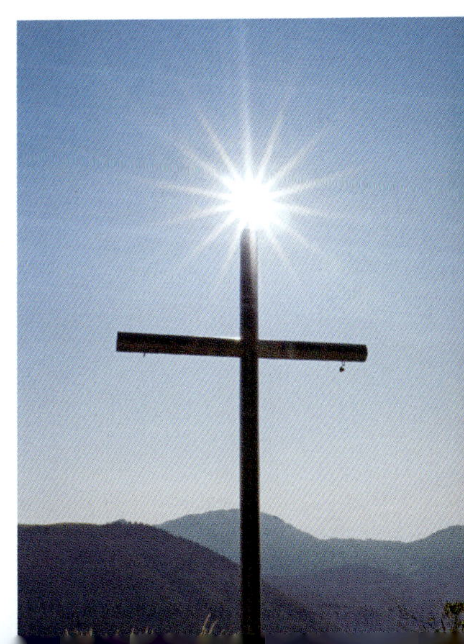

Spielmäuer-Gipfelkreuz im Sonnenlicht.

↗ 100 m | ↘ 100 m | 6.8 km

33 Von Weichselboden in die Höll, 761 m

2.00 h

Himmlische Ruhe in der Höll

Das nicht mehr bewohnte Jagdhaus in der Höll dient mit seinen Nebengebäuden als besonderes Fotomotiv vor einer imposanten Bergkulisse. Die Landschaft der Höll vermittelt absolute Ruhe und Unbeschwertheit, auch dank des touristisch kaum erschlossenen Gebietes. Der ruhesuchende und landschaftsverliebte Wanderer nimmt dieses Geschenk dankend an. Und wenn die Höll nicht genug ist, lohnt sich die Fortsetzung zum Kastenriegel und darüber hinaus (siehe Tour 31).

Ausgangspunkt: Bushaltestelle Weichselboden Ortsmitte, 671 m. Mit dem Auto auf der B 24 von Wildalpen bzw. Gußwerk – und dorthin von der B 20 aus Mariazell oder Bruck an der Mur – kommend. Gebührenfreie Parkplätze im Ortszentrum von Weichselboden.
ÖPNV: Bus 198 vom Busbahnhof Mariazell zum Ausgangspunkt (3x täglich Mo–Fr). Fährt an Wochenenden nur von 1. Mai bis 26. Oktober. Achtung: Rufbus, max. 8 Personen! 90 Min. vor Abfahrt anmelden: Tel. +43 664 4837688.

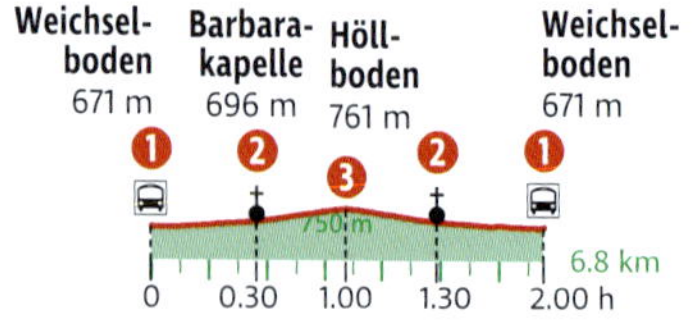

Anforderungen: Spazierwege, Markierungen vorhanden.
Einkehr: Unterwegs nur in Verbindung mit den Varianten. Getränkebrunnen am Parkplatz in Weichselboden.
Varianten: Verlängerung der Tour von der Höll durch die Hintere Höll auf den Kastenriegel, 1094 m: Schwierigkeit »rot«; zusätzlich hin und retour in 3 Std., 340 m im An- und Abstieg.
Ab Kastenriegel zwei Tourenziele:
1. Gipfelmöglichkeit Zinken, 1619 m, und Einkehr auf der Halterhütte (siehe Tour 31): 3.15 Std. und 530 m im An- und Abstieg hin und retour ab Kastenriegel.
2. Einkehr auf der Graualm (siehe Tour 2): Vom Kastenriegel über teils steile Waldsteige auf die Almfläche, weiter mit geringer Steigung zur Graualm; 2 Std. und 470 m im An- und Abstieg hin und retour ab Kastenriegel.

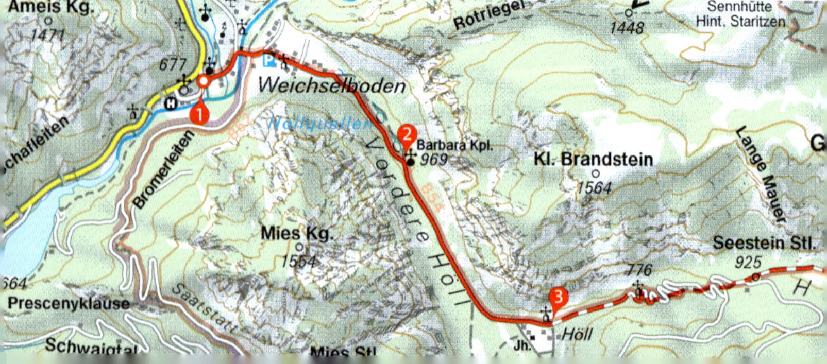

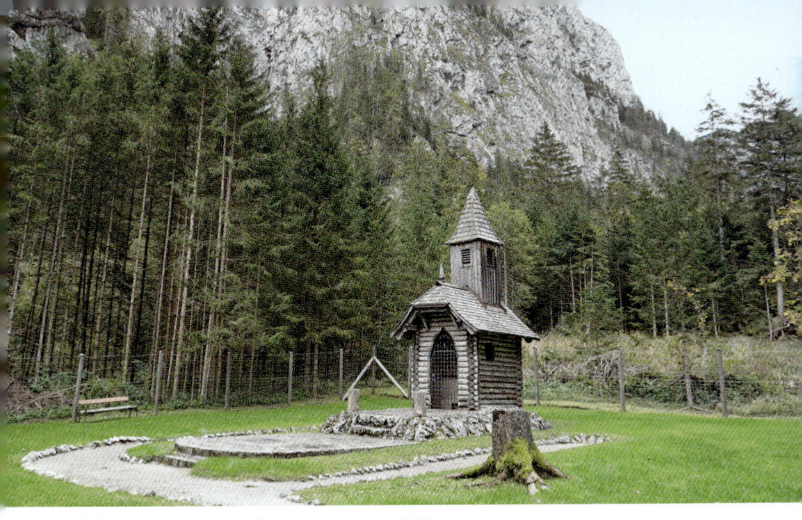

Die hölzerne Barbarakapelle in der Vorderen Höll.

In **Weichselboden** ❶ begehen wir die Straße, vorbei an Parkplätzen und am Getränkebrunnen neben dem hölzernen Feuerwehrhaus, zur ebenso hölzernen Salzabrücke und überschreiten diese. Wir folgen nun der Asphaltstraße neben einem Wasserkanal, dieser gehört bereits in den Verwaltungsbereich der Stadt Wien für die Zweite Hochquellenwasserleitung. Was wohl die wenigsten Wiener über ihr Wasser wissen: Der 0-km-Stein der Leitungskilometrierung befindet sich in Weichselboden, errichtet im Jahr 1910.

Nach den Häusern wenden wir uns rechts der Forststraße zu. Wir durchschreiten die »Vordere Höll« und passieren die eingezäunte hölzerne **Barbarakapelle** ❷. Nur leicht steigt die Forststraße an, stetig von einem angelegten Mini-Kanal begleitet. Im **Höllboden** ❸ angekommen, bewundern wir die hinter dem nicht mehr bewohnten Jagdhaus aufragenden Felswände und Bergspitzen: Severinkogel, Adlermauer und Heuschober. Vor allem im Frühherbst spielt das Farbspektrum der Hochwälder alle Stücke. Die Ruhe in der Höll ist wahrlich himmlisch.

Der Rückweg nach **Weichselboden** ❶ erfolgt auf der schon bekannten Strecke. Davor können wir noch die Strecke durch die Hintere Höll zum Kastenriegel und darüber hinaus verlängern (siehe Varianten).

↗ 1640 m | ↘ 1640 m | 21.9 km

34 Von Weichselboden auf den Hochschwab, 2277 m

9.00 h

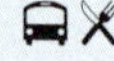

Vom Salzatal auf den höchsten Gipfel des Massivs

Wenn wir die Hochschwab-Besteigung von Weichselboden aus starten, erwartet uns ein langer, eigentlich unspektakulärer und dennoch abwechslungsreicher Wanderweg. Der kleine Ort im Salzatal wird direkt von der Zweiten Wiener Hochquellenwasserleitung berührt, einige Quellen der Umgebung speisen hier frisches Wasser in die tosende Wasserleitung ein. Etwas ruhiger geht es auf der Edelbodenalm zu. Wie für eine Postkarte geschaffen, positionieren sich die Almhütten vor Ringkamp und Hochschwab und fügen sich im wahrsten Sinn besonders edel in die Landschaft ein.

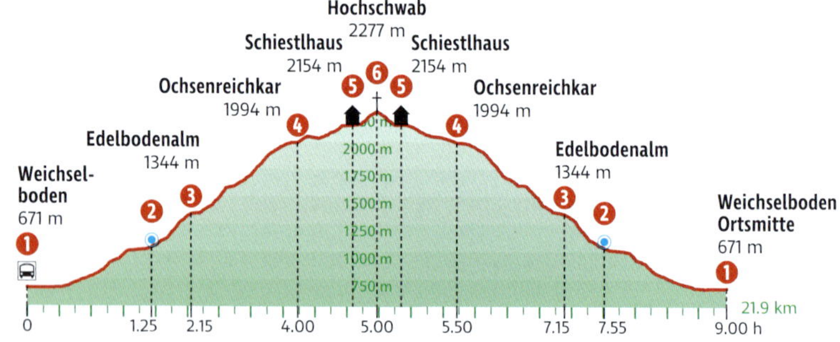

Blick hinab auf die Edelbodenalm, dahinter der Mieskogel.

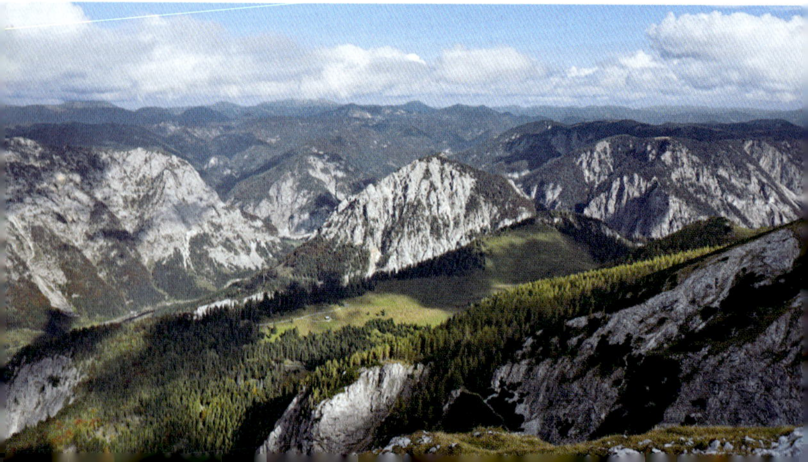

Ausgangspunkt: Bushaltestelle Weichselboden Ortsmitte, 671 m (siehe Tour 33).
Anforderungen: Ab Weichselboden großteils auf Forststraßen, vor der Edelbodenalm auch auf schmalen Waldsteigen. Markierungen nahezu durchgehend vorhanden. Steile Serpentinenwege durch Schrofengelände in der Samstatt.
Einkehr: Schiestlhaus (siehe Tour 1).
Tipp: Nächtigung am Schiestlhaus und kombinieren mit anderen Touren, z.B. über die Aflenzer Staritzen zum Seebergsattel oder zur Sonnschienhütte, nach Tragöß oder zum Bodenbauer.

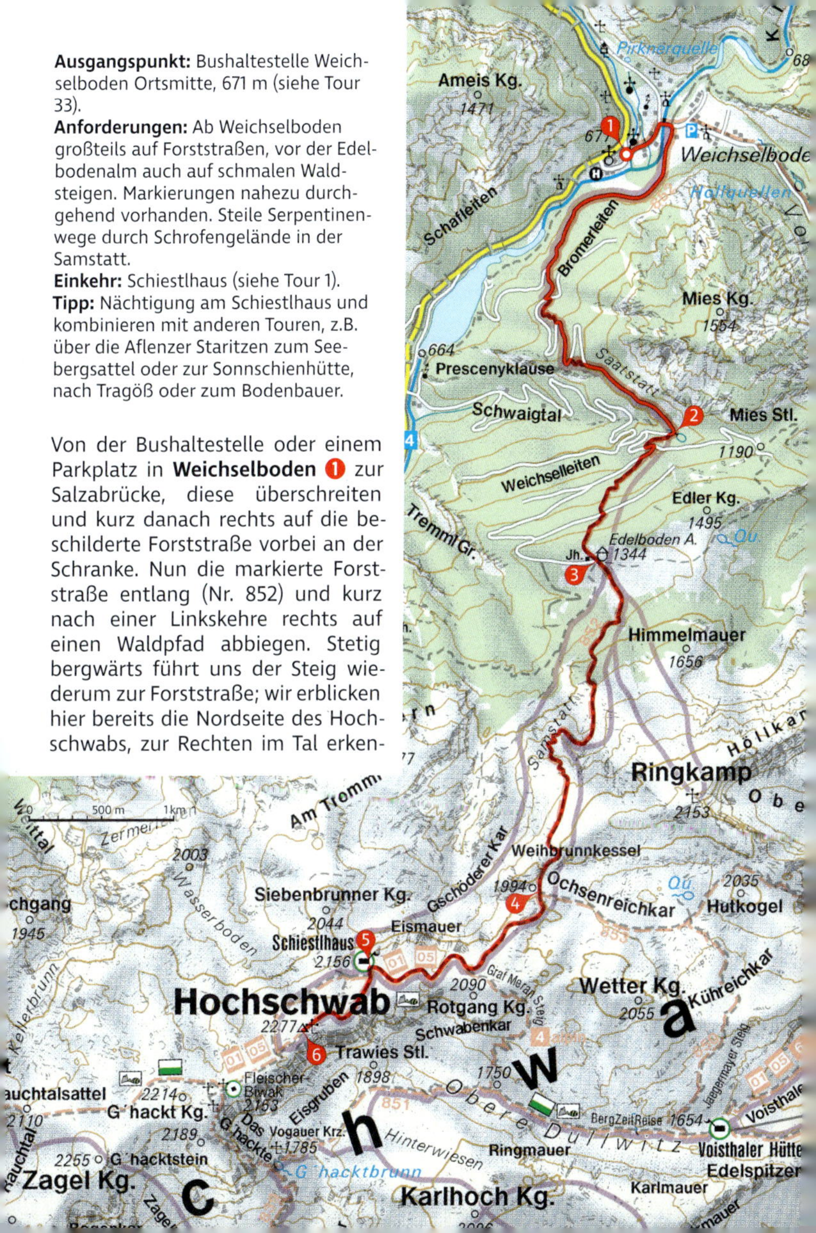

Von der Bushaltestelle oder einem Parkplatz in **Weichselboden** ❶ zur Salzabrücke, diese überschreiten und kurz danach rechts auf die beschilderte Forststraße vorbei an der Schranke. Nun die markierte Forststraße entlang (Nr. 852) und kurz nach einer Linkskehre rechts auf einen Waldpfad abbiegen. Stetig bergwärts führt uns der Steig wiederum zur Forststraße; wir erblicken hier bereits die Nordseite des Hochschwabs, zur Rechten im Tal erkennen wir die aufgestaute Salza vor der Prescenyklause (Wasserkraftwerk). Nach der kommenden Kehre kürzen wir die Forststraße abermals ab und begehen diese nach der Abkürzung bis zu einer **Quelle** mit **Getränkebrunnen** ❷.

Direkt im Anschluss kürzen wir wiederum links über einen Waldsteig ab. Die Forststraße verlassen wir nun endgültig zu unserer Linken (Hinweistafel zum Forstgesetz), eine kleine Leiter hilft beim Überwinden der unschwierigen Stufe. Auf schmalen Pfaden führt dieser Steig nun bergwärts, zum Abschluss flach zur **Edelbodenalm** ❸. Die Lage dieser Hütten ist wahrlich edel, der Blick auf Gschöderer Kar, Eismauer und Siebenbrunner Kogel lässt uns kurz innehalten.

Der weitere Aufstieg erfolgt anfänglich auf teils rutschigen Waldwegen, etwas oberhalb durch ein Geröllfeld und wiederum etwas höher auf steinigen Serpentinenpfaden durch die **Samstatt**. Etwas angenehmer verläuft der Übergang zur Weihbrunnkesselscharte unterhalb des Ringkamps. Von hier ist es nicht mehr weit zur Wegkreuzung oberhalb des **Ochsenreichkars** ❹. Wir folgen nun dem markierten und gut sichtbaren Pfad über den Rotgangboden zum **Schiestlhaus** ❺. Links haltend vorbei am Kleinen Hochschwab erreichen wir das Gipfelkreuz am **Hochschwab** ❻.

Der Abstieg nach **Weichselboden** ❶ erfolgt auf derselben Route.

Markante Wegmarkierung vor der Edelbodenalm.

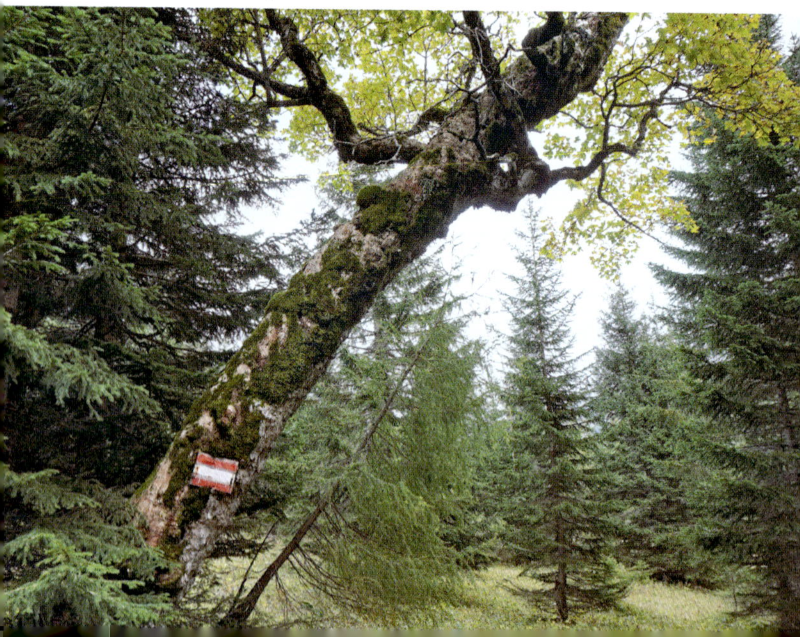

↗ 300 m | ↘ 300 m | 6.9 km

2.15 h

Wald-Wasser-Themenweg und Hartlsee, 800 m

35

Die sanfte Seite der wilden Alpen

Die Siebenseerunde bei Wildalpen führt zwar nicht zu sieben Seen, aber zumindest mit dem Hartlsee zu einem kleinen, idyllisch gelegenen See. Wobei: Noch etwas wildromantischer präsentiert sich der Siebenseebach, der am Seesteig neben uns rauschend ins Tal stürzt. Der Name der Tour ist sowieso Programm: Am Wald-Wasser-Themenweg kommen wir den Schattenspendern und dem kühlen Nass besonders nahe. Geheimtipp unter uns: Am höchsten Punkt dieser Tour bei der urigen Grieslkeusche eine Rast einlegen.

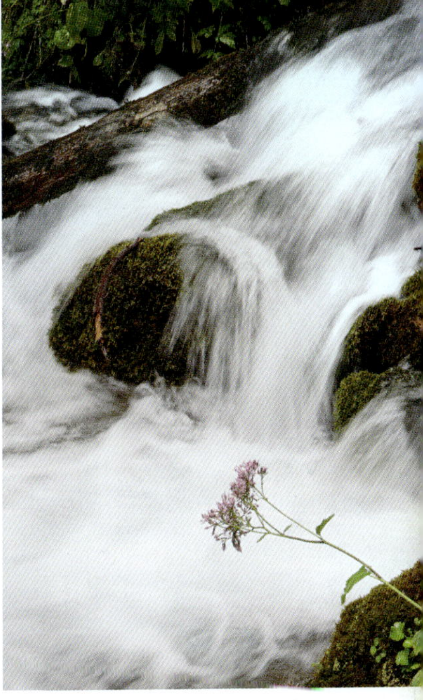

Neben dem Seesteig rauscht der Siebenseebach talwärts.

Ausgangspunkt: Bushaltestelle Wildalpen Kollerbrücke, 600 m. Mit dem Auto auf der B 24 von Gußwerk – dorthin von der B 20 aus Mariazell oder Bruck a.d. Mur – kommend. Von der Westseite kommend über B 25 zwischen Göstling an der Ybbs und Mooslandl, bei Palfau abbiegen auf B 24. Gebührenfreier Parkplatz an der Hinterwildalpenstraße am Museum HochQuellenWasser. Weitere Parkmöglichkeit im Bereich der Skilift-Talstation bei der Badeanlage Wildalpen.
ÖPNV: Bus 198 vom Busbahnhof Mariazell zum Ausgangspunkt (eine Verbindung täglich von Montag bis Freitag, zwei Verbindungen an Sonntagen von 1. Mai bis 26. Oktober). Achtung: Rufbus, max. 8 Personen! 90 Min. vor Abfahrt anmelden: Tel. +43 664 4837 688. Bus 922 vom Bahnhof Hieflau (verkehrt täglich, fünf Verbindungen). Achtung: Rufbus, max. 8 Personen! 2 Std. vor Abfahrt anmelden: Tel. +43 676 5870 031.
Anforderungen: Leichte Wanderwege, nicht immer markiert, Orientierung jedoch einfach.

Einkehr: Unterwegs keine Einkehrmöglichkeit. Im Zentrum von Wildalpen einige Gaststätten, ca. 5–10 Min. Fußweg vom Ausgangspunkt.
Tipp: Museum HochQuellenWasser und Besichtigung der Kläfferquelle, eine der größten Trinkwasserquellen Europas; geöffnet von 1. Mai bis 26. Oktober Montag bis Freitag 10 bis 12 sowie 13 bis 15 Uhr, Sonn- und Feiertag von 10 bis 12 Uhr, Samstag auf Anfrage.

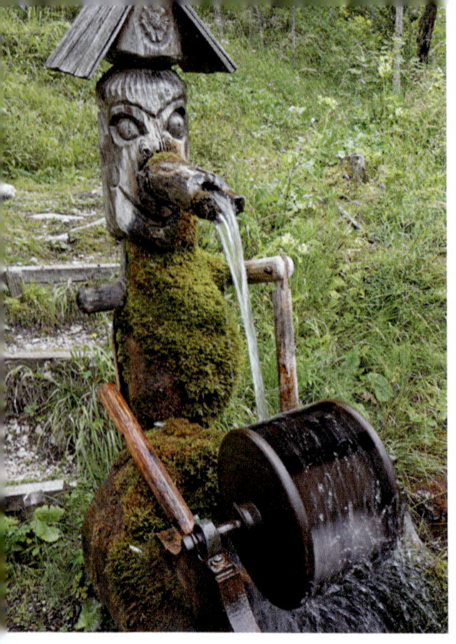

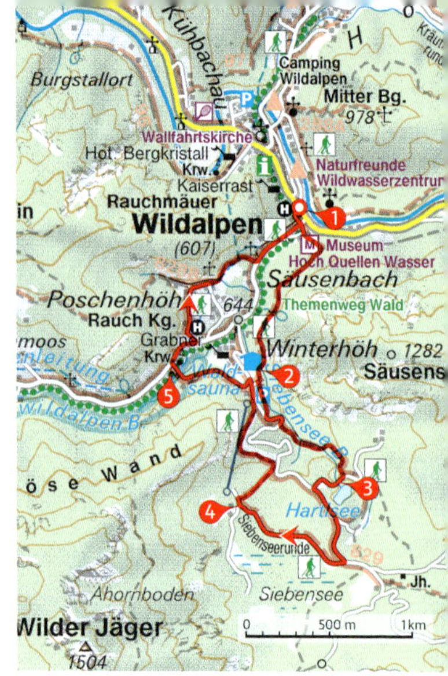

Geschnitzter Brunnen mit Wasserrad.

Von der Bushaltestelle **Wildalpen Kollerbrücke** ❶ spazieren wir über die Brücke der Nebenstraße zum Museum. Direkt am Grundstein der Zweiten Wiener Hochquellenwasserleitung wechseln wir auf den beschilderten Themenweg Wald-Wasser. Dieser führt uns anfänglich auf einer Forststraße, nach rund 5 Min. auf einem schmalen Pfad (blaue Wegmarkierungen beachten) zu einem geschnitzten Wasserbrunnen mit kleinem Wasserrad direkt am Siebenseebach. Kurz danach queren wir jenen Bach zur **Badeanlage Wildalpen** ❷.

Auf der Zufahrtsstraße zum Bad biegen wir links ab und folgen somit den Wegweisern »Hartlsee« und »Siebenseerunde«. Der schmale Pfad mündet bald wieder in eine Asphaltstraße. Nach einer Rechtskehre biegen wir zur Linken auf den Seesteig zum Hartlsee ab – ein genussvoller Aufstiegsweg entlang des wildromantischen und erfrischenden Siebenseebachs, der hier geräuschvoll ins Tal donnert. Am türkisgrünen **Hartlsee** ❸ halten wir uns rechts, queren die Brücke und steigen abermals zur Asphaltstraße hoch. Die Siebenseerunde führt nun links die Straße bergan. Bei einer lang gezogenen Linkskurve biegen wir rechts auf eine Schotterstraße ab und folgen dieser bergwärts zur **Grieslkeusche** ❹. Hier können wir uns am Wasserbrunnen eine Verschnaufpause gönnen.

Der Abstiegsweg leitet uns auf die Skipiste, welche wir durchgehend bis zur Talstation begehen. Wir ignorieren nun den Weg zur Badeanlage und

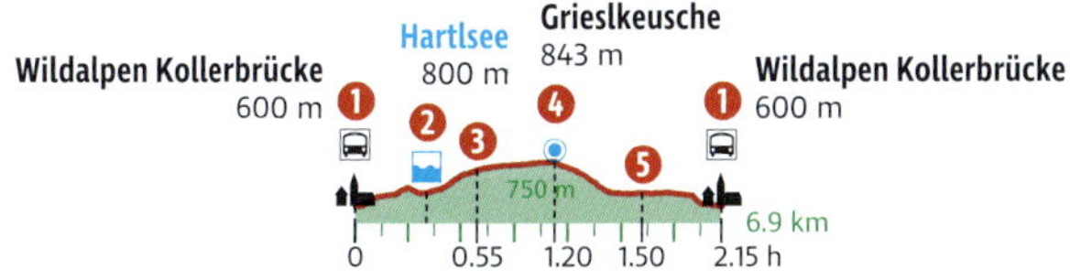

gehen stattdessen die Straße kurz abwärts, biegen jedoch noch vor dem Parkplatz links auf eine Schotterstraße ab. Vorbei an einer Schranke und einem Sendemast führt uns der Weg über eine Brücke zur **Straße** 5 nach Hinterwildalpen.

Rechts abbiegen und bei der nächsten Gelegenheit links auf einen Güterweg wechseln. Vorbei an einem Jubiläumsstein zur Hochquellenwasserleitung, nach einer Rechtskurve links über einen schmalen Holzsteg. Der Wiesenweg geht in eine Schotterstraße über, diese endet wiederum bei einem Quellenzugang. Weiter geht's über einen schmalen Waldpfad abwärts zur Straße. Zur Linken sind das Museum und der Ausgangspunkt mit der **Bushaltestelle** 1 bald wieder erreicht.

Ein türkisgrünes Kleinod: der Hartlsee.

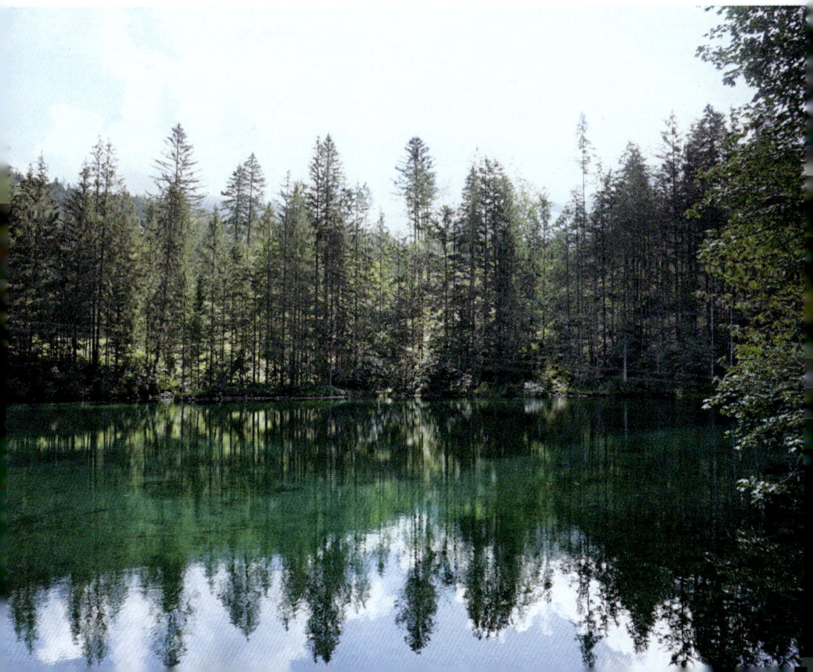

TOP

36 Von Wildalpen auf die Sonnschienhütte, 1523 m

↗ 1370 m | ↘ 1370 m | 27.0 km

9.30 h

Langer, aber landschaftlich spektakulärer Zustieg zur Sonnschienalm

Wie bei jedem Zustieg aus dem Salzatal auf ein Ziel im Hochschwab-Massiv sammeln wir auch bei dieser Tour einige Höhenmeter. Aber diese lohnen sich. Vor allem auf der Strecke vom Kreuzpfäder zum Schafhalssattel blicken wir westwärts über eine weite Wald- und Felslandschaft, die so auch beispielsweise in Alaska zu finden sein könnte. Generell kommen wir aus dem Staunen oft gar nicht mehr heraus. Wer deswegen zu lange trödelt, kann sich gerne auf der Sonnschienhütte einquartieren.

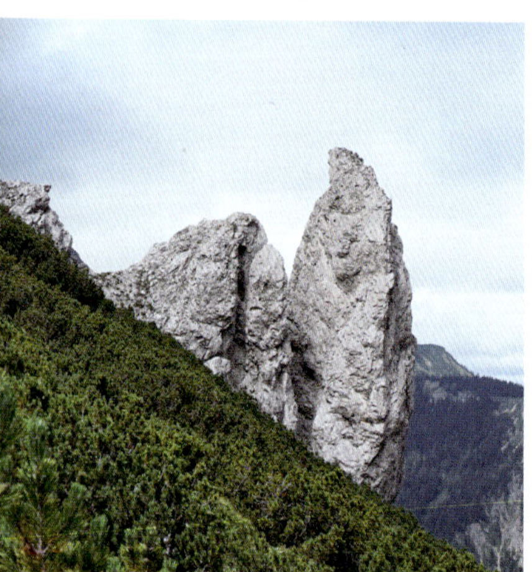

Felsgebilde grüßen uns am Schafhalssattel.

Ausgangspunkt: Bushaltestelle Wildalpen Kollerbrücke, 600 m (siehe Tour 35).

Anforderungen: Durchgehend markierte, großteils unschwierige Wanderwege und Steige. Kurze seilversicherte Stelle vor einem Felsüberhang, nicht ausgesetzt. Aufgrund der Länge konditionell fordernd für eine Tagestour.

Einkehr: Sonnschienhütte (siehe Tour 19).

Tipp: Nächtigung auf der Sonnschienhütte und Kombination mit Touren 26 bis 30.

Hinweis: Jagdsperre von Mitte September bis Mitte Oktober, die Sonnschienhütte ist in diesem Zeitraum geschlossen. Die Begehung des »Sommerweges« zum Schafhalssattel ist nur von 15. Mai bis 14. Oktober gestattet.

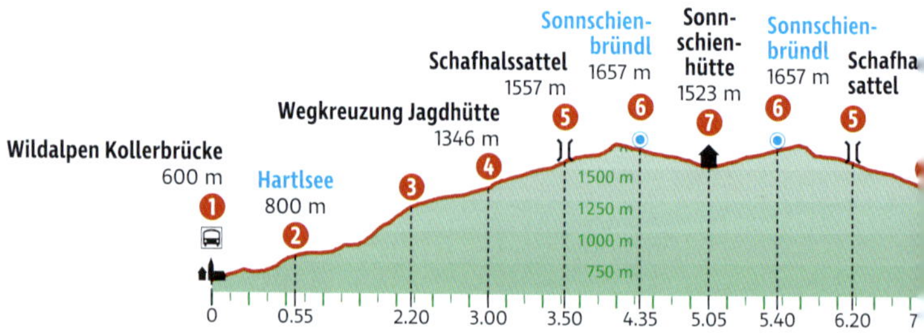

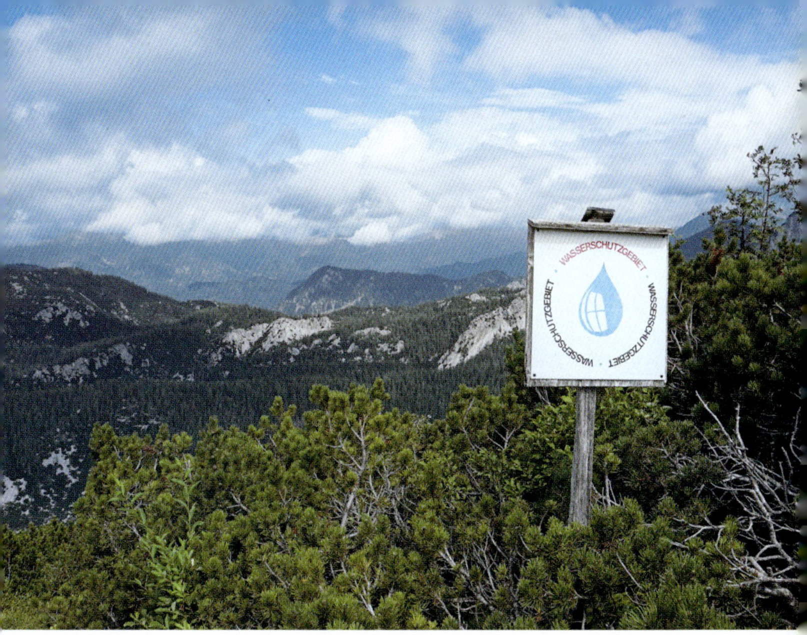

Ein Hinweis zum Wasserschutzgebiet darf nicht fehlen.

Von der Bushaltestelle **Wildalpen Kollerbrücke** ❶ folgen wir dem Themenweg Wald-Wasser zur Badeanlage Wildalpen und am Seesteig zum **Hartlsee** ❷, siehe Tour 35. Die Asphaltstraße führt leicht ansteigend zu Jagdhütten auf einer Freifläche mit Blick auf den Großen Griesstein. Am Ende der Wiese bei einem überdachten Brunnen auf eine markierte Schotterstraße (Nr. 829) wechseln. Direkt danach leitet ein schmaler Pfad zum **Antonikreuz**, 890 m. Wir queren die breite Lichtung und steigen auf Waldwegen zur Wegkreuzung am **Kreuzpfäder** ❸ hoch.

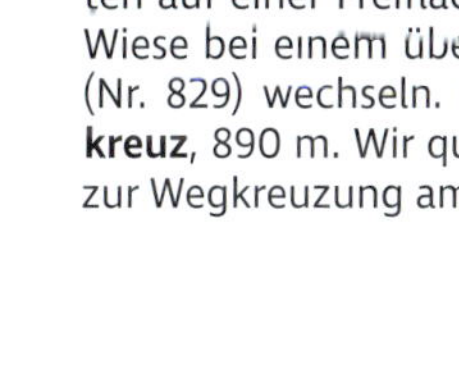

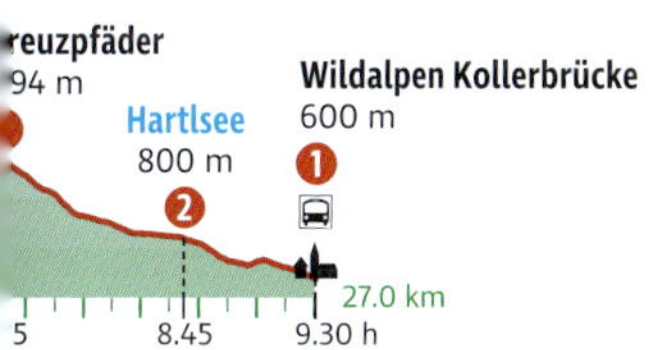

Halb rechts führt uns die breite Schotterstraße an den Felswänden des Griessteins entlang, wir wechseln hier auf einen Waldweg geradeaus und erreichen den Hochwald Zumach, der an manchen Stellen wie ein Märchenwald wirkt. Etwas oberhalb einer Jagdhütte treffen wir auf eine **Wegkreuzung** ❹, bei der sich Winter- und Sommerweg trennen. Laut Hinweistafeln ist die

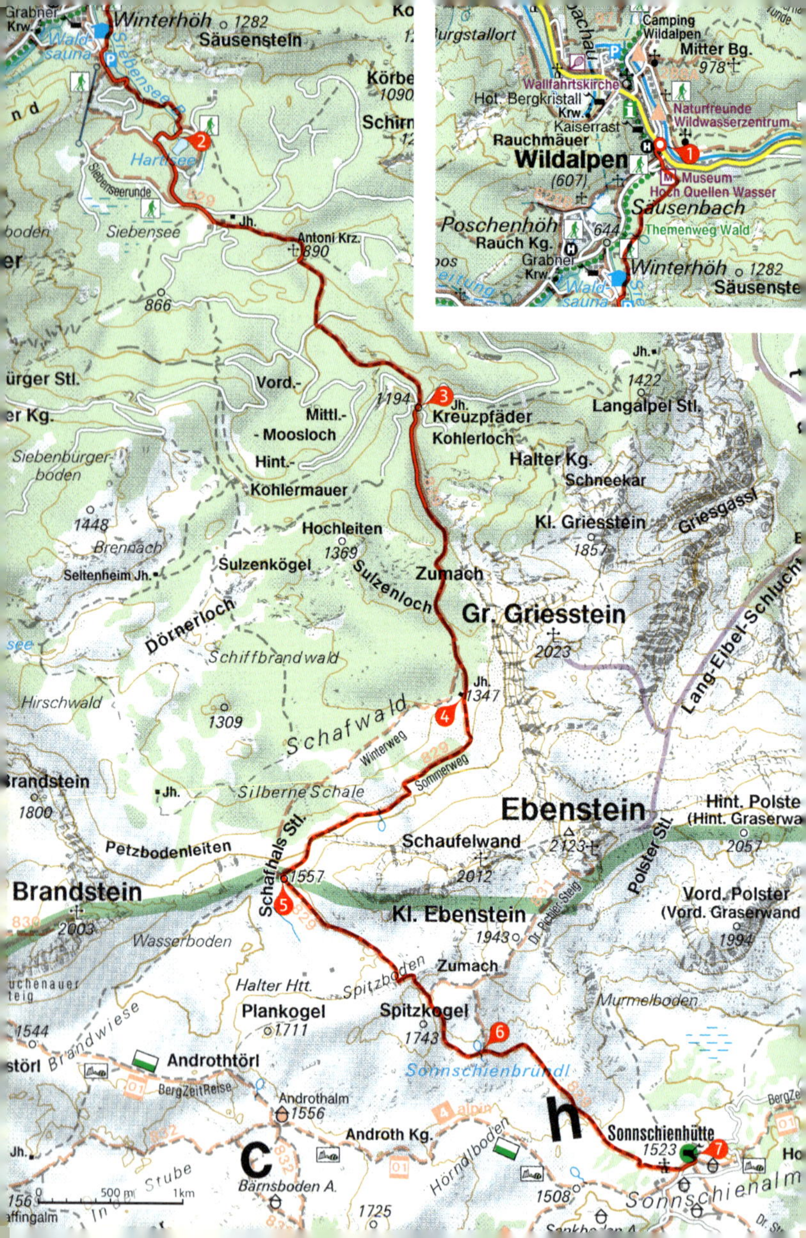

Winterhöh
1282
Säusensee
Wald-sauna
Siebensee
Hartlsee
Siebenseerunde
Siebensee
Jh.
Antoni Krz.
890
866
Vord.-
Mittl.-
- Moosloch
Hint.-
Kohlermauer
1194
Jh.
Kreuzpfäder
Kohlerloch
1422
Langalpel Stl.
Halter Kg.
Schneekar
Kl. Griesstein
1857
Griesgassl
Siebenbürger-boden
1448
Brennach
Seltenheim Jh.
Hochleiten
1369
Sulzenkögel
Sulzenloch
Zumach
Gr. Griesstein
2023
Lang-Eibel-Schlucht
Dörnerloch
Schiffbrandwald
Hirschwald
1309
Jh.
1347
Schafwald
Winterweg
Sommerweg
Brandstein
1800
Jh.
Silberne Schale
Ebenstein
Hint. Polster
Petzbodenleiten
Schafhals Stl.
1557
Schaufelwand
2012
2123
2057
Polster Stl.
Brandstein
2003
Kl. Ebenstein
Vord. Polster
(Vord. Graserwand
1994
Wasserboden
1943
Dr. Pichler-Steig
Zumach
Halter Htt.
Spitzboden
Plankogel
1711
Spitzkogel
1743
Murmelboden
1544
Brandwiese
Androthtörl
Sonnschienbründl
BergZeitReise
Androthalm
1556
Androth Kg.
Hörndlboden
Sonnschienhütte
1523
Bärnsboden A.
1725
1508
Sonnschienalm
500 m
1 km
Camping Wildalpen
Mitter Bg.
978
Wallfahrtskirche
Hot. Bergkristall
Krw.
Kaiserrast
Naturfreunde Wildwasserzentrum
Rauchmäuer
Wildalpen
(607)
Museum
Hoch Quellen Wasser
Säusenbach
Poschenhöh
644
Themenweg Wald
Rauch Kg.
Grabner Krw.
Winterhöh
1282

Begehung des Sommerweges nur von 15. Mai bis 14. Oktober gestattet, der Winterweg (unmarkiert) vollendet das restliche Jahr.

Wir wählen den links abzweigenden Sommerweg, der uns stetig ansteigend durch Latschengassen führt. Zur Linken erblicken wir immer wieder die Felszacken des Großen Griessteins, zur Rechten breitet sich eine weite Fels- und Waldfläche aus. Nach einer gesicherten Stelle (unschwierig) unterschreiten wir den felsigen Überhang einer Höhle, passieren eine Wasserstelle und ersteigen, mit Blick auf den Brandstein, links haltend den **Schafhalssattel** 5.

Nun breitet sich die typische Karstlandschaft des Hochschwab-Massivs vor uns aus. Wir folgen links dem auch mit Stangen markierten Weg in den feuchten Spitzboden (teils schlammig), erblicken in Gehrichtung ein Felsloch und erreichen nach kurzem Aufstieg bei einem Felsklotz wiederum ein Gelände namens Zumach. Der weitere Weg führt gut markiert durch felsiges Latschengelände zum Ebenstein-Abzweiger (siehe Tour 29) und am **Sonnschienbründl** 6 vorbei zur weitläufigen Sonnschienalm. Die **Sonnschienhütte** 7 erblicken wir auf der linken Seite.

Der Abstieg nach **Wildalpen** 1 erfolgt auf derselben Route, eine Nächtigung auf der Sonnschienhütte und Kombination mit anderen Tourenzielen empfehlenswert.

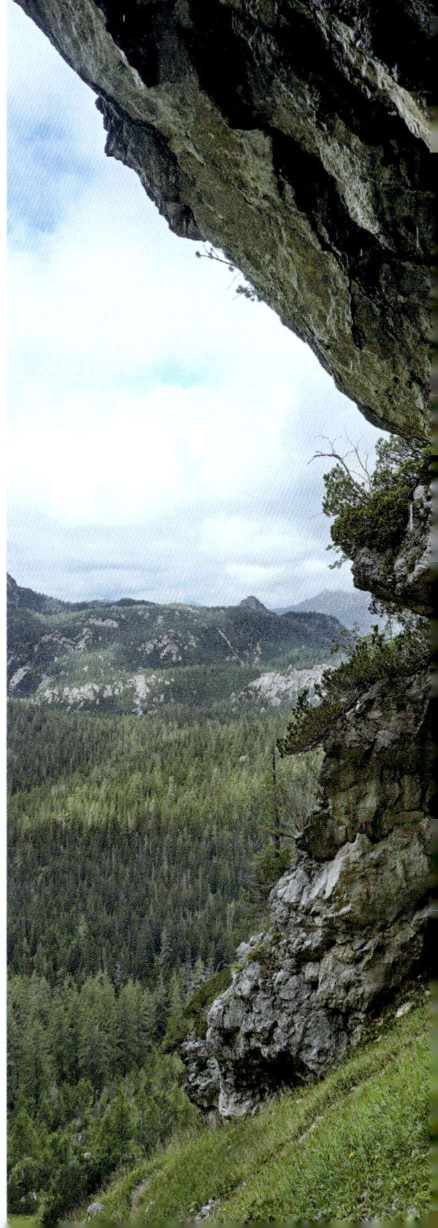

Schattenspender oder Regenschutz.

↗ 870 m | ↘ 870 m | 17.0 km

37 Großer Buchberg, 1563 m, und Radstattmoaralm

6.00 h

Ein Rundwanderweg abseits bekannter Pfade

Hierhin nach Hinterwildalpen verirrt sich niemand zufällig. Die »hinteren wilden Alpen« locken neugierige Wanderer mit einer abwechslungsreichen Runde an und versprechen nicht zu wenig. Ein wie von Geisterhand platzierter Felsklotz, wunderschöne Almlandschaften und ein Eintrag im Gipfelbuch des Buchbergs sind die Zutaten dieser Wandertour. Einziger Wermutstropfen: Proviant ist trotz einiger Almen selbst mitzutragen.

Ausgangspunkt: Bushaltestelle Hinterwildalpen Ort, 780 m. Mit dem Auto auf der B 24 von Gußwerk – und hier von der B 20 aus Mariazell oder Bruck an der Mur – kommend. Von Westen herkommend über B 25 zwischen Göstling an der Ybbs und Mooslandl, bei Palfau abbiegen auf B 24 nach Wildalpen; am Museum HochQuellenWasser auf Straße nach Hinterwildalpen einbiegen. Gebührenfreier Parkplatz vor Gasthof Krug, weitere Abstellmöglichkeit am Lurggweg bei einer Brücke (direkt am Wanderweg).
ÖPNV: Mit dem Bus 922 vom Bahnhof Hieflau über Wildalpen (verkehrt täglich, fünf Verbindungen). Achtung: Rufbus, max. 8 Personen! 2 Std. vor Abfahrt anmelden: Tel. +43 676 5870031.
Anforderungen: Unschwierige, aber teils sehr schmale Wanderwege, meist markiert. Über die Hochfläche zum Buchberg erfolgt Orientierung oft mit Wegspuren und roten Punkten. Abstieg zu Saurüßlerhütte unmarkiert und zumeist weglos, aber unproblematisch.
Einkehr: Unterwegs keine Einkehrmöglichkeit. Getränkebrunnen an der Radstattmoaralm. Gasthaus zum Krug in Hinterwildalpen; ganzjährig geöffnet (Ruhetag: Mo, Di), 14 Schlafplätze.
Variante: Umgehung des Großen Buchbergs mittels markierter Abkürzung zwischen Gögalalm ❹ und Radstattmoaralm ❻ (auch Heimmoseralm).

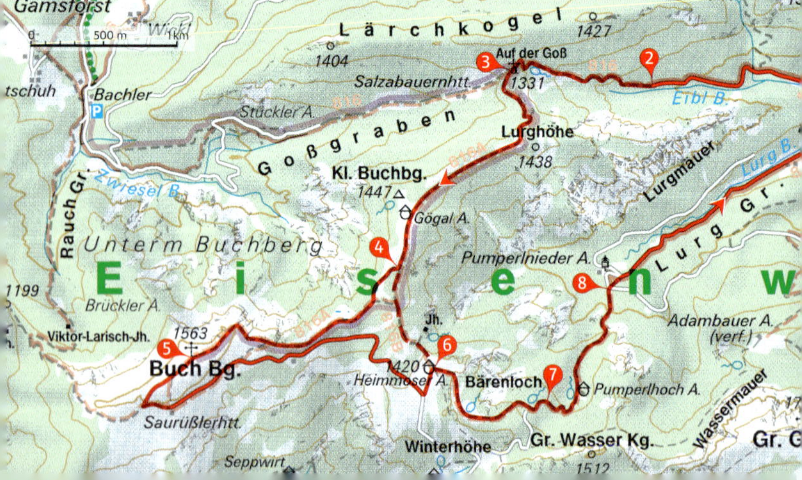

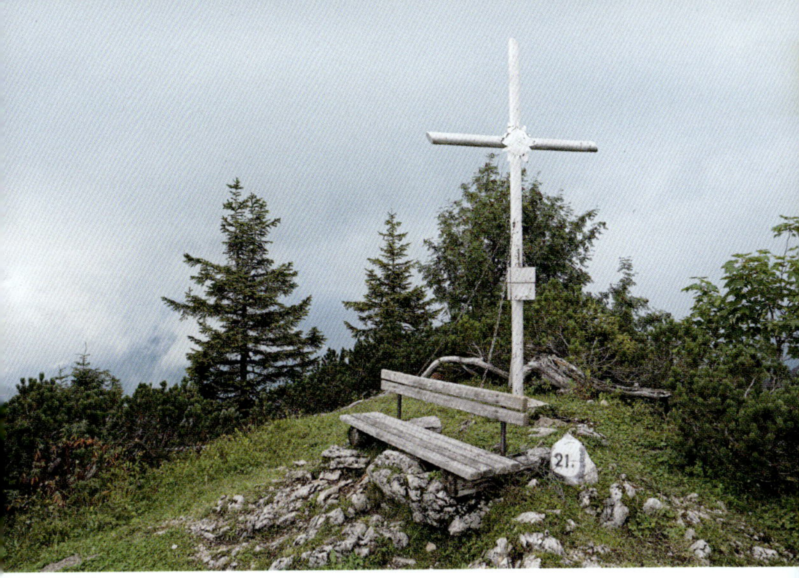

Gipfelkreuz mit Rastbank am Großen Buchberg.

Wir starten am Gasthaus zum Krug in **Hinterwildalpen** ❶ und folgen rechts der Beschilderung (»Gr. Buchberg«, Nr. 816) entlang des Hinterwildalpenbaches zu einem größeren Gehöft zu unserer Linken. Rund 15 Min. nach Beginn biegen wir hier, nach einer kleinen Brücke, rechts auf einen bergwärts führenden Karrenweg ab. Dieser geht in einen schmäleren Pfad über, der wiederum in eine Forststraße mündet. Weiter bis an deren Ende, ehe an einem kleinen Umkehrplatz ein **Wandersteig** ❷, 1022 m, beginnt. Teils auf sehr schmalen Wegen steigen wir, auch über angelegte Stufen, zum **Gosssattel** ❸ mit Rastplatz, einem Felsblock mit »Gipfelkreuz« sowie einer hölzernen Kapelle, hoch.

Hinter dem Felsblock weisen uns Schilder den Weg Richtung »Gr. Buchberg« (Nr. 816a), der weiterführende Weg leitet bergwärts auf den aussichtsreichen Höhenrücken bei

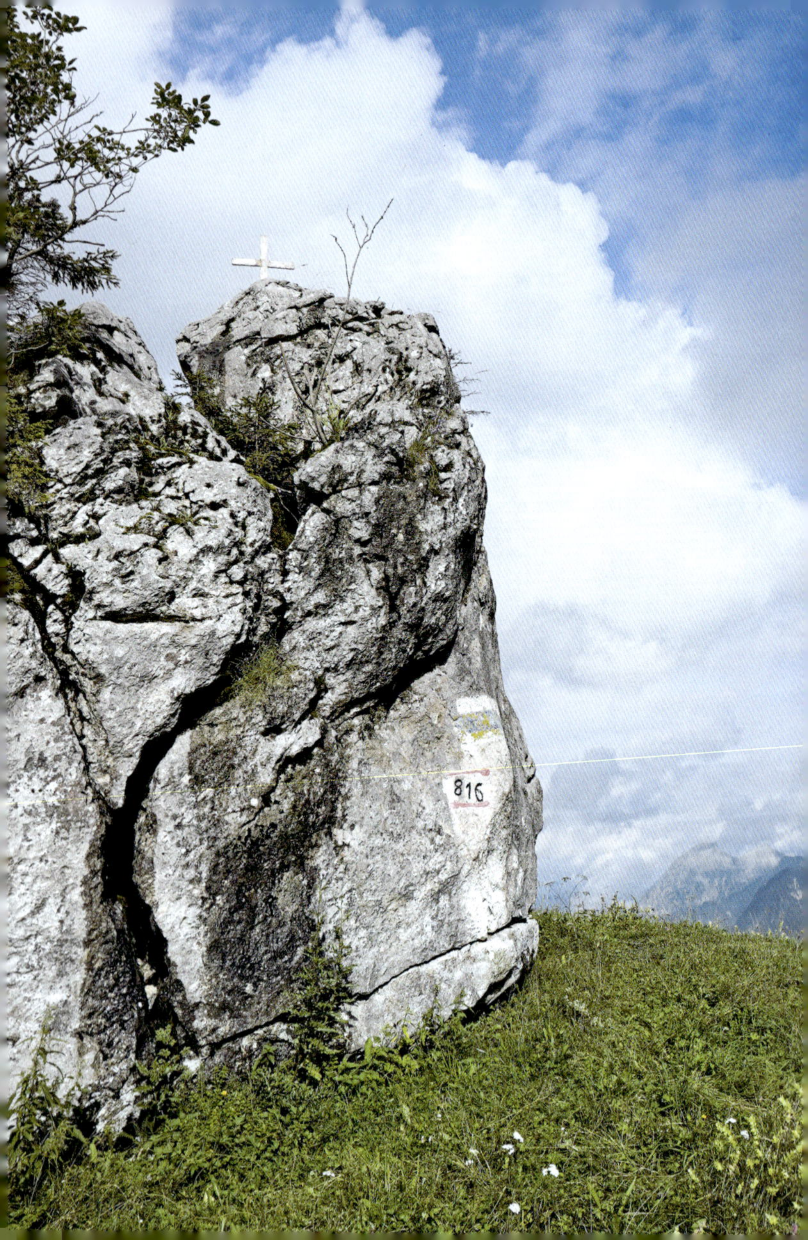
816

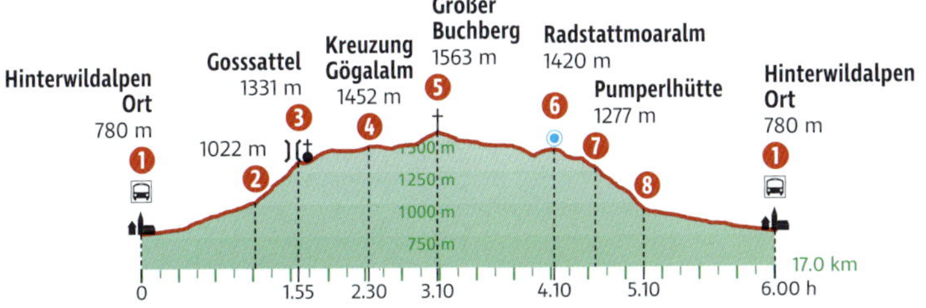

der **Lurghöhe**. Wir überschreiten den Rücken, teils an knorrigen Bäumen vorbei, zur **Gögalalm**, 1428 m, und treffen etwas oberhalb an eine **Wegkreuzung** 4.

Geradeaus gäbe es die Abkürzung zur Heimmoseralm (Radstattmoaralm, Nr. 816b), unser Weg führt jedoch rechts Richtung Buchberg. Rote Punkte leiten uns rechts an einem Hochmoor vorbei, über blühende Wiesen hinweg zu einer Latschengasse, die uns knapp unterhalb des Gipfelkreuzes am **Großen Buchberg** 5 wieder frei gibt. Der Ausblick hier zieht sich von den Gesäusebergen bis hin zum Hochkar sowie zu Ebenstein und Brandstein.

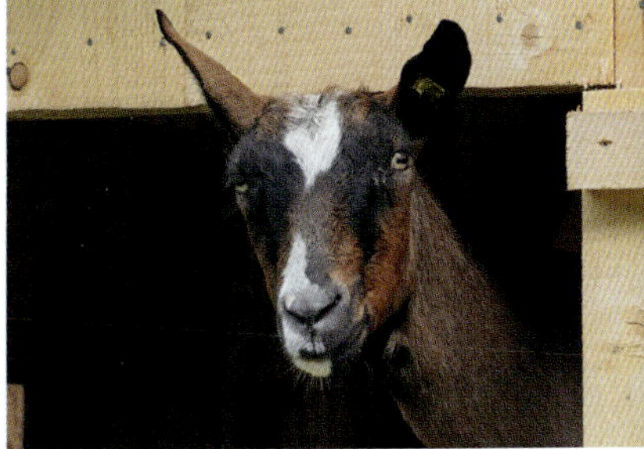

Gibt nichts zu meckern bei dieser Tour.

Entlang des Grenzverlaufs der ehemals eigenständigen Gemeinden Gams und Hieflau (Grenzsteine) überschreiten wir am Kamm den Buchberg und landen links haltend über eine Wiese auf einer Almstraße. Hier links, vorbei an der Saurüßlerhütte mit Blick auf die Kaltmauer, hinab in einen Graben und am Gegenhang wieder bergwärts. Abschließend links auf einer Stichstraße zur bereits sichtbaren **Radstattmoaralm** 6 mit Getränkebrunnen.

Von der Alm weist in östlicher Richtung ein Schild »Hinterwildalpen, 816b« den Weg über die Almfläche zu einer Geländekante. Etwas rechts haltend erkennen wir einen Pfad, der anfänglich steil abwärts führt, sichtbar das Bärenloch im großen Linksbogen umgeht und direkt zur **Pumperlhütte** 7 leitet. Wir steigen hinab zu einer Wasserquelle, passieren zwei Hütten und steigen mit teils imposanten Talblicken zu einer **Forststraße** 8 ab. Anschließend kürzen wir die Kehre bei einer Wildfütterungsstelle ab und folgen der Schotterstraße talauswärts zum bereits bekannten Gehöft. Ab hier wieder retour nach **Hinterwildalpen** 1.

Felsklotz mit »Gipfelkreuz« am Gosssattel.

TOP

38 Nothklamm und Kraushöhle

↗ 200 m | ↘ 200 m | 5.5 km

1.45 h

Geologische Wanderung in die Vergangenheit

Besuchen wir die kleine Ortschaft Gams bei Hieflau, reisen wir etwa 250 Millionen Jahre zurück in die Vergangenheit. Das GeoDorf hat sich österreichweit einen Namen gemacht. Im Rahmen von kundigen Führungen oder im Zuge dieser Wandertour am GeoPfad erfahren wir bei 48 Stationen vieles und noch viel mehr über die Geologie der Region. In der Nothklamm führt uns eine hölzerne Steiganlage durch die wildromantische Schlucht bis zur einzigen Steinkugelmühle der Steiermark, in welcher noch heute mit reiner Wasserkraft Steinkugeln geschliffen werden. Dem an Sehenswürdigkeiten nicht genug, lädt die Kraushöhle zur geführten Besichtigung ein. Rund 340 Meter bohrt sich die weltweit erste elektrisch beleuchtete Höhle in den Annerlbauernkogel hinein.

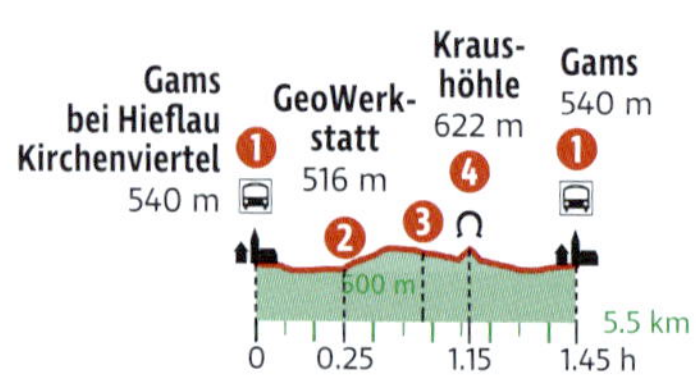

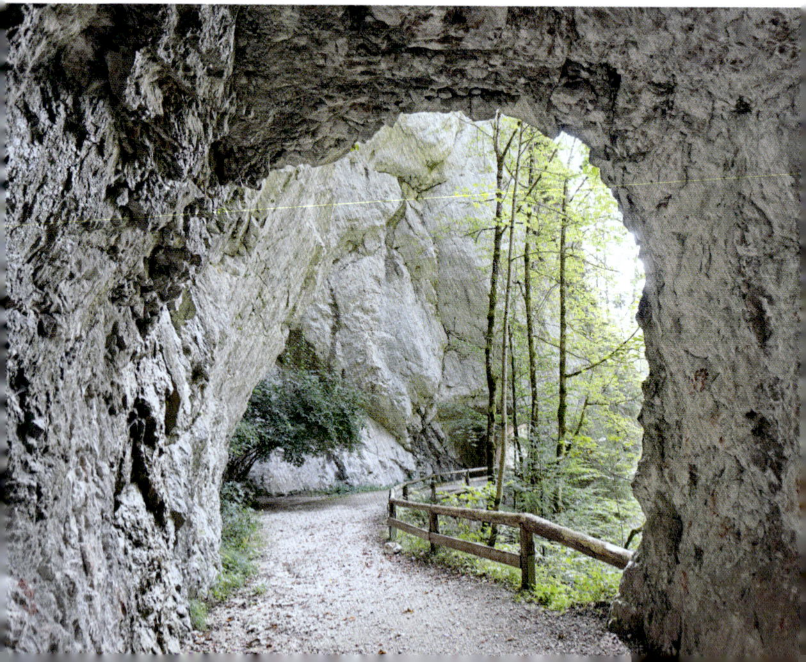

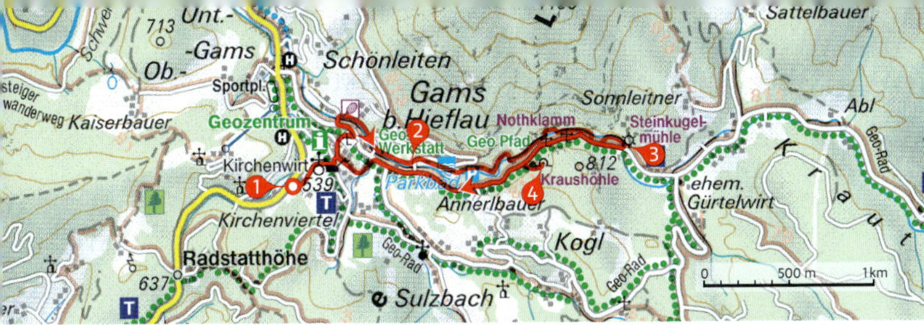

Ausgangspunkt: Bushaltestelle Gams bei Hieflau Kirchenviertel, 540 m. Gams liegt an der B 25. Von Gußwerk kommend erreichen wir diese auf der B 24, von Eisenerz oder Altenmarkt bei Sankt Gallen auf der B 115, von Admont auf der B 146. Im Ortszentrum von Gams bei Hieflau gibt es rund um die Pfarrkirche einige gebührenfreie Parkplätze.
ÖPNV: Mit dem Bus 922 zwischen Bahnhof Hieflau und Hinterwildalpen (verkehrt täglich, fünf Verbindungen). Achtung: Rufbus, max. 8 Personen! 2 Std. vor Abfahrt anmelden: Tel. +43 676 5870031.
Anforderungen: Einfache Wege, festes Schuhwerk trotzdem ratsam. Höhlenausrüstung vor Ort erhältlich.
Einkehr: ParkBadBeisl Gams; durchgehend geöffnet von Mitte Mai bis Mitte September. »forstauer's BrauHaus« im Zentrum von Gams; neu eröffnet im Juni 2021 (Ruhetag: Mo).
Tipps: Bei einer Besichtigung der Kraushöhle selbst zum Höhlenforscher werden. Führungen in den Sommerferien täglich um 10, 12, 14 und 16 Uhr. Außerhalb der Ferienzeit von 1. Mai bis 31. Oktober Führungen von Freitag bis Sonntag um 12 und 14 Uhr. Rechtzeitig vor Ort sein, bzw. Anmeldung im Vorfeld unter www.geodorf.com (Ticket für Erwachsene 15,50 Euro, für Kinder bis 15 Jahre 10 Euro). – Führungen im GeoRama Gams rund um die Erdgeschichte der vergangenen 250 Millionen Jahre nur gegen Voranmeldung. Informationen unter www.geodorf.com.
Hinweis: Für die Nothklamm ist eine Eintrittsgebühr zu bezahlen (Erwachsene 6 Euro; Kinder 3 Euro).

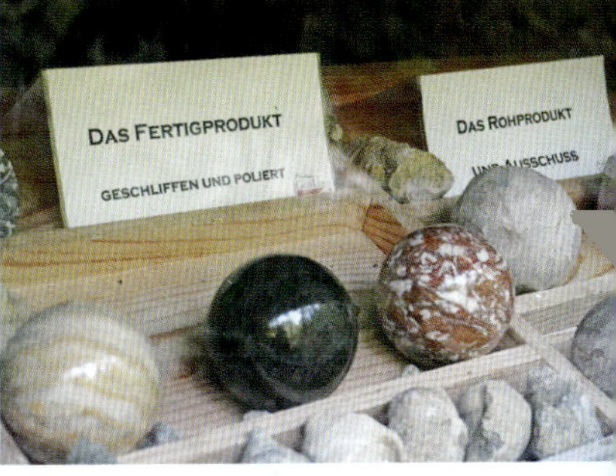

Steinkugeln sind an der Mühle ausgestellt.

Ausgehend von der Bushaltestelle **Gams bei Hieflau Kirchenviertel** ❶ begehen wir die Zufahrtsstraße in der Ortsmitte. Vorbei an Parkplätzen und der Kirche erreichen wir das Gemeindezentrum und auch das GeoZentrum. Die bereits sichtbare Beschilderung des GeoPfads wird uns des Öfteren den Weg weisen. Vorbei am »forstauer's BrauHaus« steigen wir hinter dem

Durch einige Tunnel talwärts.

Friedhof über einen Waldweg auf die unten liegende Straße ab und halten uns links. Nach der Station Konglomeratwand – einer von vielen Stationen am GeoPfad – rechts über die Brücke und am anderen Flussufer entlang aufwärts zur **GeoWerkstatt** und **Kassa** ❷. Hier zahlen wir den Eintritt in die Klamm (mit dem Eintrittsgeld wird der Erhalt der Steiganlage unterstützt), gegen eine weitere Gebühr erhalten wir auf Wunsch auch umfassende Informationen zu den Stationen am GeoPfad.

Weiter geht's am schmalen Asphaltweg neben dem Parkbad zum ParkBad-Beisl. Nach der darauffolgenden Schwefelquelle beginnt der hölzerne Steig durch die erfrischende Nothklamm, die wir in ihrer gesamten Länge begehen. Eine steile Holzstiege führt uns am Ende der Steiganlage von der Klamm auf die Nothstraße. Zur Linken erreichen wir nach wenigen Minuten die einzige aktive **Steinkugelmühle** ❸ der Steiermark.

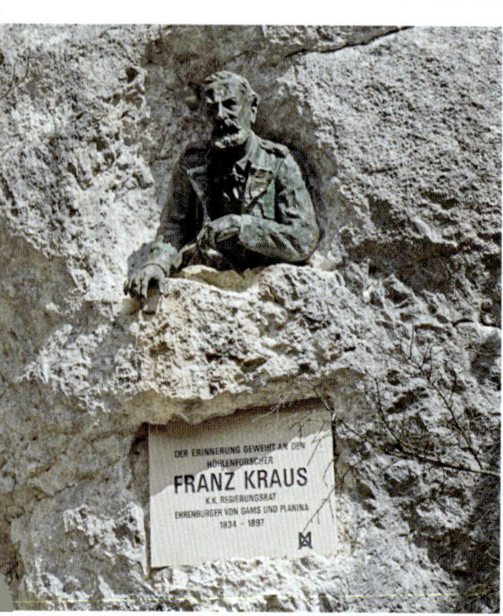

In Gedenken an Franz Kraus bei der Kraushöhle.

Nächster Halt: Kraushöhle. Wir spazieren die naturbelassene Nothstraße oberhalb der Klamm abwärts, durchqueren einige Tunnels und erreichen den nicht zu übersehenden Abzweiger zur Höhle. Nach einigen Serpentinen haben wir die **Kraushöhle** ❹ erreicht. Die Höhle kann nur im Rahmen einer eineinhalbstündigen Führung besichtigt werden. Teilnehmern wird eine Lampe als Hilfslicht zur Verfügung gestellt. Die Kraushöhle ist Österreichs einzige Gipskristallhöhle und sorgt mit zahlreichen Tropfsteingebilden für staunende Blicke.

Von der Höhle steigen wir wieder ab zur Nothstraße und wandern auf dieser leicht abwärts. Ab dem Parkplatz Kraushöhle spüren wir Asphalt unter unseren Schuhsohlen. Der Rückweg führt vorbei am Naturdenkmal **Pitzengraben** und auch wiederum vorbei – nur auf der anderen Flussseite – an der GeoWerkstatt zu einer kleinen, grün angestrichenen Kapelle zum heiligen Josef. Wir biegen links ab, begehen nach einem Einfamilienhaus zur Rechten einen schräg nach links aufsteigenden Pfad über eine Weide und erreichen eine Siedlungsstraße. Diese führt uns wieder zurück ins Ortszentrum, von wo aus die **Bushaltestelle** ❶ an der Bundesstraße schnell erreicht ist.

Auf luftigen Steigen durch die Nothklamm.

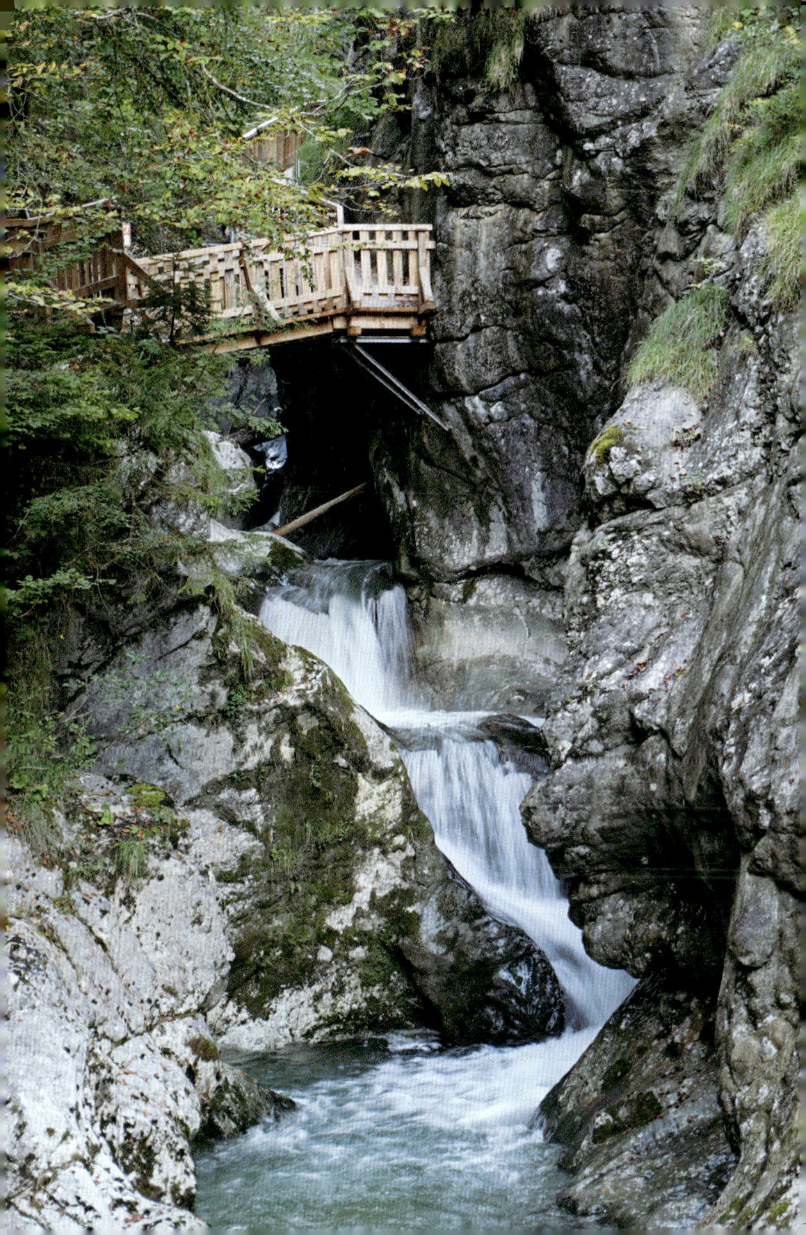

↗ 40 m | ↘ 40 m | 4.0 km

39 Rund um den Leopoldsteinersee, 628 m

1.15 h

Ein Genussweg für alle Altersklassen

Der Leopoldsteinersee zählt dank seiner Lage, eingebettet zwischen den markanten Felswänden von Seemauer und Pfaffenstein, zu den beliebtesten Fotomotiven der Steiermark. Zusätzlich gilt er als der größte See im gesamten Hochschwab-Gebiet. An heißen Sommertagen laden die Kiesstrände am Ostufer zum Sonnenbad und auch zum Sprung in das kühle Nass ein, eine Fahrt mit dem Boot über den See erfreut Groß und Klein. Die Runde um den Leopoldsteinersee gleicht mehr einem Spaziergang, den wir jedoch in die Seeau verlängern können.

Ausgangspunkt: Parkplatz Leopoldsteinersee, 652 m. Mit dem Auto auf der A 9 bis Ausfahrt Traboch, auf B 115 nach Trofaiach und über die Passhöhe Präbichl durch Eisenerz. Am Stadtende rechts Richtung Leopoldsteinersee abbiegen. Von der S 6 über Leoben und B 115a nach Trofaiach, weiter wie beschrieben. Nordseitig kommend über die B 115 von Hieflau (hierhin über B 146 von Admont oder B 115 von Steyr bzw. B 25 von Göstling an der Ybbs). Gebührenpflichtiger Parkplatz am See., Tagesticket: 4 Euro.
ÖPNV: 1. Bus 820 vom Bahnhof Leoben zur Station Münichtal Kaiserschildstraße (stündlich Montag bis Samstag, Sonntag zweistündlich). Von der Bushaltestelle noch ca. 25 Min. Fußweg. – 2. Bus 920/921 zwischen Eisenerz Busbahnhof und Hieflau Bahnhof zur Haltestelle Münichtal Abzw Leopoldsteinersee (4–6 Verbindungen wochentags, je nach Schultagen; Wochenende 4 Verbindungen). Achtung: Rufbus, max. 8 Personen! 1 Std. vor Abfahrt anmelden: Tel. +43 664 3328 610. Von der Haltestelle etwa 15 Min. Fußweg zum Ausgangspunkt. – 3. Bus 925 zwischen Eisenerz Busbahnhof und Leopoldsteinersee Gedenkstätte (4 Verbindungen von Montag bis Samstag, Sonntag 3 Verbindungen). Achtung: Rufbus, max. 8 Personen! 1 Std. vor Abfahrt anmelden: Tel. +43 664 3328 610. Haltestelle direkt am Ausgangspunkt.
Anforderungen: Am Südufer gemütliche Spazierwege, an Nordufer teils schmälere Waldwege.
Einkehr: Restaurant Seestüberl Leopoldsteinersee; geöffnet Anfang Mai bis Ende Oktober. Jausenstation am Ostufer; geöffnet Anfang Mai bis Ende Oktober.
Variante: Fortsetzung des Spaziergangs in die Seeau, 659 m: vom Ostufer in die Seeau und wieder retour; 1.30 Std. und 30 m im An- und Abstieg.
Tipp: Mit dem Leihboot über den See tuckern. Verleih am Südufer ca. 5 Min. Fußweg vom Seestüberl entfernt.

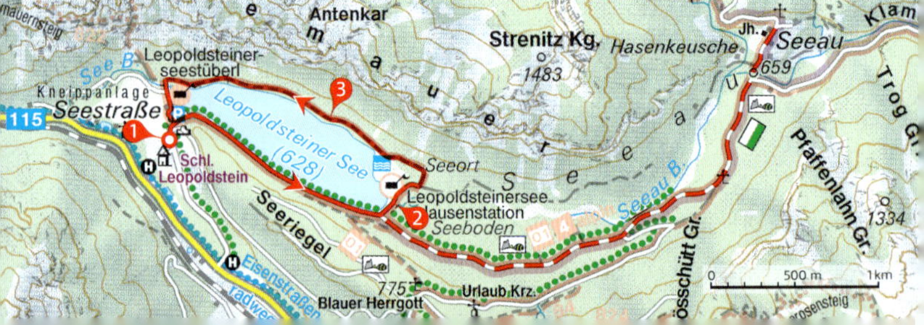

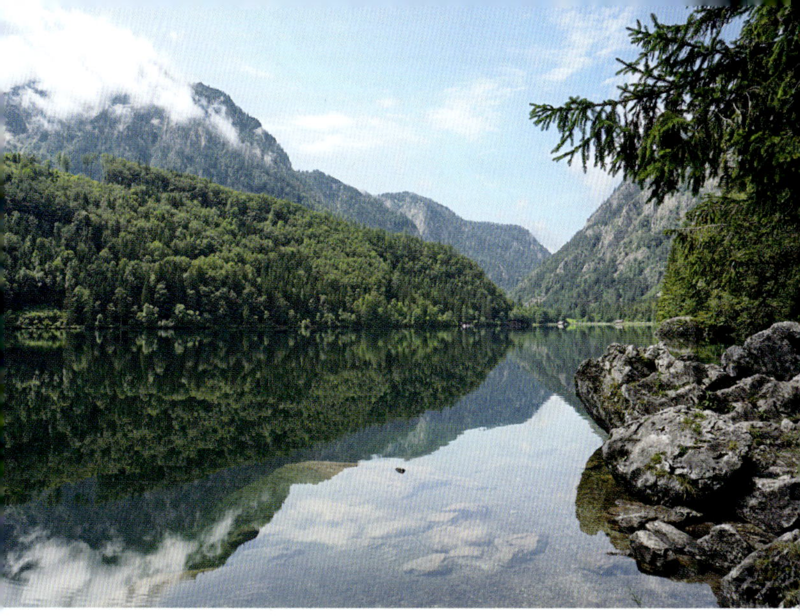

Prächtiger Ausblick vom Nordufer.

Leopoldsteinersee 652 m ❶ — Jausenstation 629 m ❷ — ❸ — Leopoldsteinersee 652 m ❶

4.0 km

0 — 0.30 — 1.15 h

Vom Parkplatz **Leopoldsteinersee** ❶ gehen wir rechts haltend hinab zum Parkplatz am Seestüberl und starten die Umrundung entgegen dem Uhrzeigersinn. Die breite Straße leitet Spaziergeher und Radfahrer vorbei an der Leihbootstation am Seeufer entlang. Gehen wir vom Ostende des Sees auf der Straße weiter, erreichen wir nach 45 Min. die landschaftlich schöne Seeau und das gleichnamige Jagdhaus (siehe Variante).

Um den See zu umrunden, wenden wir uns am Ostufer nach links, spazieren an der **Jausenstation** ❷ vorbei und folgen den Wegweisern zu einer Laufstrecke bzw. zum Seerundgang, die uns auf einen schmalen Steg über den Seeaubach leiten. Der Weg am Fuße der imposanten Seemauer ist gut zu begehen und führt uns zu einigen Fotospots, wie beispielsweise einer aus dem Wasser ragenden **Felsnase** ❸, die gerne für ein Foto bestiegen wird. Vom Westufer blicken wir nochmals auf den zwischen schroffen Bergen eingebetteten See. Wir überqueren den Abfluss des Seebaches und landen am Seestüberl, kurz danach erreichen wir wieder den Ausgangspunkt am **Parkplatz** ❶.

↗ 1200 m | ↘ 1200 m | 14.4 km

40 Hochblaser, 1771 m, und Seeau

6.45 h

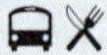

Ein schroffes Wandervergnügen durch die Seemauer

Die Seemauer schraubt sich vom Leopoldsteinersee imposant in die Höhe und bestimmt das Bergpanorama in der vollen Breite. Kaum vorstellbar, dass wir hier einen Weg durch diese schroffe und steile Landschaft finden, den aber bereits frühe Gamswilderer für sich und ihre Wildereien entdeckt hatten. Zugegeben, den schwierigen Kaiser-Franz-Joseph-Klettersteig (D) durch die Seemauer lassen wir rechts liegen. Die Wanderroute verlangt dennoch einige Male Armkraft, Höhenmeter verschlingen wir nahezu im Eiltempo. Ein anspruchsvoller Rundwanderweg mit einem prächtigen Ausblick vom Hochblaser auf den markanten Erzberg.

Ausgangspunkt: Parkplatz Leopoldsteinersee, 652 m (siehe Tour 39).
Anforderungen: Durchgehend markierte Wege, mehrere Seilversicherungen im Aufstieg durch die schroffe Seemauer, Trittsicherheit notwendig. Abstieg im oberen Gipfelbereich über rutschigen Serpentinenweg und Felsstufen. Waldstück nach Hasenwilzinghütte steil und durch Windbruch schwierig begehbar.
Einkehr: Restaurant Leopoldsteinersee Seestüberl und Jausenstation am Ostufer (siehe Tour 39).
Tipp: Klettersteig Kaiser Franz Joseph, langer und schwieriger Klettersteig (D) durch die Seemauer, nur mit Klettersteigset und nur für erfahrene Klettersteig-Geher; kurzer Zustieg vom Parkplatz.
Hinweis: Abstiegsweg durch den Wald zwischen Hasenwilzinghütte und Seeau durch Windbruch mitgenommen, Steinschlaggefahr auf den lockeren Wegen.

Aufstiegsweg durch die Seemauer.

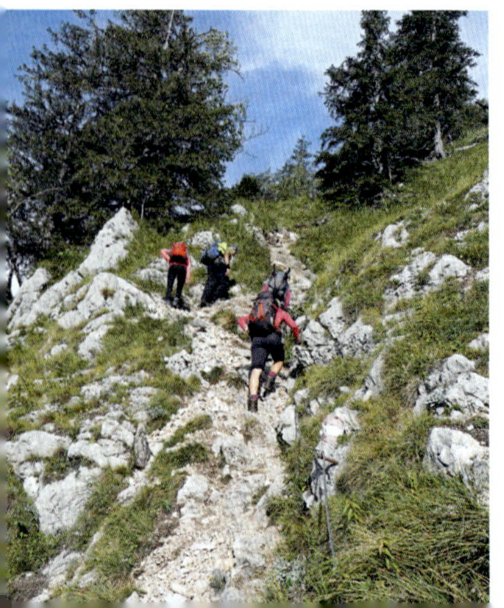

Vom Parkplatz am **Leopoldsteinersee** ❶ links haltend zum Seestüberl und zum Abfluss des Seebaches absteigen. Nach dem Steg links auf den Weg 822 Richtung Hochblaser wechseln. Kurz auf der Forststraße weiterwandern, an einer Linkskurve rechts abzweigen, den kurz danach abzweigenden Weg zum Klettersteig ignorieren. Am weiteren Steig durch die Seemauer überwinden wir einige Felsstufen, queren Rinnen und werden des Öfteren Armkraft benötigen. Seilsicherungen sind ausreichend gesetzt, Trittsicherheit jedoch unbedingt notwendig.
Sobald wir den Buchenwald erreichen, wird der Weg etwas einfa-

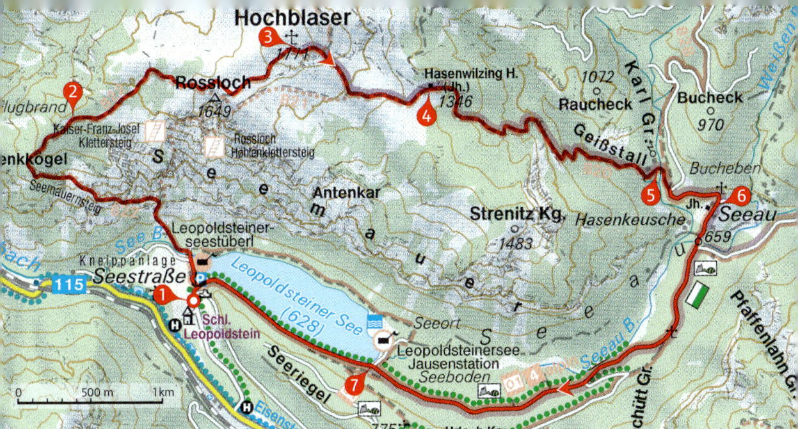

cher zu begehen und führt uns am Senkkögel über eine **Geländekante** ❷, 1424 m. Wir folgen dem gut sichtbaren und auch beschilderten Weg ostwärts, wandern über windanfällige Wiesen (daher wohl auch »Hochblaser«) und Schrofengelände auf den **Hochblaser-Gipfel** ❸. Hier genießen wir die Aussicht auf Eisenerz und den Erzberg, den Lugauer und auch auf das Hochtor im westlich liegenden Gesäuse.

Mit der Wegnummer 820 startet der Abstiegsweg vom Hochblaser in Richtung Seeau. In steilen Serpentinen steigen wir zu einer Felsstufe ab, überwinden diese und wandern hinab zur weithin sichtbaren **Hasenwilzinghütte** ❹ mit Trinkwasserbrunnen. Der weiterführende Abstiegsweg durch den Buchenwald zeigt sich von Windbruch mitgenommen. Etwaige Wegsperren sind im Vorfeld beim Alpenverein Eisenerz zu erfragen.

In Serpentinen führt der Weg in den **Karlgraben** ❺. Wir queren ein Bächlein und steigen zu einer Forststraße auf. Diese führt uns abwärts zum **Jagdhaus Seeau** ❻. Von hier aus erwartet uns nur mehr ein einfacher Spaziergang auf der breiten Kiesstraße zum Ostende des Sees und der **Abzweigung** ❼ zur nahe gelegenen **Jausenstation**, dann am Ufer weiter zum **Parkplatz** ❶.

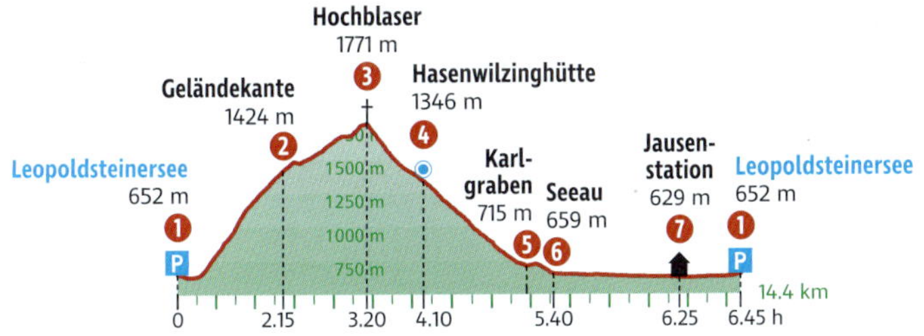

↗ 1030 m | ↘ 960 m | 17.6 km

41 Von Eisenerz nach Hinterwildalpen

6.30 h

Auf alten Säumerpfaden über die Eisenerzer Höhe

Holzkohle, Getreide, Speck und Wein fanden dank der transportkräftigen Säumer vor einigen Jahrhunderten ihren Weg von Wildalpen in die Region um Eisenerz. Im Gegenzug wurde Erz zur Verarbeitung nach Wildalpen getragen und gekarrt. Der Weg über die Eisenerzer Höhe wird also seit Hunderten von Jahren von den Menschen vor allem als Transportweg genutzt. Highlight dieser Tour ist der in Wanderkarten vermerkte »Römerweg«, ein in den Fels gehauener Weg mit Karrenfurchen, der vom Namen her auf eine noch längere Nutzung schließen lässt. Das ist nur leider eine alpine Legende, der Weg über die Eisenerzer Höhe entstand wahrscheinlich im 16. Jahrhundert. Heutzutage transportieren wir zumeist nur uns selbst und den persönlichen Proviant über diesen alten Handelsweg.

Entspannte Ausblicke in der Seeau.

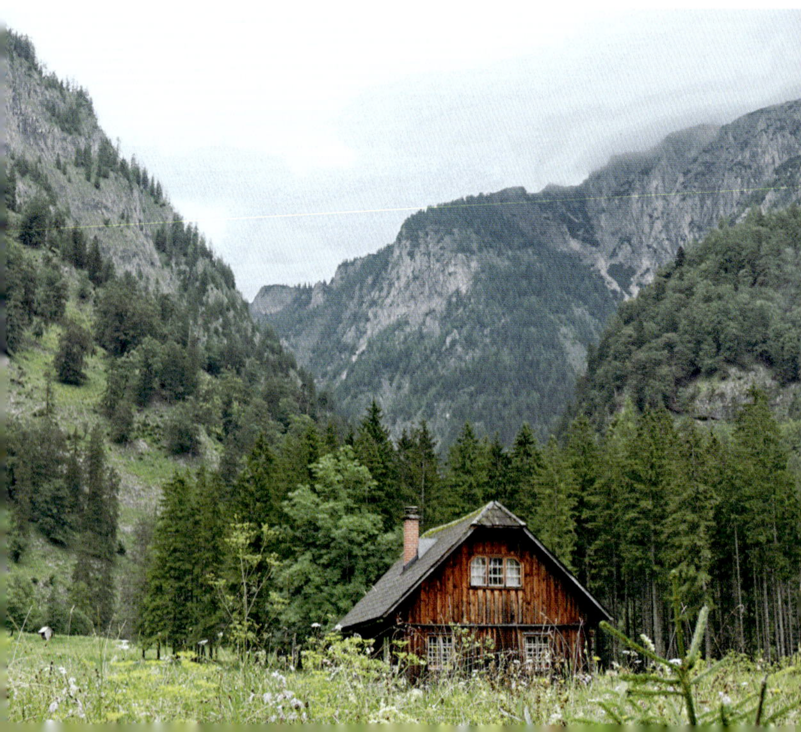

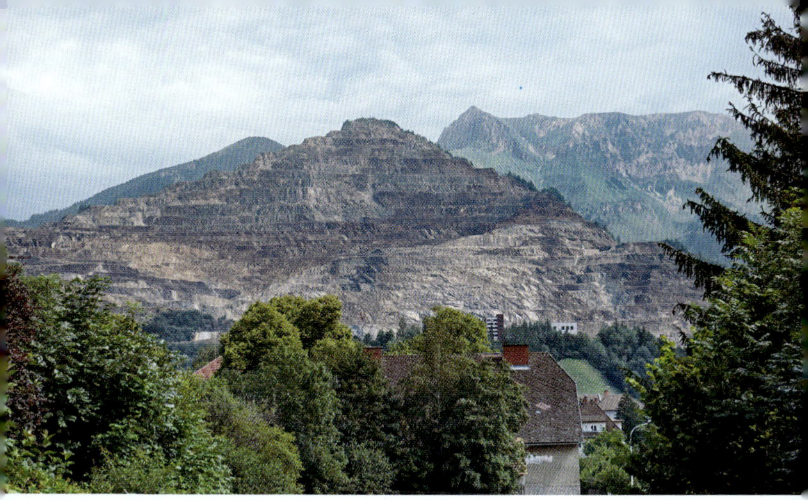

Hoch über Eisenerz thront der Erzberg.

Ausgangspunkt: Eisenerz Busbahnhof, 716 m. Mit dem Auto von der A 9 kommend bis Ausfahrt Traboch, auf B 115 nach Trofaiach und über Passhöhe Präbichl nach Eisenerz. Von der S 6 kommend über Leoben und B 115a nach Trofaiach, weiter wie beschrieben. Von Norden kommend über B 115 von Hieflau (hierhin über B 146 von Admont oder B 115 von Steyr bzw. B 25 von Göstling an der Ybbs). Gebührenfreier Parkplatz am Abzweiger Prossen gegenüber der Tennisanlage an der B 115.
ÖPNV: Mit dem Bus 820 vom Bahnhof Leoben zum Busbahnhof Eisenerz (stündlich Montag bis Samstag, Sonntag zweistündlich). Mit dem Bus 920/921 verkehrend zwischen Eisenerz Busbahnhof und Hieflau Bahnhof (4–6 Verbindungen wochentags, je nach Schultagen; Wochenende vier Verbindungen pro Tag). Achtung: Rufbus, max. 8 Personen! 1 Std. vor Abfahrt anmelden: Tel. +43 664 3328610.
Endpunkt: Hinterwildalpen, 780 m (siehe Tour 37).
Anforderungen: Durchgehend markiert, unschwierige Wanderwege; schmaler Pfad am »Römerweg«, aber unproblematisch.
Einkehr: Unterwegs keine. Gasthaus zum Krug in Hinterwildalpen (siehe Tour 37).

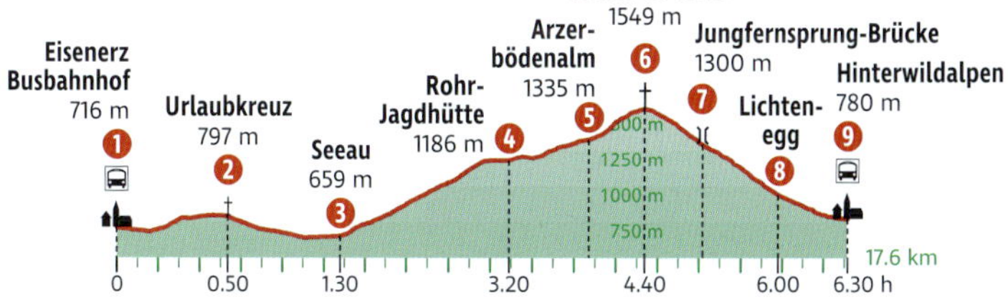

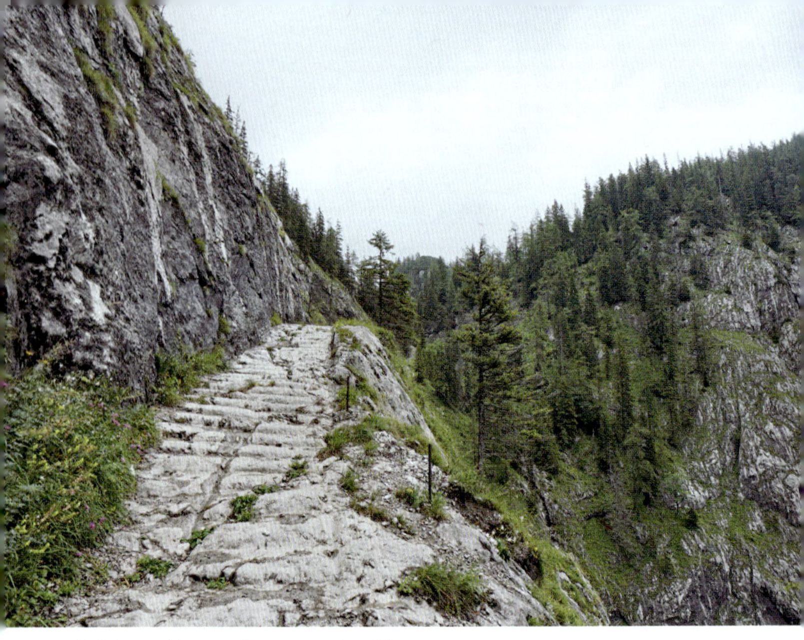

In Fels geschlagener Karrenweg: der »Römerweg«.

Vom **Busbahnhof** in **Eisenerz** ❶ spazieren wir mit dem Erzberg im Rücken an der Bundesstraße entlang, ehe wir bei einem Parkplatz mit Hinweisschild über »Spuren der Säumer« rechts in eine Sackgasse einbiegen. Die schmale Straße führt nun bergwärts an einigen Häusern vorbei und geht nach einem Gehöft in eine Forststraße über, die uns direkt zum **Urlaubkreuz** ❷ bringt. Passend, wie es sich für eine Wallfahrt gehört, bewandern wir heute auch einen Abschnitt des »Mariazeller Gründerwegs«. Vom Urlaubkreuz auf einem schmalen Waldpfad abwärts auf eine Forststraße, rückblickend auf den Leopoldsteinersee, und in weiterer Folge auf der breiten Straße in die **Seeau** ❸.
Vorbei am Jagdhaus, dahinter zweigt in einem Linksbogen der Weg zur Eisenerzer Höhe ab (Nr. 828). Diese Schotterstraße verläuft nun stetig bergwärts zur **Rohr-Jagdhütte** ❹. Ohne große Höhenunterschiede wandern wir am markierten Pfad weiter und erreichen unübersehbar den benannten »Römerweg«. Ein in die Felsen geschlagener Weg mit Karrenrillen führt hoch oberhalb des Wagnerlochs bergwärts, kurz danach landen wir auf der sanft anmutenden **Arzerbödenalm** ❺, auch Erzbodenalm, mit einer einsamen Hütte. Oberhalb dieser Hütte führen eine Latschengasse und ein Wiesenpfad zur **Eisenerzer Höhe** ❻ mit Marienkreuz und Rastbank. Wie

so oft auf dieser Strecke, informiert uns auch hier eine Tafel über die historischen Besonderheiten entlang des Weges.

Der gut sichtbare Steig bringt uns nun abwärts zur abfallenden **Jungfernsprung-Brücke** 7; ein Sprung über die Schlucht bleibt uns, dank dieser Brücke, erspart. Mit den ersten Blicken auf Hinterwildalpen steigen wir in Serpentinen nach **Lichtenegg** 8 ab, spazieren die Forststraße talauswärts und erreichen auf der abschließenden Asphaltstraße die Ortschaft **Hinterwildalpen** 9. Entweder legen wir hier im Gasthaus zum Krug eine Nacht ein oder melden uns telefonisch für den Rufbus an (siehe Tour 37).

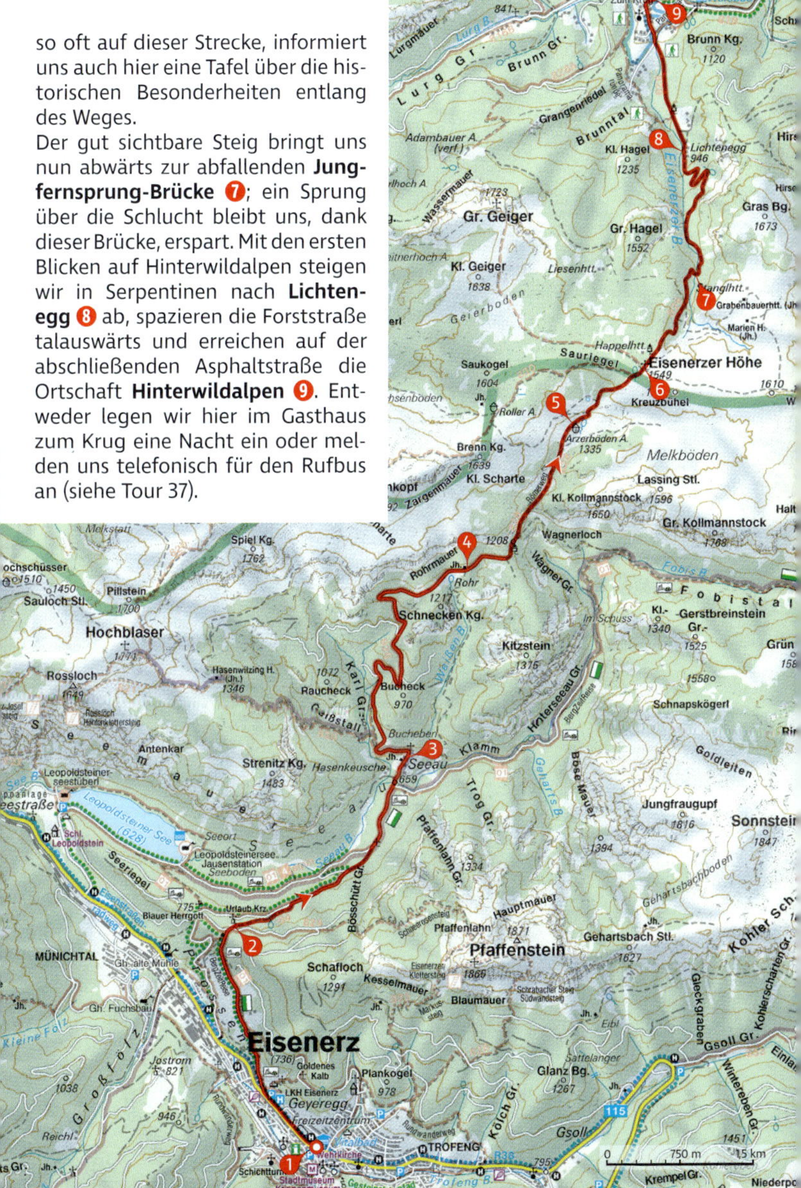

TOP

42

↗ 1160 m | ↘ 1160 m | 9.5 km

Von Eisenerz auf den Pfaffenstein, 1865 m

5.30 h

Alpines Steigvergnügen am Eisenerzer Hausberg

Der Pfaffenstein dominiert den Blick vom Stadtzentrum in Eisenerz und stellt in gewisser Weise das Hochschwab-Massiv in kompakter Form dar: Steile Felswände, die es zu durchsteigen gilt, oben angekommen sanfte Hochflächen und ein Gipfel mit prächtigem Ausblick. Nur die urige Einkehrmöglichkeit fehlt. Aber das wäre für den Pfaffenstein auch zu viel verlangt. Jedenfalls verlangt er uns einiges ab, die beiden jeweils versicherten Steige unterstützen uns aber bei der erfolgreichen Tour auf den Eisenerzer Hausberg.

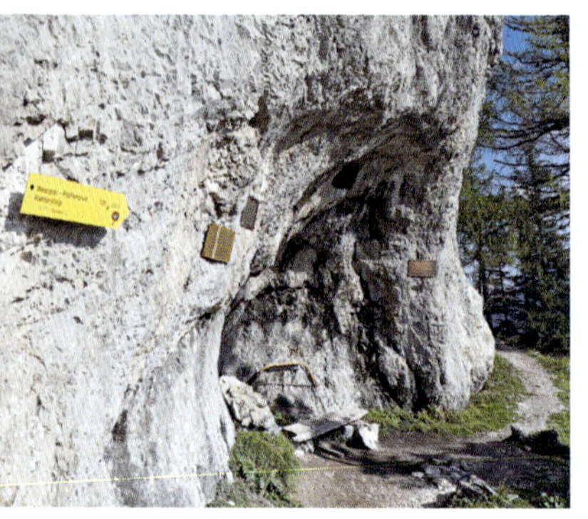

Ausgangspunkt: Eisenerz Busbahnhof, 716 m (siehe Tour 41).
Anforderungen: An- und Abstiegsweg sind in den oberen Bereichen versichert, teilweise ausgesetzt, Trittsicherheit unabdingbar, Steinschlaggefahr!
Einkehr: Unterwegs keine. Gaststätten im Zentrum von Eisenerz.
Tipps: Über den Eisenerzer Klettersteig auf den Pfaffenstein, Schwierigkeit C/D Nur für erfahrene Klettersteig-Geher, Klettersteigset und Helm erforderlich. Zustieg ab Parkplatz ca. 2 Std. – Besichtigung des alten Stadtkerns von Eisenerz mit Oswaldikirche, Bergmannsplatz und dem Stadtmuseum.

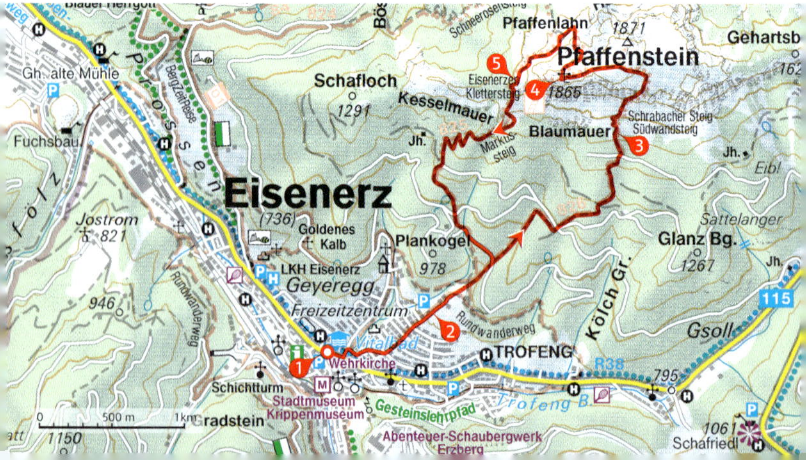

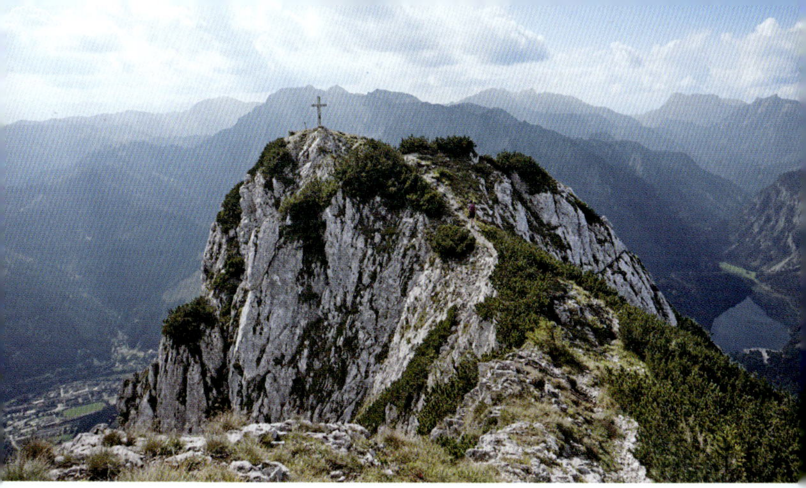

Bild oben: Pfaffenstein: links Eisenerz, rechts Leopoldsteinersee.
Links: Eine Felsnische dient als Rastplatz.

Vom **Busbahnhof Eisenerz** ❶ blicken wir bereits auf den Pfaffenstein, das Gipfelkreuz leuchtet im Sonnenlicht. Die ersten Meter führen auf einer schmalen Asphaltstraße (Fahrverbot) neben einem Bachbett bergan. Rechts über die Brücke, kurz danach links die Austraße stetig aufwärts, die ersten Wegweiser Richtung Pfaffenstein zeigen sich hier. Vorbei am **Parkplatz Pfaffenstein** ❷ und einer Informationstafel folgen wir dem markierten Aufstiegsweg 826 (Südwandsteig bzw. Schrabachersteig) bergwärts. Am letzten Einfamilienhaus vor der Schotterstraße ist ein Bierbrunnen für durstige Bergsteiger eingerichtet, der am Rückweg gerne in Anspruch genommen wird.

Hervorragend markiert und beschildert queren wir am Waldsteig wandernd einige Forststraßen, ehe wir auf rund 1400 m Höhe das **Schrofengelände** ❸ erreichen. Immer wieder blicken wir zurück auf den imposanten Erzberg,

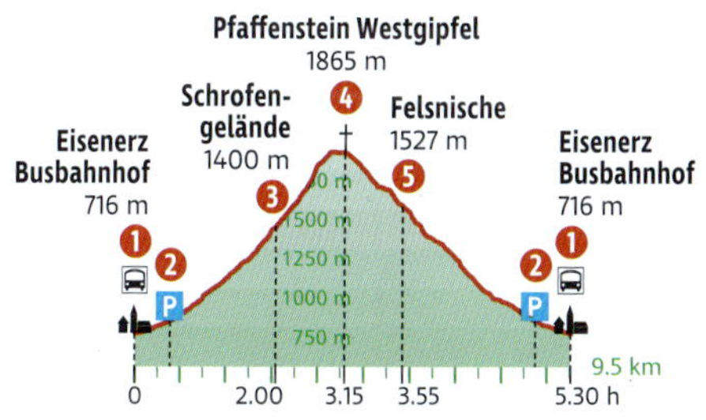

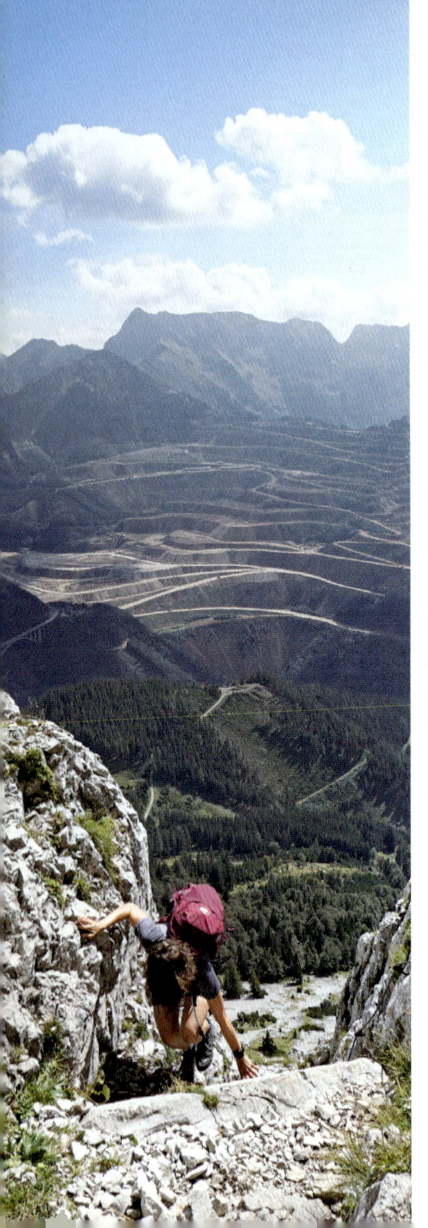

der sich terrassenförmig nach Eisenerz hinuntersenkt. Rote Markierungen leiten durch die Südwand, Eisenstifte, Sicherungsseile und Stangen erleichtern das Vorankommen (Steinschlaggefahr beachten). Haben wir die Geländekante auf die Hochfläche überwunden, spazieren wir auf einem Wiesenpfad, der später zur Latschengasse wird, zum bereits sichtbaren **Gipfelkreuz** 4 am **Westgipfel** des **Pfaffensteins**. Zur Rechten zeigen sich Leopoldsteinersee und Seemauer, zur Linken Eisenerz und der Erzberg. Der höchste Punkt des Pfaffensteins, 1871 m, befindet sich schon etwas zuvor abseits des Weges, ist aber unspannend.
Wir verlassen den Gipfelaufbau, ignorieren den Aufstiegsweg des Eisenerzer Klettersteigs und wenden uns dem beschilderten Markussteig zu. Begleitet von der Wegnummer 825 steigen wir über steile Serpentinenwege ab und erreichen nach einigen versicherten und ausgesetzten Stellen und einer schmalen Stiege eine **Felsnische** 5 mit Gedenktafeln und Sitzgelegenheit. Hier zweigt auch der Eisenerzer Klettersteig (825A) zum Gipfel ab.
Der weitere Abstieg erfolgt über steiles und teils rutschiges Waldgelände, an den Forststraßen gilt es genau auf die Wegmarkierungen zu achten. Nach wenigen Minuten auf einer Forststraße gehend, stoßen wir wieder auf den Aufstiegsweg.
Auf der gleichen Strecke nun retour zum **Eisenerzer Busbahnhof** 1.

Bild links: Im Südwandsteig mit Blick zum Erzberg. – Rechts: Auch im Abstieg ist Konzentration gefragt.

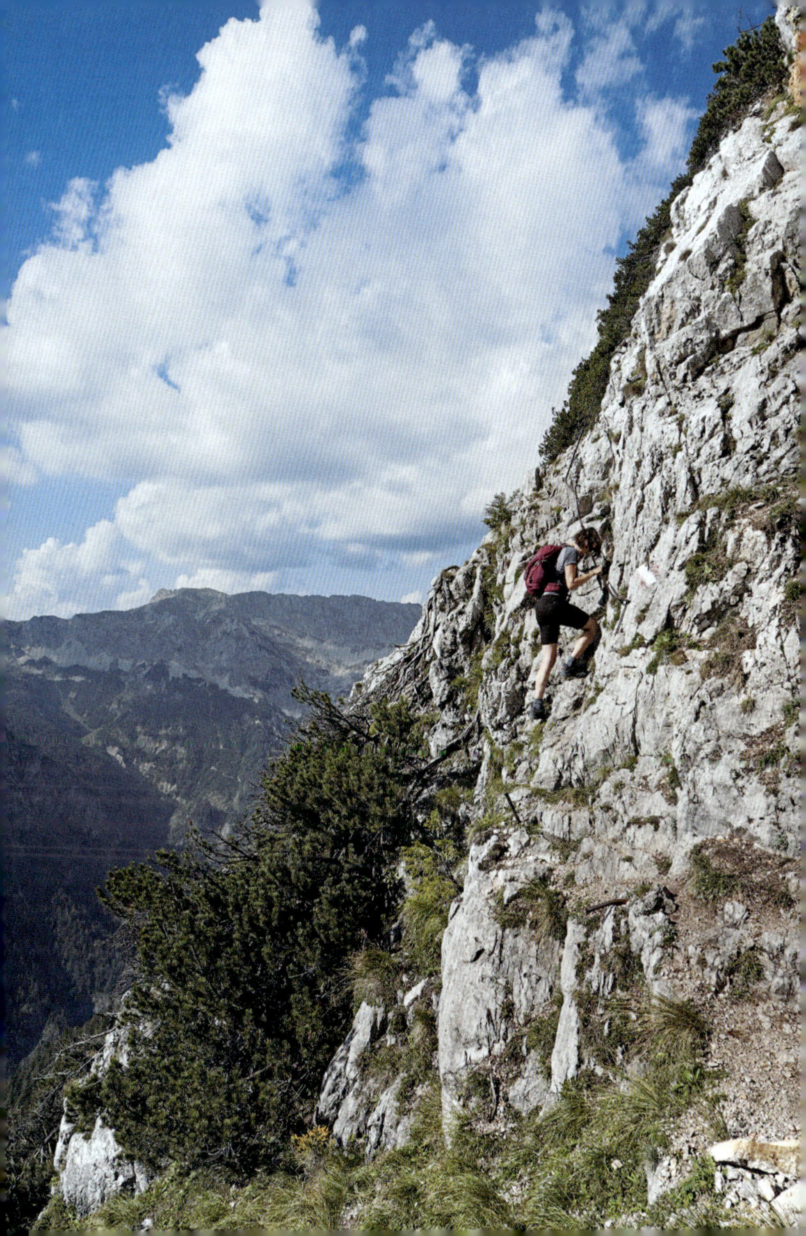

TOP

43

↗ 780 m | ↘ 780 m | 10.3 km

Gsollhütte und Frauenmauerhöhle, 1587 m

4.30 h

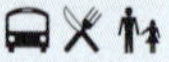

Eine Wandertour der besonderen Art

Die Frauenmauerhöhle ist eine sogenannte Durchgangshöhle, deren Verlauf und auch die Eingänge allesamt natürlichen Ursprungs sind. Es ist ein beeindruckendes Erlebnis, diese Rundwanderung im Rahmen einer geführten Bergdurchquerung abzukürzen. Selbst Kaiserin Elisabeth besuchte im Jahr 1885 dieses Naturwunder im westlichen Hochschwab-Massiv.

Blick vom Neuwaldeggsattel auf die Frauenmauer.

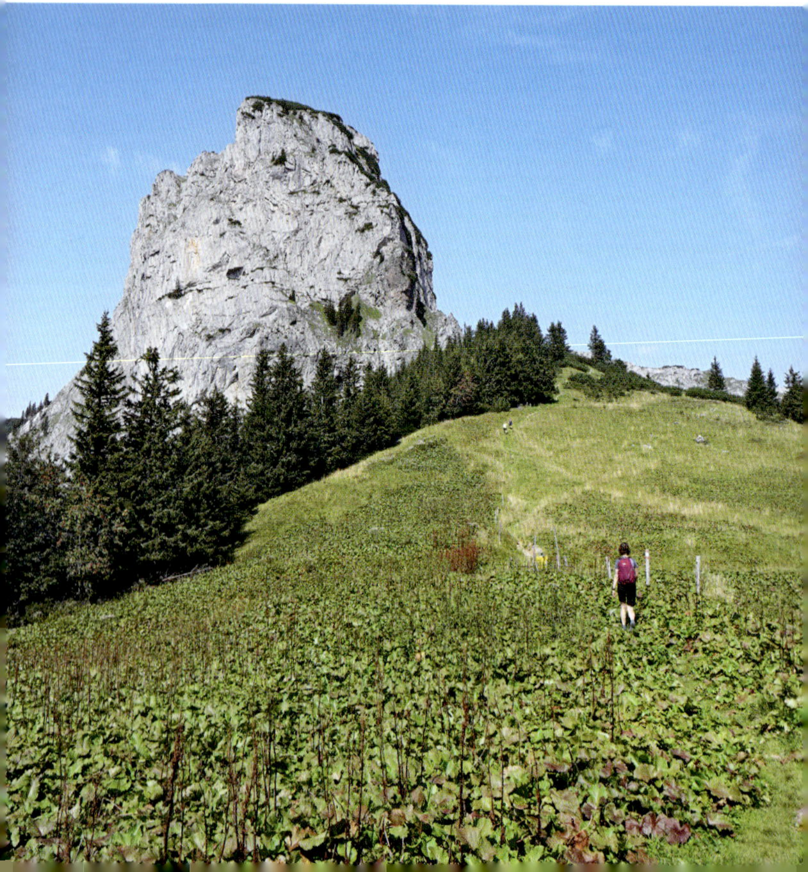

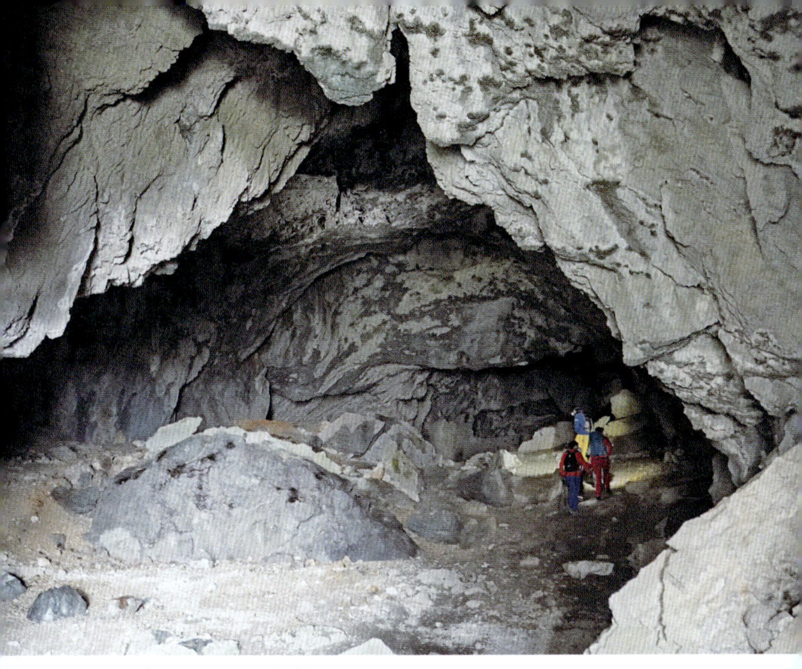

Osteingang der Frauenmauerhöhle.

Ausgangspunkt: Bushaltestelle Gsollkehre Abzw Gsollhütte, 932 m. Mit dem Auto von der A 9 kommend bis Ausfahrt Traboch, auf der B 115 nach Trofaiach und über die Passhöhe Präbichl zur Gsollkehre. Von der S 6 kommend über Leoben und B 115a nach Trofaiach, weiter wie beschrieben. Von Norden kommend über B 115 von Eisenerz über Hieflau (hierhin über B 146 von Admont oder B 115 von Steyr bzw. B 25 von Göstling an der Ybbs). Gebührenfreier Parkplatz direkt an der Gsollkehre.
ÖPNV: Bus 820 vom Bahnhof Leoben zum Ausgangspunkt (stündlich Montag bis Samstag, Sonntag zweistündlich).
Anforderungen: Durchgehend markierte Wanderwege. Am Weg zum Eingang auf der Ostseite kurze seilversicherte Stelle; die Frauenmauerhöhle ist nur im Rahmen einer Führung zu begehen; Taschen- bzw. Stirnlampe und warme Kleidung nicht vergessen. Kurz nach dem Bärenlochsattel versicherte Stellen und Leiter.
Einkehr: Gsollhütte; bewirtschaftet Mitte Juni bis Mitte September (Ruhetag: Mo, bei Schlechtwetter geschlossen).
Variante: Höhlendurchquerung, siehe Wanderbeschreibung.
Tipp: Führung durch die Frauenmauerhöhle von 15. Juni bis 15. September an Samstagen, Sonntagen und Feiertagen, wochentags nach Vereinbarung. Start der Führungen am Westeingang um 11 und 13 Uhr, am Osteingang um 12 und 14 Uhr. Bei Regen und Gewitter keine Führung! Telefonische Auskunft bei Höhlenführer Albert Gutjahr (+43 664 910 8777). Führungsgebühr: 5 Euro.

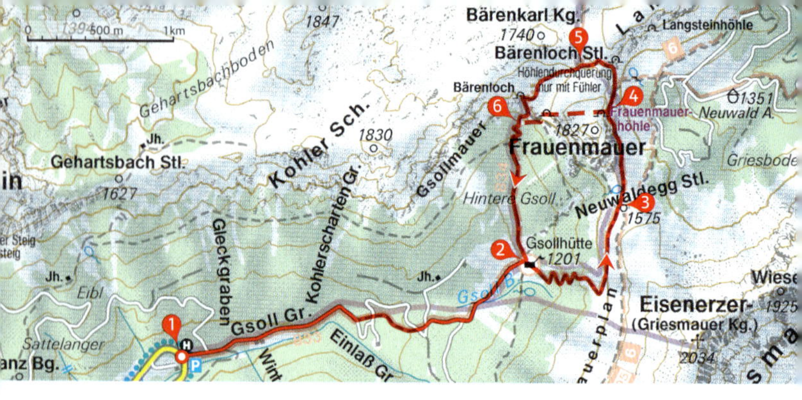

Von der Bushaltestelle **Gsollkehre** ❶ überqueren wir den Parkplatz, zur Linken stimmt uns eine Informationstafel auf mögliche Gipfelziele ein. Auf der Forststraße taleinwärts, markierte Waldpfade (Nr. 833) kürzen manche Abschnitte ab, ehe uns die stetig ansteigende Almstraße zur **Gsollalm** ❷ unterhalb der Frauenmauer führt. Rechts an der Gsollalmhütte vorbei, schlängelt sich der Aufstiegsweg anfänglich mit einigen Serpentinen hoch; wir queren nordwärts das Almgelände und landen am **Neuwaldeggsattel** ❸. Hier biegen wir links ab und erreichen auf steinigen Pfaden, auch kurz gesichert, nach einer halben Stunde den **östlichen Eingang** ❹ der **Frauenmauerhöhle**. Wer sich zu den gegebenen Zeiten rechtzeitig einfindet, kann mit professioneller Führung (eigene Taschen- oder Stirnlampe empfohlen) den Berg zum Westeingang hin durchqueren, ca. 45 Min.

Gemütliche Rast auf der Gsollalm, im Hintergrund die Frauenmauer.

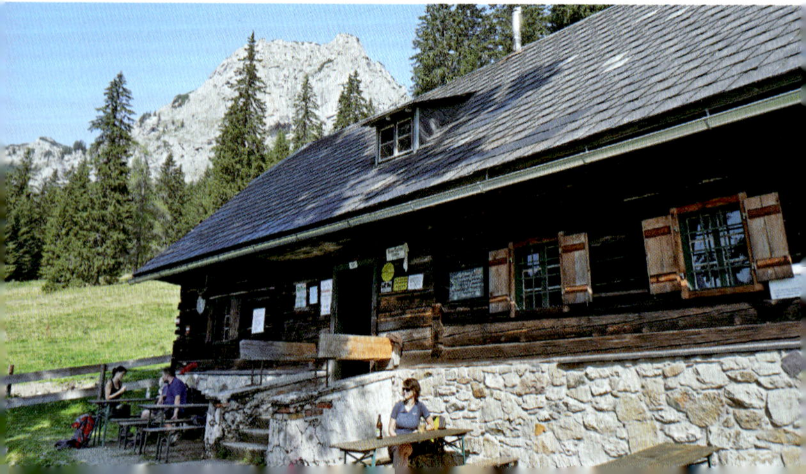

Variante Höhlendurchquerung: Eine Inschrift erinnert am Osteingang an den Besuch von Kaiserin Elisabeth im Jahr 1885, passend dazu betreten wir die Höhle über die »Elisabethhalle«. Nach einer niedrig gehaltenen Decke landen wir in der »Kreuzhalle«, ein Gang führt in die große Halle des »Domes«, von der mehrere Gänge abzweigen. Unweit davon erreichen wir den »Umgang«, einen riesigen Felspfeiler mit einer Gedenkstätte für drei Studenten. Ungefähr im Jahr 1890 ging diesen drei jungen Burschen die Lichtquelle aus, sie versuchten sich im Dunklen an der Felswand entlangzutasten und umrundeten, ohne es zu merken, den Felspfeiler so lange, bis sie an Erschöpfung starben. Eine Treppe führt hinab in die »Klamm«, einer Engstelle, und zur »Kirche«. Kurz danach haben wir den Westeingang erreicht. Steile Eisenstiegen führen hinab zum Illmaierplatzl (Rastplatz mit Höhlenbuch), wiederum eine Treppe und Stufen leiten an den Wandfuß, von hier steigen wir 150 Hm zur unten erwähnten **Wegkreuzung** 6 ab.

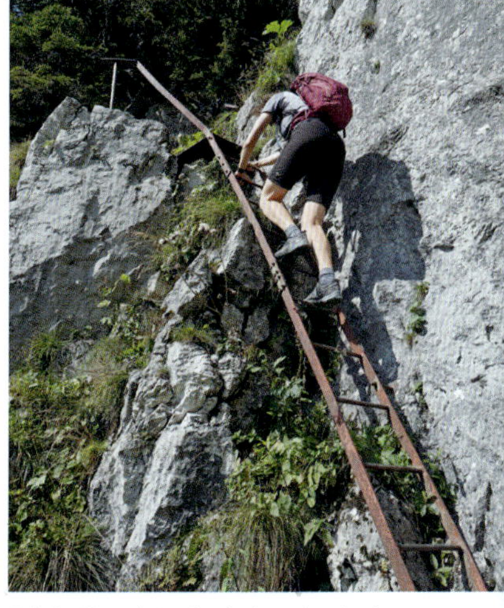

Schritt für Schritt durch das Bärenloch.

Durchqueren wir die Frauenmauerhöhle nicht, steigen wir vom Osteingang wieder auf den querenden Wandersteig ab, halten uns links und erreichen den **Bärenlochsattel** 5. Wir ignorieren die Abbiegemöglichkeit zur Pfaffingalm und steigen über das Bärenloch (kurzer versicherter Steig, Leiter) in Serpentinen zu einer beschilderten **Wegkreuzung** 6 ab, 150 Höhenmeter über uns erblicken wir das Westportal der Frauenmauerhöhle. Der weitere Abstieg in die Hintere Gsoll erfolgt problemlos, ebenso der gemütliche Weg zur urigen **Gsollalmhütte** 2, Einkehr empfehlenswert.
Der Rückweg zur **Gsollkehre** 1 erfolgt auf schon bekannten Wegen.

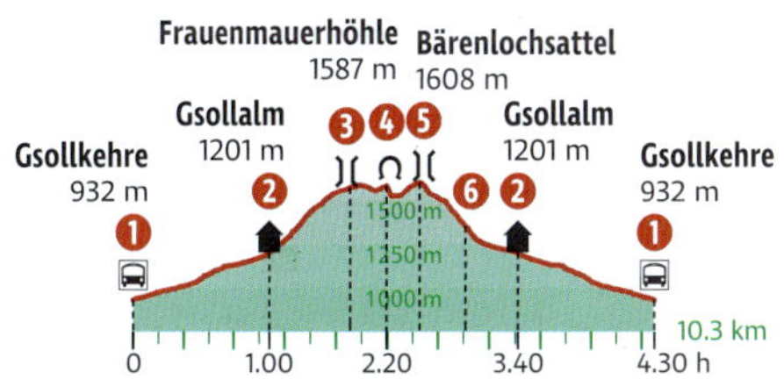

↗ 800 m | ↘ 800 m | 13.2 km

44 Leobner Mauer, 1870 m, und Leobner Hütte

5.00 h

Eine Tour, die Lust auf mehr macht

Das Gipfelkreuz auf der Leobner Mauer ist gewiss das eigenwilligste im gesamten Hochschwab-Massiv. In Form eines rot eingefärbten Western-Windrades markiert eine Metallkonstruktion den höchsten Punkt. Die montanhistorische Bedeutung der unmittelbaren Region zeigt sich mit der symbolischen Darstellung von Schlägel und Bergeisen, die ebenfalls in das Windrad eingearbeitet sind. Auch abgesehen von dieser wundersamen Darstellung lohnt sich die Tour auf die markante Leobner Mauer allemal. Und ein Abstecher auf den Hochturm (siehe Tour 23) sowieso.

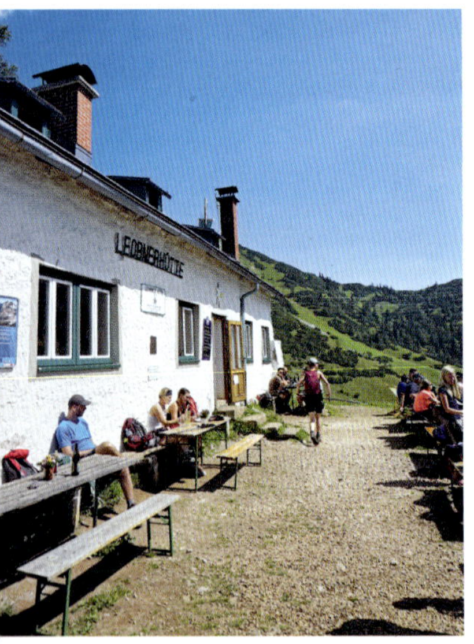

Einiges los auf der Leobner Hütte.

Ausgangspunkt: Bushaltestelle Präbichl Passhöhe, 1226 m. Mit dem Auto von der A 9 kommend bis Ausfahrt Traboch, auf B 115 nach Trofaiach zur Passhöhe. Von der S 6 über Leoben und B 115a nach Trofaiach, weiter wie beschrieben. Von Norden über B 115 von Eisenerz über Hieflau (hierhin über B 146 von Admont oder B 115 von Steyr bzw. B 25 von Göstling an der Ybbs). Gebührenfreie Parkplätze auf der Laufstraße oberhalb der Passhöhe.
ÖPNV: Mit dem Bus 820 vom Bahnhof Leoben zum genannten Ausgangspunkt (stündlich Montag bis Samstag, Sonntag zweistündlich).
Anforderungen: Durchgehend markierte Wanderwege, großteils unschwierig zu begehen. Anstieg und Abstieg rund um die Leobner Mauer durch Schrofengelände.
Einkehr: Leobner Hütte, ÖAV; bewirtschaftet von Mitte Mai bis Ende Oktober. In den Sommerferien täglich, sonst von Donnerstag bis Sonntag und an Feiertagen, 29 Schlafplätze. Variante: Gasthaus Langreiter in Präbichl Almhäuser (Ruhetag: Di); Nächtigung möglich.
Varianten: 1. An- und Abstieg von und zur Bushaltestelle Präbichl Almhäuser, 1064 m: vorbei am Gasthaus Langreiter und Markierungen bergwärts folgend, der Weg mündet nach 30 Min. in die Haupttour ein.
2. Aufstieg über den Knappensteig zur Leobner Hütte ⑦ (siehe Tour 45).
3. Vom Ochsenboden ④ über einen gut sichtbaren und markierten Weg auf den Hochturm, 2081 m. Hier Verbindung zur Tour 23; vom Ochsenboden hin und retour 1.45 Std. und 300 m im An- und Abstieg.

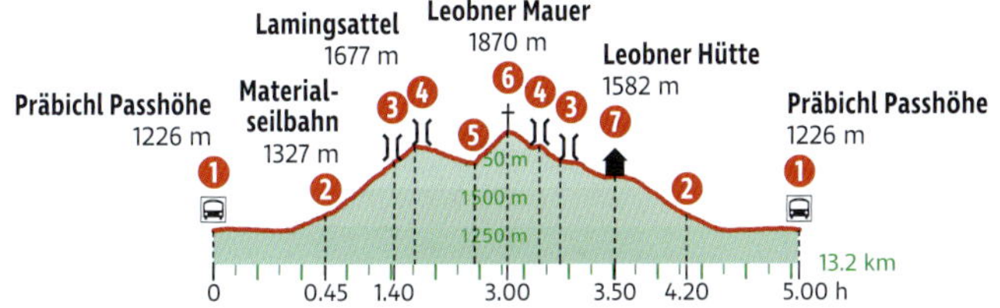

Von der Bushaltestelle **Präbichl Passhöhe** ❶ steigen wir über den beschilderten Erzwanderweg zur Laufstraße auf, spazieren auf dieser rechts weiter, an der Latschen Stub'n vorbei, und landen links haltend kurz danach auf einer Forststraße. Wir erreichen stetig bergwärts gehend die Talstation der **Materialseilbahn** ❷ der Leobner Hütte. Wenige Meter davor biegen wir jedoch rechts Richtung Handlalm ab, queren den Handlbach und wandern zur angekündigten Alm hinauf. Eine Serpentine der Almstraße kürzen wir links ab und wechseln kurz danach, bei einer Wasserquelle, rechts auf den markierten Waldpfad. Dieser führt uns aussichtsreich auf den **Lamingsattel** ❸, an welchem wir rechts Richtung Hochturm (Nr. 873) abbiegen.

Nach kurzer Wanderung am Kamm entlang queren wir den Hang durch Latschengassen auf den Sattel am **Ochsenboden** ❹, mit Hochspannungsleitung. Geradeaus verläuft der lang gezogene Übergang zum Hochturm (Variante), wir biegen jedoch rechts zum Hochspannungsmast ab. Direkt unterhalb der Leitung gehen wir links am Rand des Latschenfeldes entlang und stoßen auf einen gut sichtbaren Pfad. Vorbei an einer Viehtränke

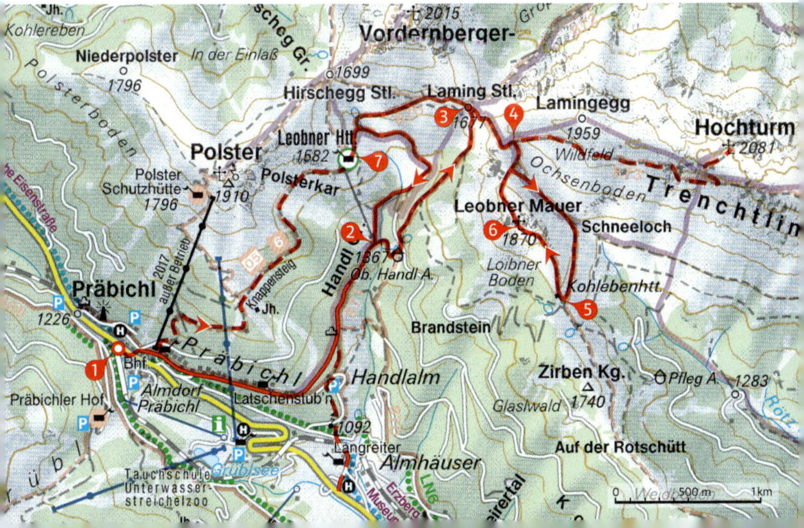

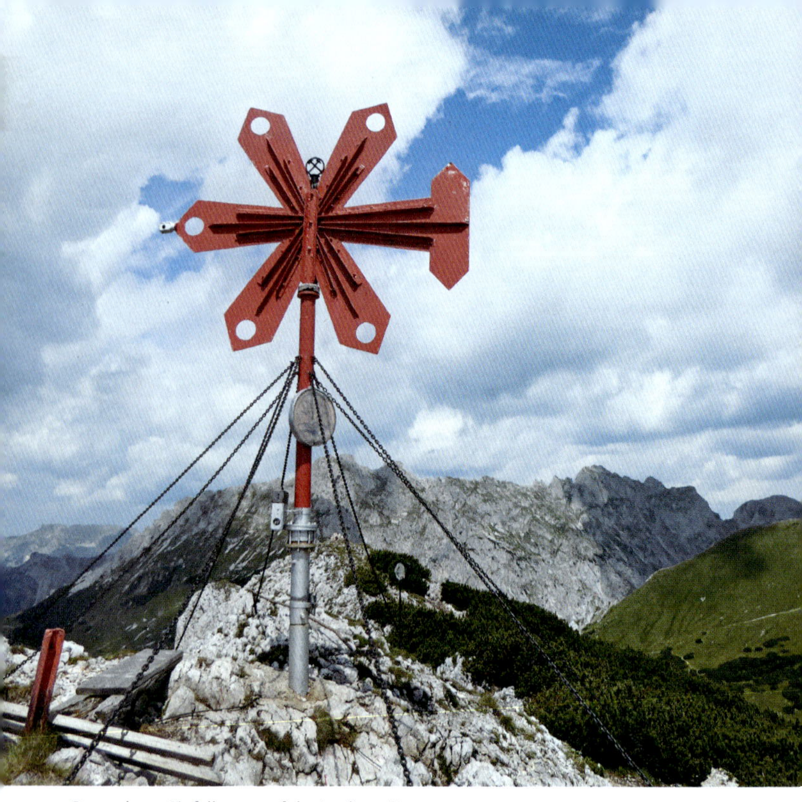

Besonderes Gipfelkreuz auf der Leobner Mauer.

gehen wir unter den Leitungen weiter, ehe wir uns in einem Rechtsbogen durch eine Latschengasse von ihnen verabschieden. An der **Kohleben-Jagdhütte** ❺ biegen wir scharf rechts ab und steigen über felsiges Gelände zum eigenwilligen Gipfelkreuz der **Leobner Mauer** ❻.
Um die Überschreitung zu vervollständigen, steigen wir nordseitig wieder in den **Ochsenboden** ❹ ab und wandern retour zum **Lamingsattel** ❸. Von hier wählen wir für die gewünschte Hütteneinkehr den direkten Weg, der uns stetig abwärts und zuletzt wieder leicht ansteigend zur **Leobner Hütte** ❼ bringt. Von der Sonnenterrasse aus lässt sich, mit Blick auf die Leobner Mauer, die verdiente Erfrischung noch mehr genießen.
Abschließend steigen wir auf der markierten Almstraße (Nr. 871) im großen Bogen wieder hinab zur Talstation der **Materialseilbahn** ❷ und auf bekannten Wegen retour zur Passhöhe am **Präbichl** ❶.

↗ 860 m | ↘ 860 m | 10.8 km

5.00 h

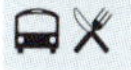

TAC-Spitze, 2019 m, und Vordernberger Griesmauer, 2015 m

45

Dolomiten-Feeling im Kleinformat

Imposante Felstürme, klimpernde Karabiner und Drahtseilakte für Schwindelfreie. Dies alles erwartet uns bei der Besteigung der »Techniker-Alpenclub-Spitze« und der Vordernberger Griesmauer. Während die Kletterseilschaften die felsige Direttissima auf den zweitgenannten Gipfel wählen, wandern wir in die imposante Felslandschaft hinein. Ein kurzer, aber knackiger Klettersteig führt auf den nicht besonders geräumigen Gipfel der TAC-Spitze. Ein Muss für alle, die es gerne ein wenig anspruchsvoller haben.

Ausgangspunkt: Bushaltestelle Präbichl Passhöhe, 1226 m (siehe Tour 44).
Anforderungen: Durchgehend markierte Wege, am Knappensteig eine seilversicherte Stelle. Hubert-Wieser-Steig zum Gipfel der TAC-Spitze teils exponierter Klettersteig mit Schwierigkeit A/B, 40 Höhenmeter sind dabei zu überwinden. Anfängern sei ein Klettersteigset empfohlen. Rund um Vordernberger Griesmauer rutschige Geröllwege.
Einkehr: Leobner Hütte (siehe Tour 44).
Variante: An- und Abstieg über den Handlgraben (siehe Tour 44).

TAC-Spitze im Angesicht.

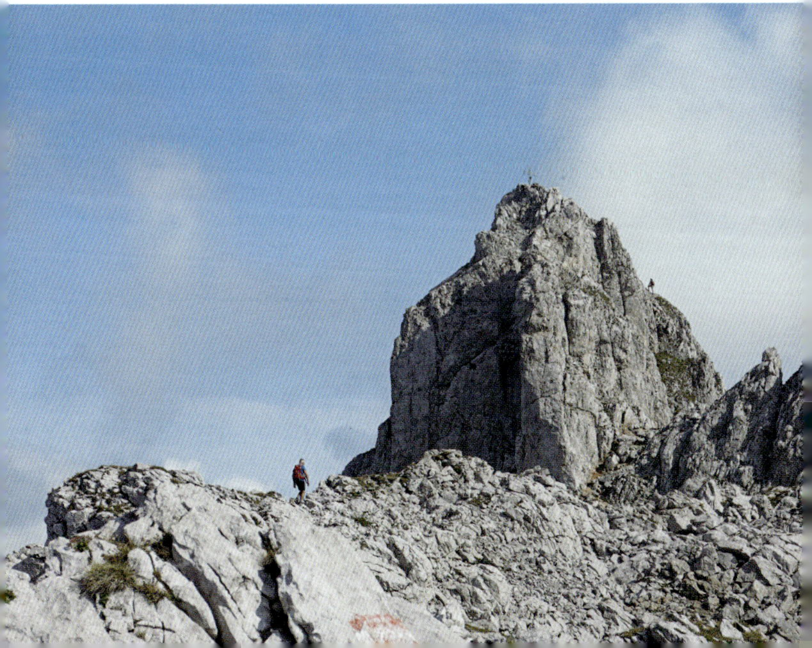

Ab der Bushaltestelle **Präbichl Passhöhe** ❶ steigen wir über den beschilderten Erzwanderweg zur Laufstraße hoch. Hier, direkt beim Parkplatz, beginnt der Aufstieg zum Knappensteig über eine Forststraße, die wir gleich wieder links auf einen markierten Waldweg (Nr. 805) bergwärts verlassen. Wir unterschreiten den Sessellift »Polster Quattro« und landen nach weiterem Aufstieg am Rand einer weitläufigen **Bergwiese** ❷. Etwas oberhalb erkennen wir die Bergstation des Sesselliftes, am Gipfel des Polster eine Sendeanlage. Darunter nutzen an schönen Tagen Paragleiter die abfallende Bergwiese als Starthang für ihren Flug. Rechts von uns setzt der markierte Knappensteig an, der auf schmalen Pfaden den Polster ostseitig umgeht. Wir durchqueren das Polsterkar, umsteigen eine felsige Geländestufe (Seilversicherung) und erreichen kurz danach die **Leobner Hütte** ❸.

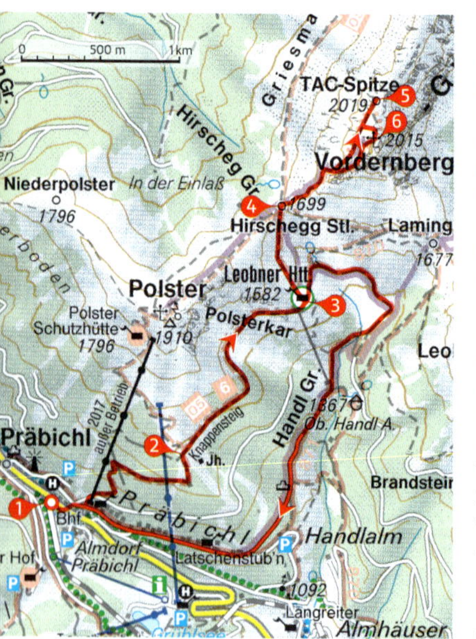

Nach kurzer Rast verlassen wir diese links aufsteigend zum **Hirscheggsattel** ❹, nicht zu übersehen ist hier die querende Hochspannungsleitung. Vor uns schraubt sich der markante Fledermausgrat in die Höhe, der als eine der schönsten Genusskletterrouten der gesamten Steiermark gilt. Unser Aufstiegsweg führt links daran vorbei über eine Schutthalde bergwärts. Immer wieder kommen kleine Felszacken ins Blickfeld, die schroffe Landschaft setzt sich auf der Hochfläche unterhalb der Vordernberger Griesmauer fort.

Wir wandern hinüber zur Scharte vor der TAC-Spitze, die uns an eine der Drei Zinnen in den Sextener Dolomiten erinnert – zumindest im Kleinformat. Ab der Scharte beginnt der kurze, aber knackige Klettersteig. Zuerst ein Felsband entlang, kurz danach durch einen schmalen Kamin (Steinschlaggefahr). Nach einem kurzen Stück Gehgelände folgen wir in einem Linksbogen der Versicherung auf den ausgesetzten Gipfel der **TAC-Spitze** ❺. Etwas mehr Fläche für eine gemütliche Rast sowie das Gipfelbuch finden wir einige Höhenmeter unterhalb. Vom Gipfel blicken wir auf die benachbarte Vordernberger Griesmauer, gegenüber zum ebenfalls nahen Pfaffenstein, zum Brandstein bis hin zum weit entfernten Karlhochkogel.

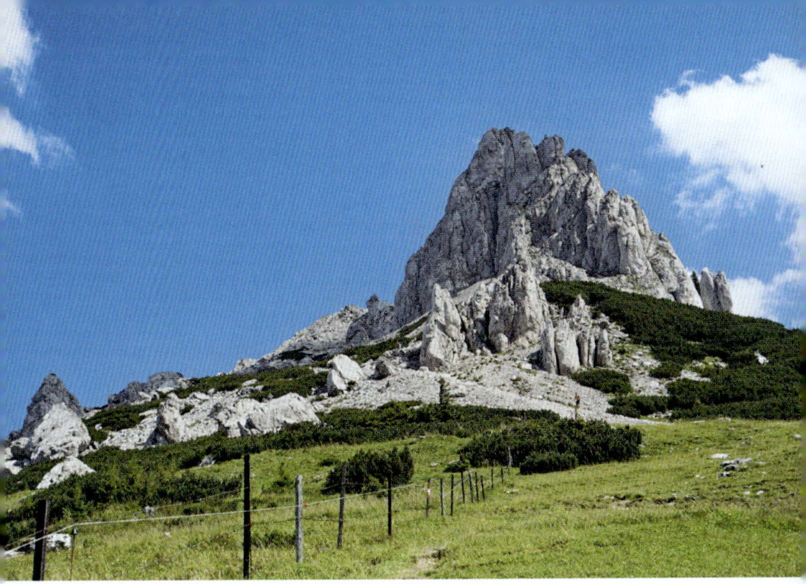

Der Fledermausgrat ist ein wahrlich imposantes Felsgebilde.

Wir steigen wieder auf die Hochfläche, wenden uns aber nun der Vollständigkeit halber links dem nächsten Gipfelkreuz zu. Nach kurzem Aufstieg über Schuttgelände haben wir den Gipfel der **Vordernberger Griesmauer** 6 erreicht.
Ein gut sichtbarer Pfad durch das Schuttgelände führt uns nun in südwestlicher Richtung wieder zum Weg über die Hochfläche. Auf bekannter Strecke wandern wir wieder abwärts zur **Leobner Hütte** 3 und haben uns hier wahrlich eine Erfrischung verdient. Abschließend wandern wir auf dem markierten Wanderweg (Nr. 871) abwärts, an der Materialseilbahn und Latschen Stub'n vorbei, zur **Passhöhe Präbichl** 1.

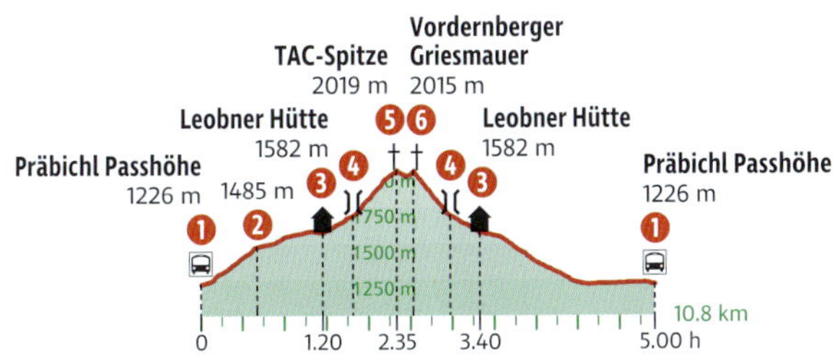

↗ 20 m | ↘ 410 m | 6.5 km

46 Am Erzwanderweg von Präbichl nach Vordernberg

2.00 h

Eine Wanderung in vergangene Zeiten

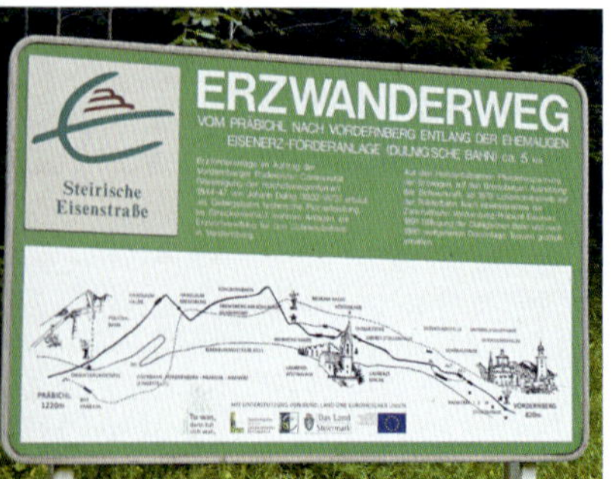

Das Erz und dessen Verarbeitung ist ständiger Begleiter in der Region rund um Vordernberg. Ein großer Teil des am Erzberg abgebauten Erzes wurde in Vordernberg in Holzkohlehochöfen zu Roheisen geschmolzen. Diese Zeiten sind längst vorbei. Relikte aus der industriellen Vergangenheit sind aber im Zuge des eigens beschilderten und informativen Erzwanderweges von der Passhöhe Präbichl nach Vordernberg zu entdecken.

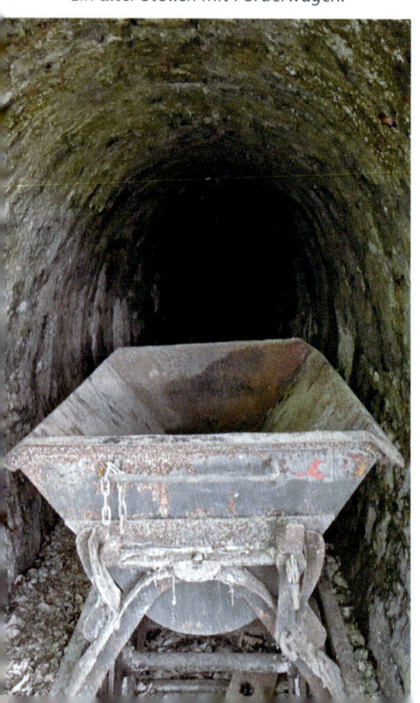

Ein alter Stollen mit Förderwagen.

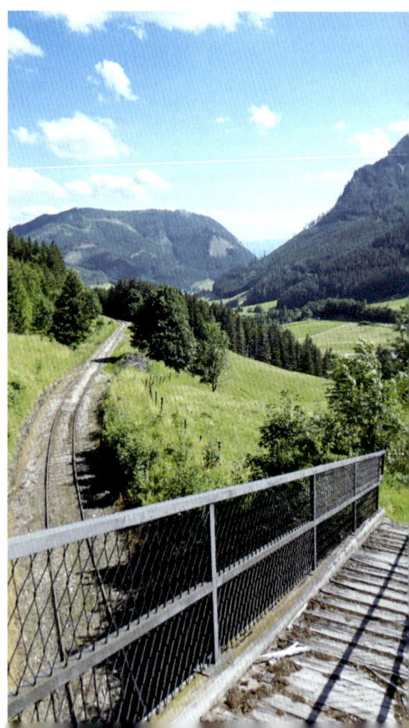

Schmale Brücke über die Erzbergbahn.

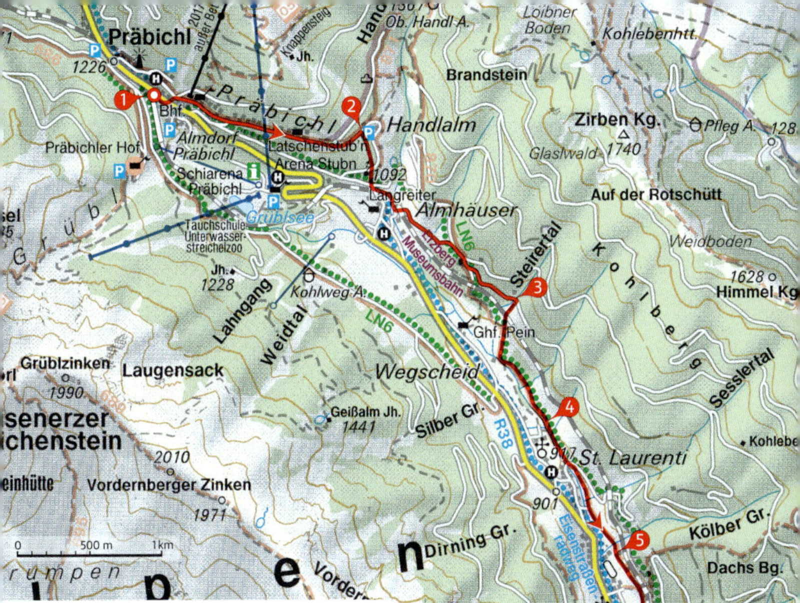

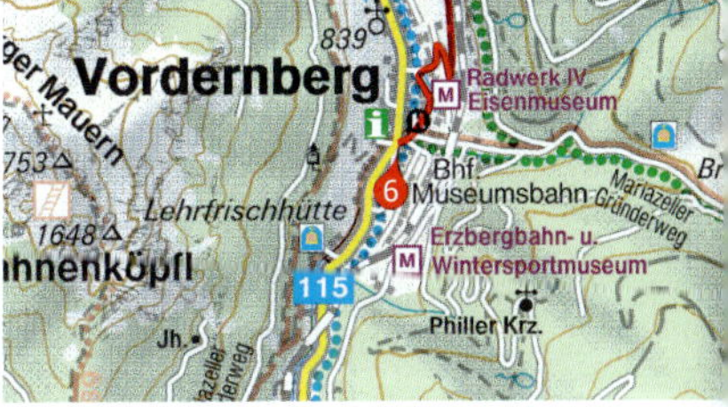

Ausgangspunkt: Bushaltestelle Präbichl Passhöhe, 1226 m (siehe Tour 44).
Endpunkt: Ortszentrum Vordernberg, 839 m, Bushaltestelle Vordernberg Hauptplatz (siehe Tour 47).
Anforderungen: Problemlose Spazier- und Wanderwege, Beschilderung meist ausreichend vorhanden.
Einkehr: Gasthaus Langreiter in Präbichl Almhäuser, 1072 m; ein paar Gehminuten vom Handlgrabenbach entfernt (Ruhetag: Di), Nächtigung möglich. Gasthof Schwarzer Adler in Vordernberg; ganzjährig geöffnet (Ruhetag: Mi), Nächtigung möglich.

Tipp: Besichtigung Hochofenmuseum Radwerk IV Vordernberg mit dem einzigen gesamtheitlichen erhaltenen Holzkohlehochofen der Welt. Weitere Informationen: www.radwerk-vordernberg.at.

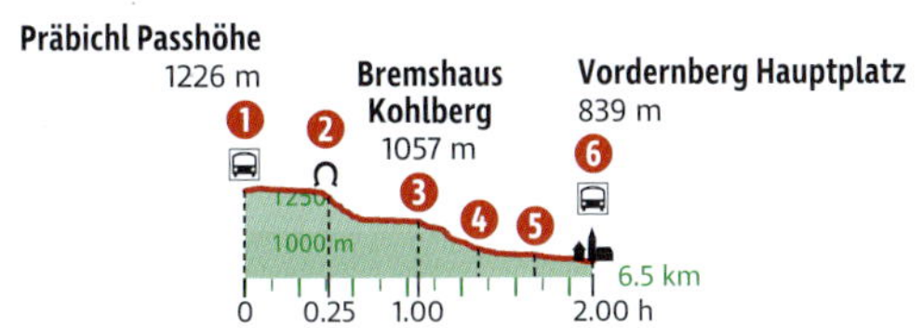

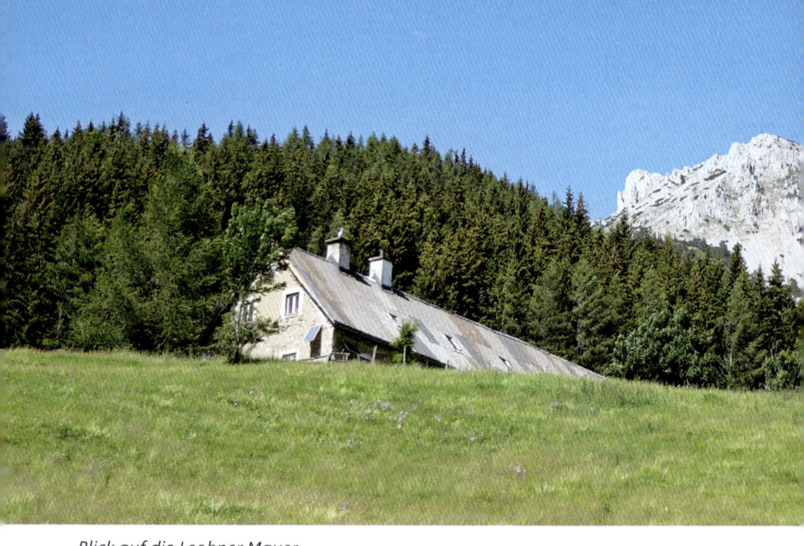

Blick auf die Leobner Mauer.

Unweit von der Bushaltestelle **Präbichl Passhöhe** ❶ stimmt uns eine Überblickstafel auf den Erzwanderweg entlang der ehemaligen Eisenerz-Förderanlage nach Vordernberg ein. Ein schmaler Pfad führt uns zur Laufstraße hoch, welcher wir rechts folgen – vorbei an einem Hinweisschild zur alten »Polsterbahn«. Nach der Latschen Stub'n wechseln wir auf den linken Fahrstreifen Richtung Handlgraben, biegen jedoch vor der Schranke (beginnende Forststraße) rechts auf den absteigenden Wiesenpfad ab. Hier lernen wir mittels einer Infotafel Johann Dulnig kennen, den Erbauer der Förderanlage vom Präbichl nach Vordernberg. An der Straße links befindet sich ein alter **Stollen** ❷, hier biegen wir rechts ab.

Wir steigen direkt zu den Bahngleisen der bestehenden Erzbergbahn ab (rechts in wenigen Minuten zum Gasthaus Langreiter) und gehen links am Wiesenweg entlang. Vorbei an einer Wasserstelle queren wir den Handlgrabenbach und unterschreiten die Eisenbahn. Zur Rechten befindet sich im Sohlstollen ein alter Förderwagen. Kurz danach unterschreiten wir wieder die Bahnstrecke nach links und überqueren eine Wiese. Nach einer weiteren Wiesenfläche führt uns eine Forststraße zum **Bremshaus** am **Kohlberg** ❸.

Kurz danach verlassen wir die Straße rechts auf einen Waldpfad, überqueren auf einem abfallenden Steg neuerlich die Bahnstrecke und folgen der sichtbaren Trasse einer alten Schrägbahn durch eine mit Steinmauern begrenzte Gasse zum Vordernberger Bach mit Blick zu einem alten Pulver-

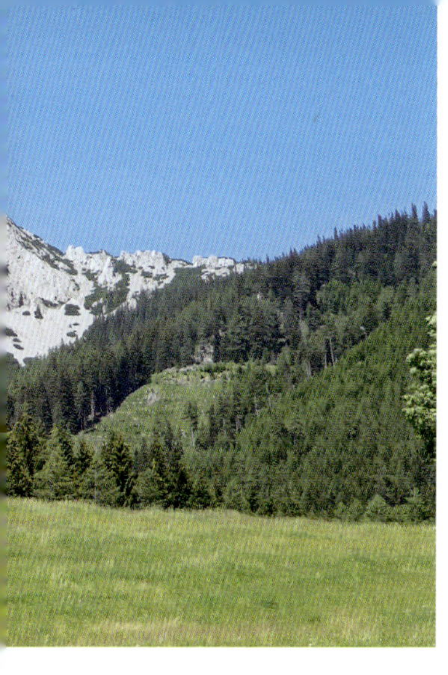

turm. Links am Wiesenweg weiter, nach einem Weidedurchgang links, am Waldrand wiederum rechts in den Wald und über einen Steg auf Wiesengelände. Vorbei an einem alten Erzmagazin, wandern wir immer im Nahbereich des Baches an einem Stollen vorbei zu den Überresten der **Laurenzi-Erzröstanlage** 4, welche wir rechts über einen Steg erreichen und besichtigen können.
Kurze Zeit später landen wir, wieder neben dem Bach gehend, an einer Asphaltstraße, folgen dieser geradeaus zum renovierten Alten Stollenhaus und spazieren am Wiesenweg weiter, rechts von uns plätschert der Vordernberger Bach talwärts. Wir nähern uns dem Ort Vordernberg, passieren eine historische **Erzschütthalde** 5 und biegen links auf den Johann-Dulnig-Weg ab. Nach etwa 200 m steigen wir rechts am Beginn einer Steinmauer über eine Stiege und einen schmalen Pfad abwärts, umgehen einen alten Ofen, wenden uns an der Straße nach links und spazieren am **Hochofenmuseum Radwerk IV** vorbei zum Hauptplatz von **Vordernberg** 6.

Gemäuer der alten Erzröstanlage Laurenzi.

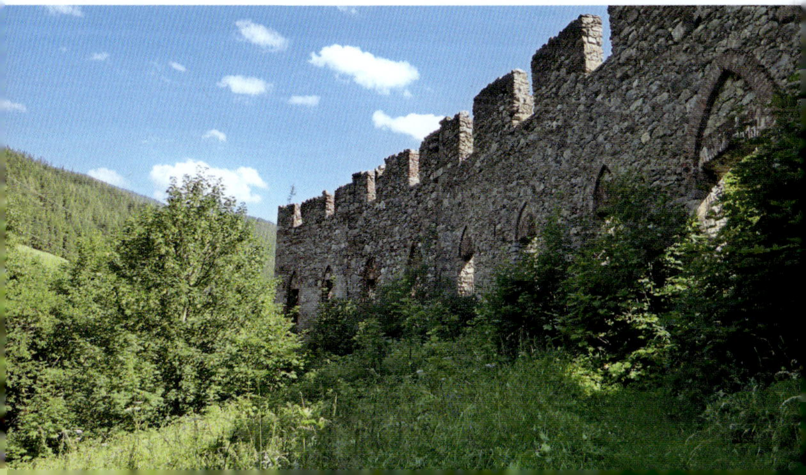

↗ 1180 m | ↘ 790 m | 15.1 km

47 Zirbenkogel, 1740 m, und Leobner Mauer, 1870 m

6.00 h

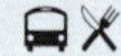

Aussichtsreicher Höhenweg mit felsigem Abschluss

Die Aussicht vom 1628 m Hohen Schilling (umgerechnet 118,31 Euro) könnte zwar etwas ergiebiger sein, der folgende Höhenweg über Himmelkogel, Zirbenkogel bis hin zur Leobner Mauer (siehe Tour 44) entschädigt dann aber mit Ausblicken Richtung Trenchtling und Eisenerzer Reichenstein für die anfängliche Enttäuschung. Ein Geheimtipp mit einigen Gipfelzielen in einem doch recht gut besuchten Wandergebiet.

Wegmarkierung voraus, im Hintergrund der Zirbenkogel.

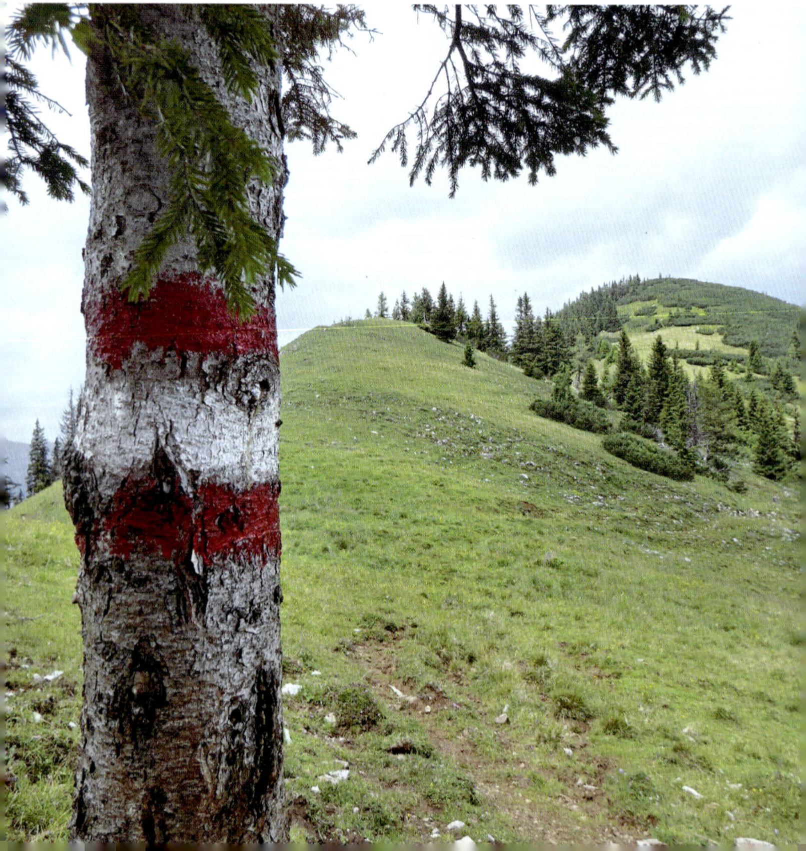

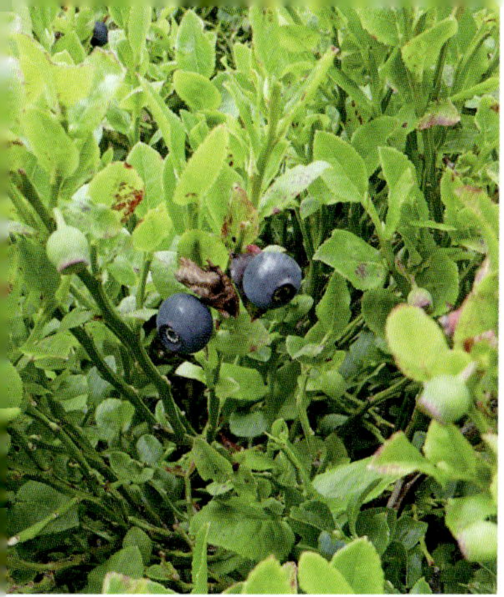

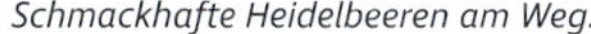

Schmackhafte Heidelbeeren am Weg.

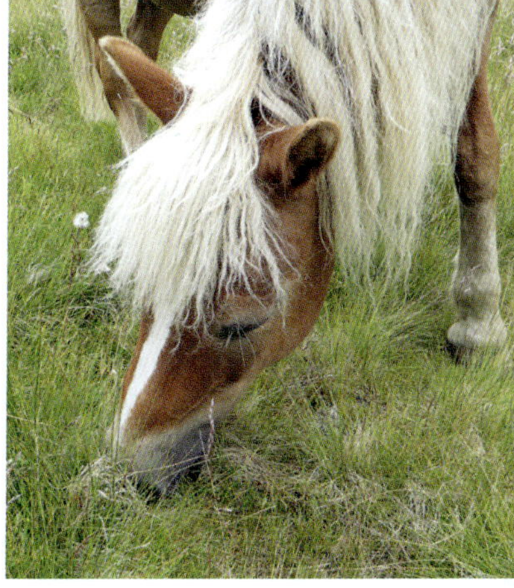

Lässt es sich schmecken auf der Almweide.

Ausgangspunkt: Bushaltestelle Vordernberg Hauptplatz, 839 m. Mit dem Auto von der A 9 kommend bis Traboch, dann auf der B 115 nach Trofaiach und weiter nach Vordernberg. Von der S 6 kommend über Leoben und die B 115a nach Trofaiach, weiter wie bereits beschrieben. Von Norden herkommend über B 115 von Eisenerz über Hieflau (hierhin über die B 146 von Admont oder B 115 von Steyr bzw. B 25 von Göstling an der Ybbs). Gebührenfreie Parkplätze im Ortszentrum.
ÖPNV: Mit dem Bus 820 vom Bahnhof Leoben zum genannten Ausgangspunkt (stündlich Montag bis Samstag, Sonntag zweistündlich).

Endpunkt: Bushaltestelle Präbichl Passhöhe, 1226 m (siehe Tour 44).
Anforderungen: Nahezu durchgehend markiert, über die Hochfläche und den Zirbenkogel zur Leobner Mauer teils keine Markierungen, aber sichtbarer Weg. Rund um die Leobner Mauer Schrofengelände, grundsätzlich unschwierige Wanderwege.
Einkehr: Leobner Hütte (siehe Tour 44).
Varianten: 1. Umgehung des Zirbenkogels durch markierte Latschengasse.
2. Umgehung der Leobner Mauer auf der Ostseite (siehe Tour 44).
3. Abstieg über Knappensteig (seilversicherte Stelle) von der Leobner Hütte 8 zur Präbichl Passhöhe (siehe Tour 45).

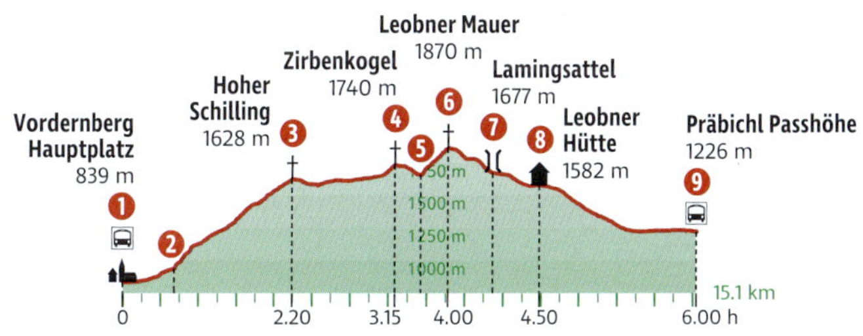

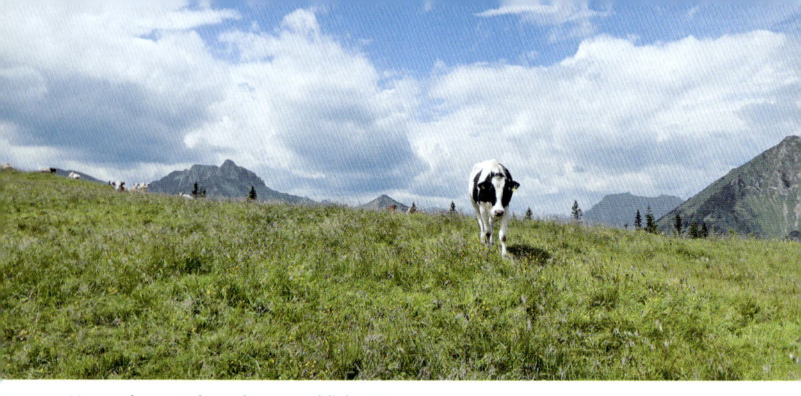

Na wer kommt denn da angeschlichen?

Vom Hauptplatz in **Vordernberg** ❶ wandern wir links zum Hochofenmuseum Radwerk IV, spazieren auf der Peter-Tunner-Straße weiter und biegen nach Parkplätzen rechts über eine Brücke ab. Wir umgehen alte Kohlbarrenhäuser, begehen eine Rechtskehre, biegen links auf den Erzwanderweg ab und gehen bis zu einer querenden Baumreihe. Davor steigen wir rechts über die Wiese zur Bahnstrecke hoch, queren diese und folgen dem aufwärts führenden Waldpfad. Dieser mündet in einen Karrenweg, wir halten uns rechts und an der Forststraße scharf links. In der Rechtskehre führt ein markierter **Steig** ❷ bergwärts.

An einer verwachsenen Forststraße angekommen, führt rechts ein schmaler Pfad über den Dachsberg, wir gehen links auf der Forststraße entlang und genießen die Ausblicke zur Laurentikirche und nach Präbichl. Bei der kommenden Forststraße wechseln wir gut markiert auf einen Waldsteig. Stetig bergwärts auf gut sichtbaren Pfaden, die immer wieder von Forststraßen unterbrochen sind. Vorbei an Heidelbeerfeldern, erreichen wir alsbald eine kleine Wasserfläche und kurz darauf den **Hohen Schilling** ❸, einen eher unscheinbaren und bewaldeten Gipfel. Dieser ist jedoch von weiteren Heidelbeeren überzogen, es lohnt sich also, zur richtigen Jahreszeit – im August – dort vorbeizuwandern.

Der schönste Teil der Strecke beginnt erst ab hier. Wir überschreiten den Höhenrücken in nordwestlicher Richtung; vorbei an Weidezäunen steigen wir hinab in einen Sattel bei einem Umkehrplatz. Rechts vorbei am Tümpel, wandern wir zur Wiesenfläche hinauf, umgehen den Himmelkogel, 1628 m, durchqueren kurz danach ein Waldstück und steigen anschließend sanft auf die Rotschütt hoch. Vorbei an einigen Tümpeln nähern wir uns dem Zirbenkogel, verlassen den markierten Weg vor dem Latschenfeld nach links und folgen dem Kamm bergwärts. Nun halten wir Ausschau nach dem weiteren Pfad, der sichtbar durch die Latschengasse führt. Nach kurzem Aufstieg haben wir den **Zirbenkogel** ❹ erreicht. Sollte uns der Aufstieg durch die Latschen nicht reizen, umgehen wir den Zirbenkogel einfach am markierten und aussichtsreichen Wanderweg.

Auf der Gegenseite können wir abermals durch eine etwas längere Latschengasse zur **Kohleben-Jagdhütte** 5 absteigen. Wir erblicken vor uns bereits das markante Gipfel-Windrad auf dem Felsklotz. Vorbei an der Hütte führt uns der teils schroffe Aufstiegsweg direkt zum Gipfel der **Leobner Mauer** 6. Von hier steigen wir wie bei Tour 44 über Ochsenboden und **Lamingsattel** 7 zur **Leobner Hütte** 8 und über die Forststraße im Handlgraben sowie die Laufstraße zur **Passhöhe Präbichl** 9 und zur Bushaltestelle ab.

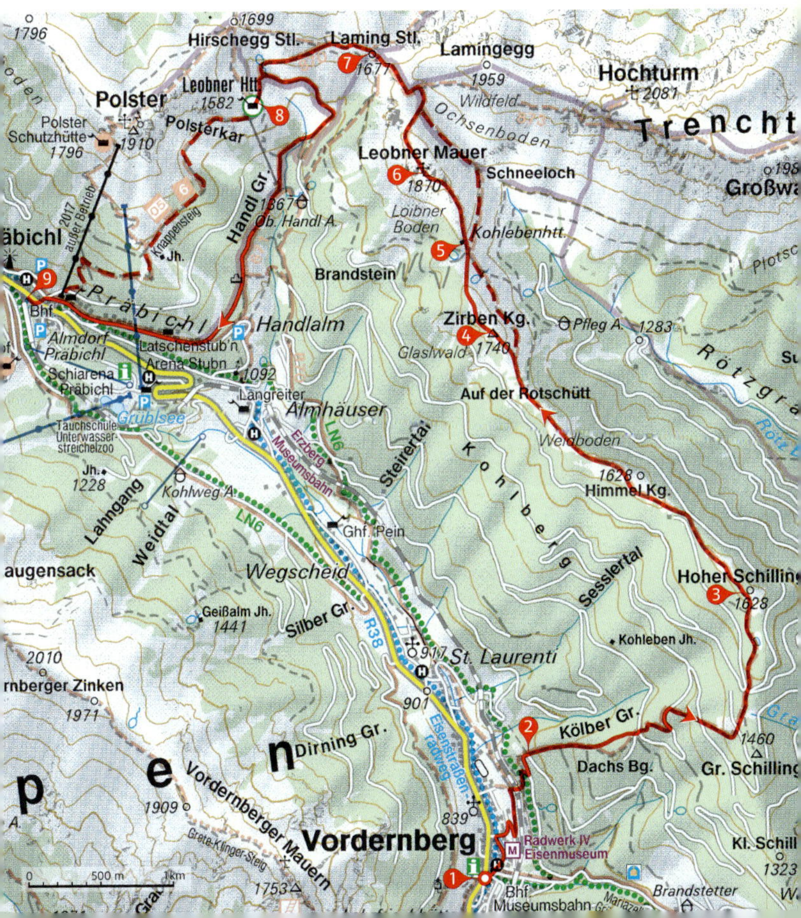

↗ 930 m | ↘ 930 m | 13.0 km

5.00 h

48 Auf den Thalerkogel, 1655 m

Sanfter Aussichtsberg für alle Jahreszeiten

Der Thalerkogel gilt als inoffizielle Aussichtswarte zwischen Trofaiach und Tragößß. Dank der Alleinstellung des Kogels eröffnet sich ein grandioser Rundumblick auf das Hochschwab-Massiv, die Eisenerzer und Fischbacher Alpen sowie auf die Gleinalpe. Die beiden Rastbänke mitsamt Tischen stehen nicht umsonst am lohnenden Gipfel.

Ausgangspunkt: Parkplatz Rötzgraben, 732 m. Mit dem Auto auf der A 9 bis Ausfahrt Traboch, auf B 115 nach Trofaiach, auf der Rötzstraße zum Ausgangspunkt. Von der S 6 kommend über Leoben und B 115a nach Trofaiach, weiter wie beschrieben. Gebührenfreier Parkplatz für 4–6 Autos am Ausgangspunkt. Sollte kein Platz mehr vorhanden sein, weiter auf der Rötzstraße und nach der Brücke auf Freibereich parken (hier kommt man vom Thalerkogel wieder herunter).
ÖPNV: Rein öffentliche Anreise nicht sinnvoll. Alternativ mit dem Bus 820 vom Bahnhof Leoben zum Busterminal Trofaiach (stündlich Montag bis Samstag, Sonntag zweistündlich), weiter mit Taxidienst Fraiß: Tel. +43 3842 22039.
Anforderungen: Unschwierige und durchgehend markierte Wanderwege und Forststraßen. Nordseitiger Abstieg vom Gipfel kurz etwas steiler und rutschig, aber unproblematisch.
Einkehr: Unterwegs keine Einkehrmöglichkeit. Proviant ist selbst mitzunehmen.
Tipp: Genügend Zeit für eine Gipfelrast einplanen, der Rundblick ist fantastisch!

Gipfelrast am Thalerkogel.

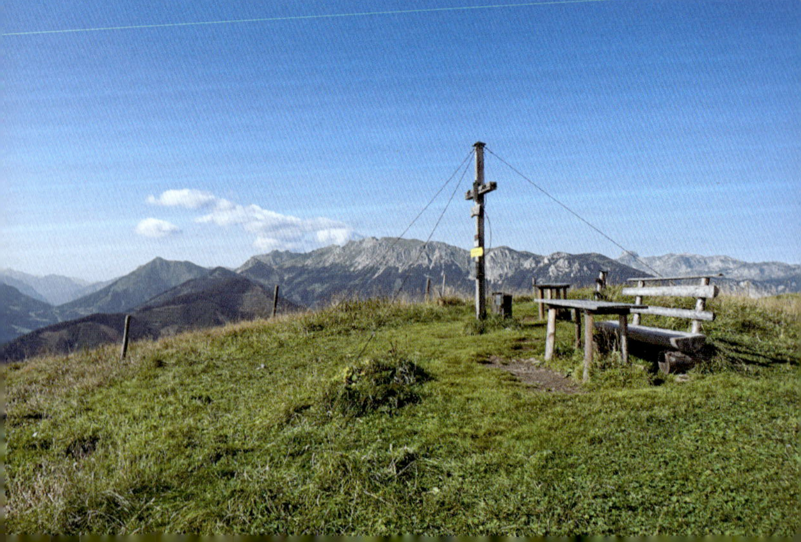

Vom Parkplatz im **Rötzgraben** ❶ auf der markierten Forststraße in das Treffning-Tal (Nr. 881) an vereinzelt stehenden Häusern vorbei zu einer **Gabelung** ❷ direkt vor einem Haus. Hier links dem markierten Weg bergwärts folgen. An der kommenden Gabelung rechts halten, nach einer Rechtskehre links auf den Waldsteig wechseln. An der **Kosakhütte** ❸ mit Wasserstelle blicken nach wir rechts und entdecken neben den Forststraßen einen bergwärts führenden Karrenweg. Je höher wir steigen, desto mehr können wir bereits erahnen, welche Aussicht uns am Thalerkogel erwartet.

Der Kammweg führt uns stets bergwärts, und nach einer kleinen Serpentine haben wir das Gipfelkreuz am **Thalerkogel** ❹ erreicht. Rastbänke und Tische laden zum Verzehr des mitgebrachten Proviants ein. Faszinierend ist hier der Rundumblick auf die umliegenden Gipfel und Täler sowie der Ausblick nach Norden auf das Hochschwab-Massiv: Vom Ebenstein im Norden überblicken wir das Massiv ostwärts bis zur Bürgeralm, dahinter zeigt sich sogar die Veitsch.

Der Abstieg erfolgt nordseitig, mit Blick auf Tragöß und die Meßnerin, kurzzeitig etwas steiler als gewohnt an diesem Tag. Am Ende einer Wiese links (Wegweiser »Rötzgraben«), den Thalerbach querend bis zur **Thaleralm** ❺. Ab hier auf der Forststraße zur Straße in der Rötz absteigen. Zur Linken begehen wir diese wieder retour zum **Ausgangspunkt** ❶.

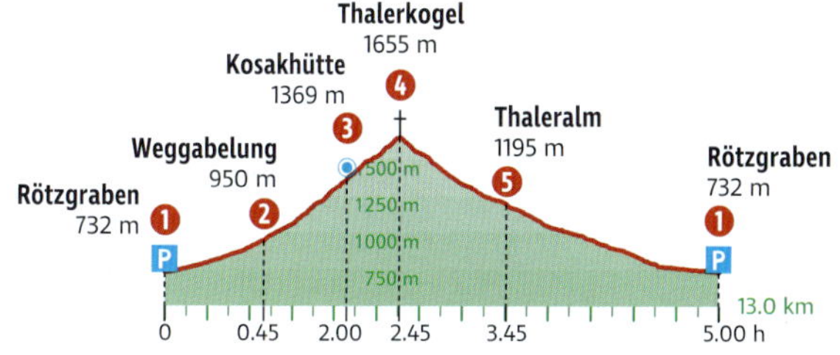

↗ 590 m | ↘ 590 m | 11.4 km

49 Vom Trasttal auf den Kletschachkogel, 1457 m

3.45 h

Sonnenüberfluteter Gipfel abseits der touristischen Pfade

Im unmittelbaren Nahbereich der drei Städte Trofaiach, Leoben und Bruck an der Mur schraubt sich der Kletschachkogel sanft in die Höhe. Und dennoch finden die Menschenmassen ihre Wege meist nicht auf den aussichtsreichen Gipfel. Orientierungsfreudige Wanderer werden mit einem südseitig ausgerichteten Bergpanorama belohnt.

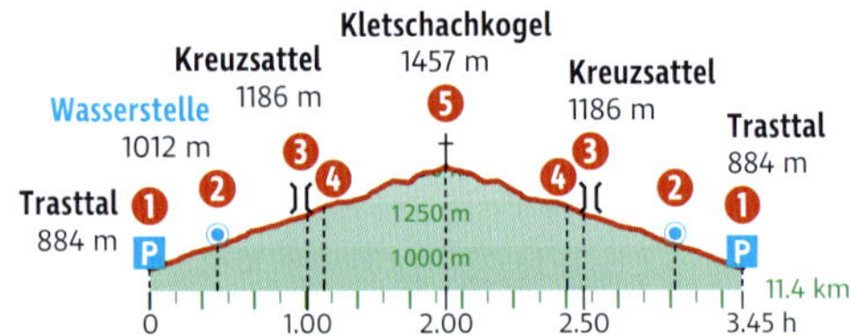

Ausgangspunkt: Parkplatz Trasttal, 884 m. Mit dem Auto von der A 9 kommend bis Ausfahrt Traboch, auf B 115 nach Trofaiach, auf der Laintalstraße durch Laintal bis ans Talende auf einer Schotterstraße. Von der S 6 kommend über Leoben und B 115a nach Trofaiach, weiter wie beschrieben. Zwei gebührenfreie Parkplätze für 4–6 Autos am Ausgangspunkt. Sollte kein Platz mehr sein, bereits in Laintal parken. Fußweg von Laintal zum Ausgangspunkt ca. 30 Min.
ÖPNV: Rein öffentliche Anreise nicht sinnvoll. Alternativ mit dem Bus 820 vom Bahnhof Leoben zum Busterminal Trofaiach (stündlich Montag bis Samstag, Sonntag zweistündlich), weiter mit Taxidienst Fraiß: Tel. +43 3842 22039.
Anforderungen: Unschwierige, meist markierte Wanderwege, teils sehr schmale Pfade. Kurz nach dem Kreuzsattel den Abzweiger nicht verpassen. Wer am Rattnertörl landet, ist zu weit gegangen.
Einkehr: Direkt am Weg keine Einkehrmöglichkeit. Kletschachalm ca. 30 Min. zu Fuß vom Kletschachkogel entfernt, der Almstraße folgend; einfach bewirtschaftet Juni bis September.

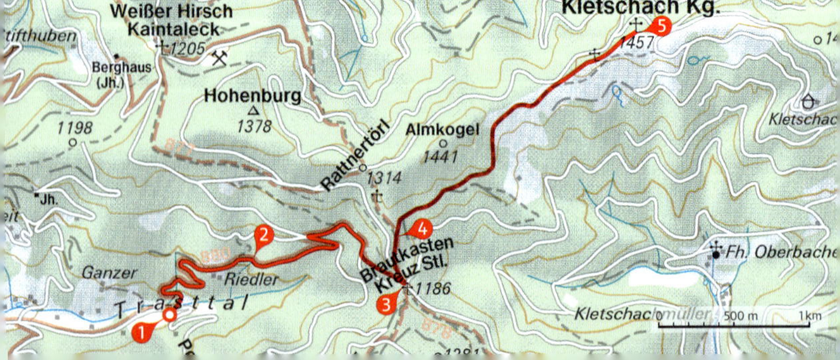

Vom Parkplatz im **Trasttal** ❶ links über den Trasttalbach und auf der Forststraße weiter. Auch die Befahrung mit Mountainbikes ist hier erlaubt. Die Straße führt stetig bergwärts, vorbei an einem Haus mit Nebengebäude zu einer **Wasserstelle** ❷. An der kommenden Straßenkreuzung links, rund 3 Min. danach scharf rechts auf einen Karrenweg. Kurz nach einem Hochsitz in einer Rechtskurve biegen wir, noch vor einer querenden Stromleitung, links auf einen bergwärts führenden Pfad ab, der uns direkt zum **Kreuzsattel** ❸ mit Rastplatz und Wegbuch bringt.

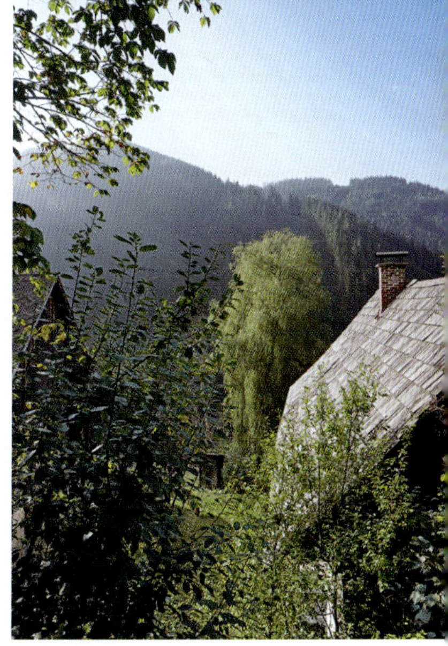

Morgenlicht im Trasttal.

Hier scharf links auf den Weg Richtung »Kletschach-Alm« (Holzwegweiser). Kurz danach unterhalb der Stromleitung rechts auf einen ansteigenden Trampelpfad wechseln. Wir wandern eben durch den Wald. Nach einer Linkskurve, kurz bevor das Gelände wieder leicht ansteigt, wechseln wir an einer Y-förmigen **Gabelung** ❹ eher unscheinbar halb rechts auf den Trampelpfad, ignorieren also die am linken Weg ersichtliche Markierung.

Nach einer Rechtskurve und wenigen Aufstiegsmetern gehen wir geradeaus kurzzeitig flach weiter, beachten also Pfade links und rechts nicht. Wir folgen dem teils verwachsenen Karrenweg, ehe links ein Waldsteig abzweigt (Holzwegweiser »Kletschach-Alm«). Dieser führt oft sehr schmal am Waldhang entlang und anschließend etwas steiler bergwärts durch zwei Weidedurchlässe. Wir verlassen den Wald, landen auf saftigen Almwiesen und folgen der Almstraße um eine Linkskurve zu einem Sattel. Hier bildet der weitere Kammverlauf zum Gipfel die Trennung zwischen Wald und Weide und genau diesem Kammweg folgen wir, an einem Wegkreuz vorbei, zum Gipfelkreuz am **Kletschachkogel** ❺ mit Rastplatz. Markant präsentiert sich die Südwand der Pribitz, dahinter zeigt sich das Hochschwab-Massiv vom Brandstein bis hin zum Hochschwab-Gipfel. In Gegenrichtung erspähen wir im Süden Ausläufer der Stadt Leoben, ihren Hausberg – die Mugel – sowie auch das Grazer Bergland.

Gelüstet es uns nach einer Einkehr, spazieren wir auf der Almstraße unterhalb des Kletschachkogels weiter und landen nach 30 Min. bei der einfach bewirtschafteten Kletschachalm. Ansonsten erfolgt der **Abstieg** wie der Anstieg.

↗ 220 m | ↘ 220 m | 5.8 km

50 Montanhistorischer Wanderweg Leoben

2.00 h

Auf den Spuren der Leobner Bergknappen

Die Stadt Leoben ist untrennbar mit Bergbau und Hüttenwesen verbunden und ist einer der bedeutendsten Standorte der österreichischen Stahl- und Eisenindustrie. Am beschilderten Montanhistorischen Wanderweg entdecken wir alte Schächte, in Felsen geschlagene Kapellen und alte Standorte des Bergbaus im Leobner Seegraben. Spannende Waldwege und Ausblicke auf die Stadt bereichern diesen Rundwanderweg.

Ausgangspunkt: Bergmannsdenkmal neben Bushaltestelle Leoben Volksschule Seegraben, 550 m. Mit dem Auto von der S 6 kommend, Ausfahrt Leoben Ost, auf Kärntner Straße stadteinwärts, rechts nach Zentralfriedhof auf Kreuzfeldweg abbiegen. Nach der Murbrücke rechts abbiegen, über Bahngleise hinweg zum Ausgangspunkt. Gebührenfreier Parkplatz im Seegraben.
ÖPNV: Mit dem Stadtbus 30 vom Bahnhof Leoben zum genannten Ausgangspunkt (verkehrt Montag bis Samstag stündlich, Sonntag zweistündlich). Alternativ vom Bahnhof Leoben ca. 20 Min. Fußweg zum Ausgangspunkt bzw. frühere Einstiegsmöglichkeit nach Fußgängerübergang (siehe Wegbeschreibung) in Tour möglich.
Anforderungen: Unschwierige, durchgehend markierte (grün-schwarz) oder beschilderte Wanderwege.
Einkehr: Gasthaus Barbara-Heuriger; geöffnet jeden 2. und 4. Sonntag im Monat. Pizzeria Coretto am Bahnhof Leoben; durchgehend geöffnet. Weitere Gaststätten im Zentrum von Leoben.
Tipp: Besuch des MuseumsCenter Leoben mit Erlebniswelt zu 2000 Jahren Stadt-, Regional- und Montangeschichte.

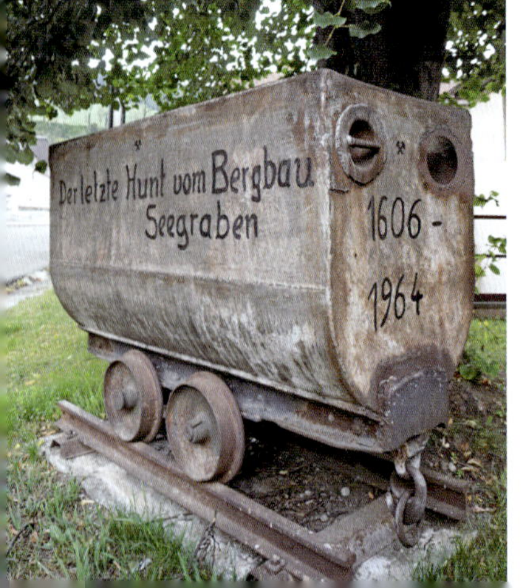

Im Jahr 1964 verließ dieser Hunt die Stollen im Seegraben.

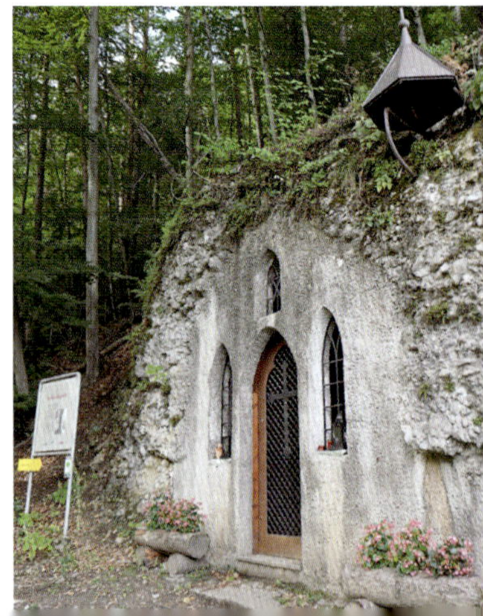
Die von Bergknappen angelegte Barbarakapelle.

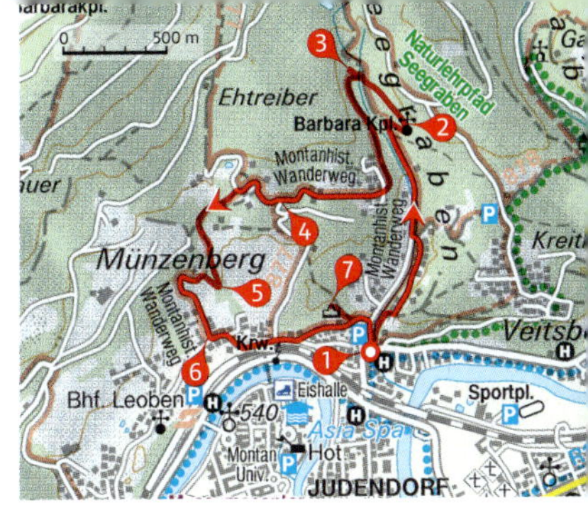

Vom **Bergmannsdenkmal** ❶ am Beginn des Seegrabens begehen wir den Weg »Am Sturz« rechts vom Seegrabenbach. Der Waldpfad führt zu einer Straße, hier links, vorbei an einem Schaubienenstock hinab zur Seegrabenstraße. Dieser nun leicht ansteigend folgen; zur Linken weist uns eine Infotafel am Tennisplatz auf den früheren »Wartinbergschacht« hin. Bei einer scharfen Linkskurve biegen wir rechts ab und steigen auf einem schmalen Steig zur **Barbarakapelle** ❷ hoch. Um das Jahr 1860 legten Bergknappen diese Felskapelle an, die heilige Barbara gilt als Schutzpatronin der Bergleute.

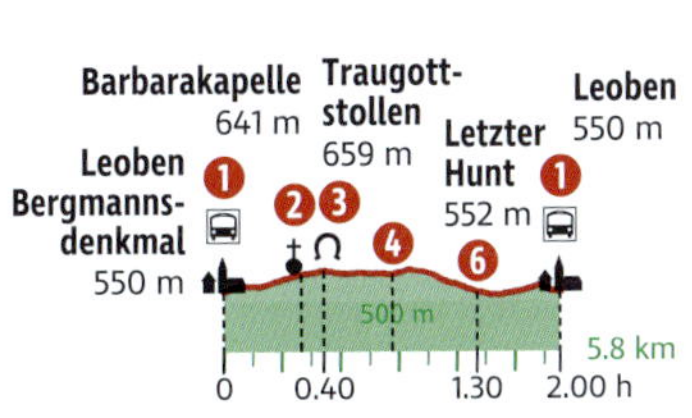

Scharf links gehen wir flach weiter, erreichen wiederum die Seegrabenstraße, queren diese aber geradeaus auf eine Waldstraße (Fahrverbot). In einer Linkskurve führt rechts ein Trampelpfad zum **Traugottstollen** ❸ und einem alten Förderwagen (auch »Hunt« genannt). Wir wandern auf der Waldstraße weiter, vorbei an einer alten Eisstockbahn zu einer Ansiedlung. Vor einem alten Fachwerkhaus biegen wir rechts ab und folgen der Asphaltstraße am Bremsberg vorbei zu einer **Straßenkreuzung** ❹. Sehnen wir uns nach einer Abkürzung, können wir hier links die Maskenbergstraße abwärts gehen. Der Montanhistorische Wanderweg führt aber geradewegs leicht ansteigend um zwei Kurven und verlässt die Straße bei einer Rechtskurve links in den Wald. Nahezu wildromantisch verläuft der folgende Waldweg über Holzstiegen, Stege und an Wasserquellen vorbei hinab zur Ansiedlung am oberen **Münzenberg** ❺.

Wir begehen die Asphaltstraße weiterhin abwärts, passieren das selten geöffnete Gasthaus Barbara-Heuriger und die alten Anna-Schächte und biegen nach dem **»letzten Hunt vom Bergbau Seegraben«** ❻ links auf die Münzenbergstraße ab. Zur Rechten erblicken wir einen Fußgängerübergang über die Bahngleise und Bundesstraße – diese begehen wir, wenn wir direkt zum Bahnhof Leoben gehen wollen. Der weitere Weg zum Ausgangspunkt führt kurz danach links in den Josefinweg. Nach den Häusern gibt es noch die Möglichkeit, links auf einem Waldweg zu einem **Mahnmal** ❼ für die beiden Weltkriege und zu weiteren Aussichtspunkten mit Blick auf Leoben aufzusteigen.

Wieder zurück am Hauptweg, biegen wir bei der alten Bergdirektion rechts ab und landen nach wenigen Metern wieder am **Bergmannsdenkmal** ❶.

↗ 650 m | ↘ 650 m | 13.0 km

51 Von Bruck an der Mur auf das Madereck, 1050 m

4.30 h

Auf den Hausberg von Bruck

Das Madereck gilt – auch dank dem Almgasthaus Puster – als beliebtes Wander- und Mountainbikeziel. Großteils erfolgt der Aufstieg im schattigen Wald, die breite Gipfelwiese eröffnet dafür einige sehenswerte Ausblicke. Reizvoll sind auch der Schlossberg sowie das historische Zentrum von Bruck an der Mur.

Ausgangspunkt: Bahnhof Bruck an der Mur, 488 m.
ÖPNV: Fernverkehrsbahnhof Bruck an der Mur erreichbar von Wien, Graz und Klagenfurt.
Anforderungen: Unschwierige Wanderwege und Asphaltstraßen. Meist markierte Wege im Wald, grundsätzlich ist aber Orientierungssinn notwendig.

Einkehr: Almgasthaus Puster am Madereck; ganzjährig geöffnet (Ruhetag: Mo, Di). Gaststätten in Bruck an der Mur.
Tipps: Besichtigung des Schlossbergs, Spaziergang im Zentrum von Bruck an der Mur und viele Sehenswürdigkeiten auf einmal entdecken. – Gut essen, trinken und schlafen im Baderhaus direkt an der Mur.

Saftige Almwiesen am Weg zum Madereck.

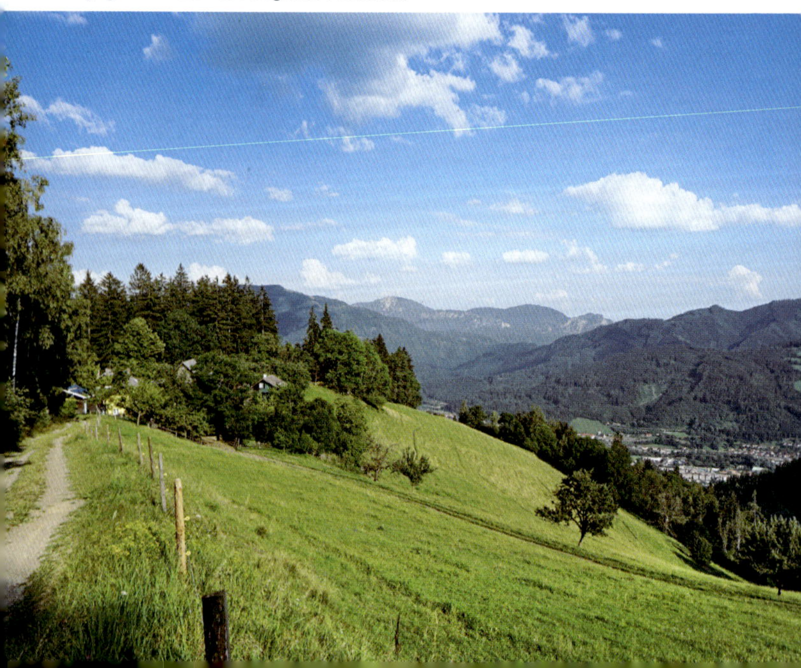

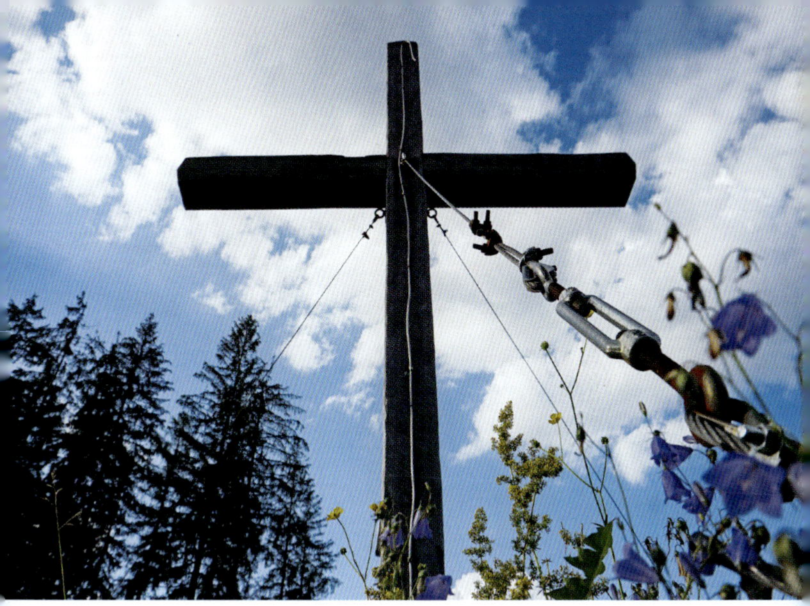

Gipfelkreuz am Madereck.

Vom Bahnhof **Bruck an der Mur** ❶ spazieren wir die Bahnhofstraße entlang, überschreiten die Mürz und queren die Bundesstraße in eine schräg nach links führende Gasse. Gleich danach rechts in die Herzog-Ernst-Gasse, nach wenigen Metern wiederum rechts in die Kupferschmiedgasse wechseln. Zur Rechten über eine Steinstiege hinauf zum **Schlossberg** ❷. Vom Uhrturm blicken wir erstmals auf die Innenstadt, weitere Ausblicke ergeben sich links bei der Stuckhütte mit ausgestellten alten Kanonen.
Für den Weiterweg biegen wir nach den Kanonen halb links auf einen Stufenweg ab und folgen dem Wegverlauf zuerst absteigend, dann wieder aufwärts durch einen Mauerdurchgang über eine Wiese. Am kommenden

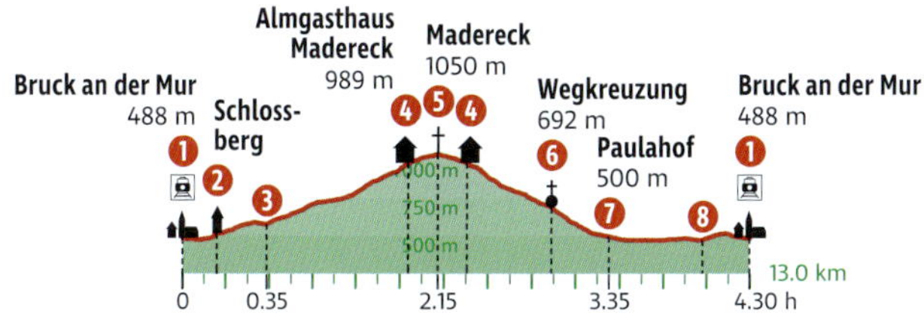

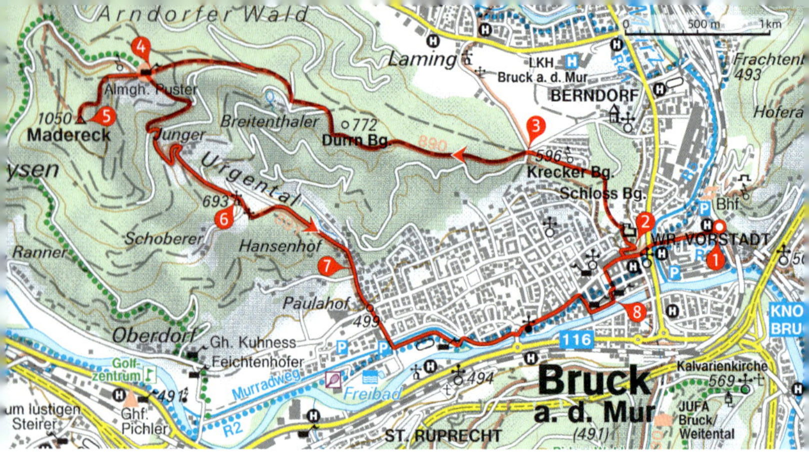

Waldpfad leicht bergab, wieder einige Stufen aufwärts und sofort scharf links über angelegte Stufen bergwärts. Der folgende Weg zwischen Sträuchern führt zu einer Siedlungsstraße, dieser links zu einer **Kreuzung** ❸ folgen.

Nahe dem Ortsschild »Bruck a.d.Mur« links auf die bergwärts führende Forststraße, Markierung und Beschilderung »Madereck«. Auf der Kies- und Sandstraße an einem Wohnhaus vorbei, an der kommenden Wegkreuzung rechts und kurz danach wiederum links auf einen ansteigenden Karrenweg und weiterführend einen markierten Waldpfad wechseln. Der Weg verschmälert sich, führt bei einer Kehre auf eine Forststraße; wir halten uns links und biegen nach wenigen Metern links auf einen sichtbaren Trampelpfad ab, der uns direkt zum **Almgasthaus am Madereck** ❹ führt.

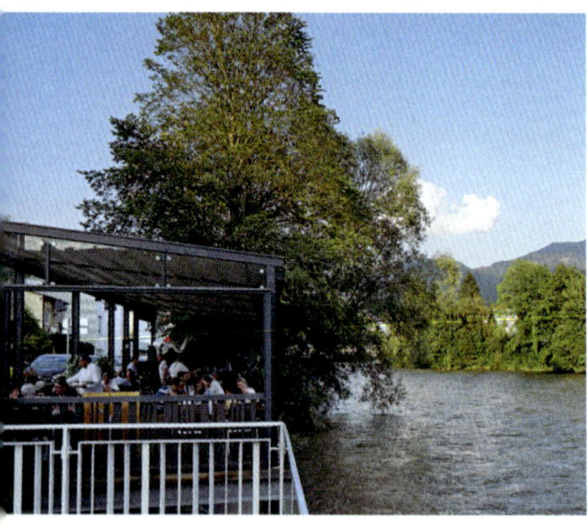

Die Mur zum Greifen nah.

Wir wandern rechts daran vorbei und wechseln gleich danach links zwischen Wasserbrunnen und Hackschnitzellager auf den Karrenweg. Aussichtsreich steigen wir hoch, halten uns an einer Gabelung am Waldrand links und bei der kommenden Wiesengabelung rechts, vor uns erblicken wir bereits das Gipfelkreuz. Nach kurzem Aufstieg in einem leichten Linksbogen haben wir das **Madereck** ❺ mit seinen Rastbänken erreicht.

Der Abstieg erfolgt zunächst wieder retour zum **Almgasthaus** 4, dann an diesem und am Spielplatz links vorbei und am gut sichtbaren Wiesenpfad abwärts zu einer querenden Forststraße. Stetig absteigend und markiert erreichen wir ein Gehöft, dort scharf rechts dem Verlauf der Kiesstraße zu einer Wegkreuzung mit **Kapelle** 6 folgen. Geradeaus auf einen Karrenweg, die folgende Wiese großräumig abwärts ausgehen und rechts über ein Waldstück zum Ortsschild »Bruck a.d.Mur«.
Hier wandern wir auf der Siedlungsstraße abwärts, vorbei am **Paulahof** 7, und kommen über den Murkanal zum Sportzentrum. Links an den vielen Parkplätzen entlang zum Ende der Straße, wiederum den Murkanal queren und rechts auf Murinselallee wechseln. Wir spazieren entlang der Mur mit Blick zur Rechten auf die Kirche St. Ruprecht, am folgenden Kreisverkehr geradeaus in die Dr.-Theodor-Körner-Straße, vorbei am Murpark und einer Volksschule, rechts in den Veroliweg, bevor wir links zum Schifferturm an die Mur absteigen.
Links gelangen wir zum **Baderhaus** 8 mit Murplattform und Meerjungfrau, davor über eine Treppe zum Koloman-Wallisch-Platz, dem Hauptplatz von Bruck. An dessen oberen Ende gehen wir rechts in die Herzog-Ernst-Gasse und weiter retour zum Hauptbahnhof von **Bruck an der Mur** 1.

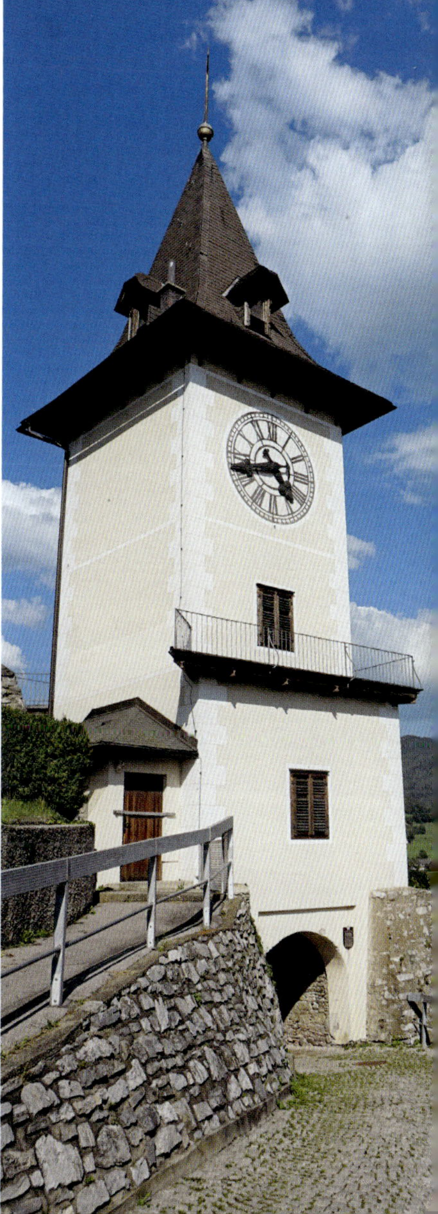

Das Pendant zum Grazer Uhrturm am Brucker Schlossberg.

↗ 1830 m | ↘ 2430 m | 44.0 km

52 Hochschwab-Überschreitung von Osten nach Westen

3 Tage

In drei Tagen den Hochschwab mit all seinen Facetten kennenlernen

Die vielen Einzeltouren in diesem Buch zeigen das Hochschwab-Gebiet von unterschiedlichen Seiten, erzeugen Bergfreude und geben Einblick in die Landschaft, Kulinarik und auch Lebensweise. Die Hochschwab-Überquerung vom Seebergsattel zum Leopoldsteinersee bzw. zur Passhöhe am Präbichl vereint all diese Eindrücke zu einem Gesamtkunstwerk. Wie wir auch diese Überschreitung anlegen: Sie wird uns lange in Erinnerung bleiben. Der Hochschwab – ein Berg zum Verlieben.

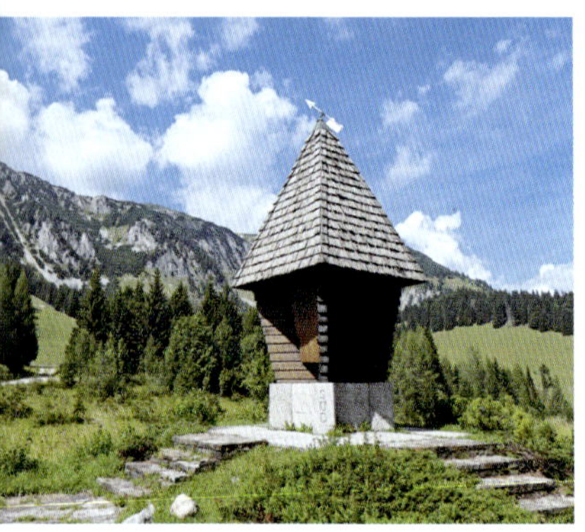

Start am Weitwandererkreuz am Seebergsattel.

Ausgangspunkt: Bushaltestelle Seeberg Passhöhe, 1246 m (siehe Tour 1).
Endpunkt: Parkplatz Leopoldsteinersee bzw. Bushaltestelle Münichtal Kaiserschildstraße. Busse im Stundentakt über Eisenerz und Trofaiach zum Bahnhof Leoben (auch Fernzüge) (siehe Tour 39). Variante: Bushaltestelle Präbichl Passhöhe. Stündliche Verbindung über Trofaiach zum Bahnhof Leoben (s. Tour 44).
Anforderungen: Durchgehend markierte Wanderwege, unschwierige Pfade. Bei Schlechtwetter und Nebel dennoch guter Orientierungssinn erforderlich bzw. von der Tour abzuraten. Bei Sturm in Talnähe bleiben.
Einkehr/Nächtigung: Schiestlhaus (siehe Tour 1). Voisthaler Hütte (Tour 1). Häuslalmhütte (Tour 16). Sonnschienhütte

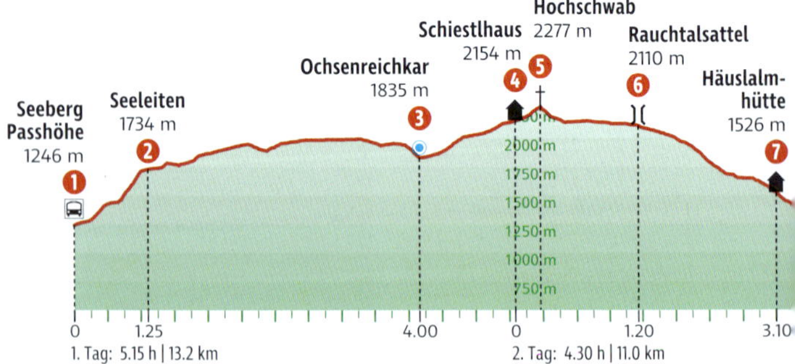

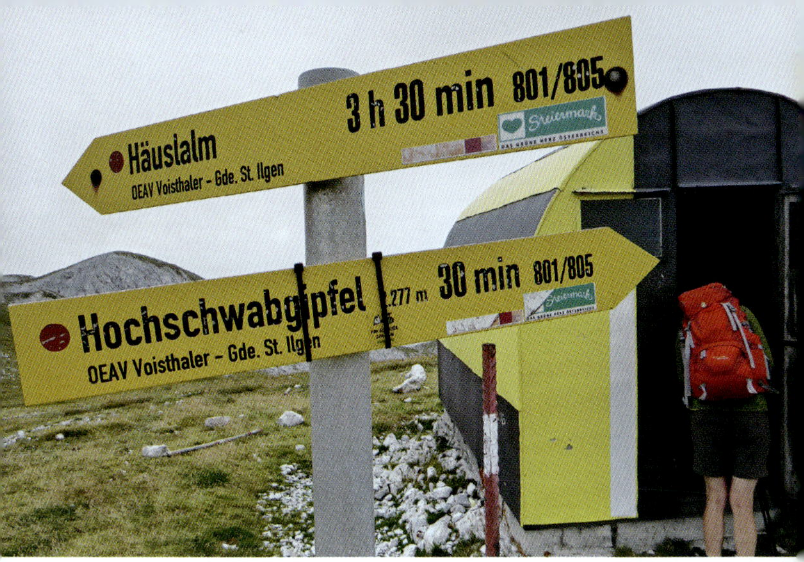

Ist da noch jemand im Fleischer-Biwak? Aufstehen!

(Tour 19). Androthalm (Tour 26) Restaurant Leopoldsteinersee Seestüberl (Tour 39). Variante: Leobner Hütte (Tour 44).
Varianten: 1. Insbesondere bei Schlechtwetter empfiehlt sich der Zustieg zum Schiestlhaus von Seewiesen über Voisthaler Hütte; 4.30 Std. (s. Tour 4). 2. Abstieg von der Sonnschienhütte bzw. von Stoanbrunn ⑩ zur Präbichl Passhöhe über Kulmalm und Leobner Hütte am Nord-Süd-Weg 05, s. Seite 185. Gesamte Strecke vom Seebergsattel nach Präbichl: 15–17 Std. Gehzeit; 40,3 km; 1970 Hm im Anstieg, 2000 Hm im Abstieg.
Hinweis: Jagdsperre von Mitte September bis Mitte Oktober, Häuslalmhütte und Sonnschienhütte sind in dieser Zeit geschlossen!

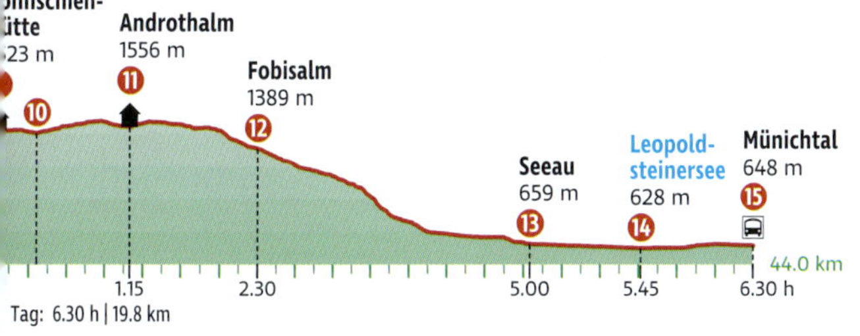

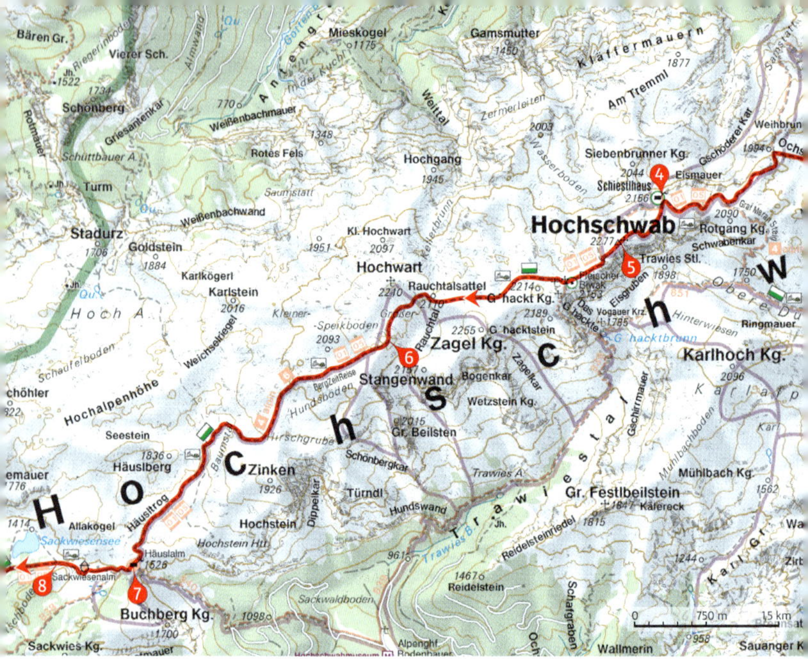

Nahe der Ringkarwand mit tiefen Ausblicken.

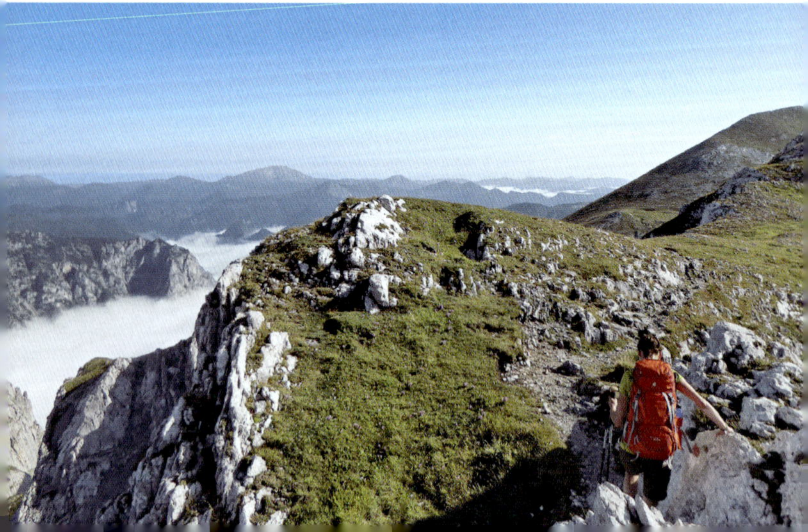

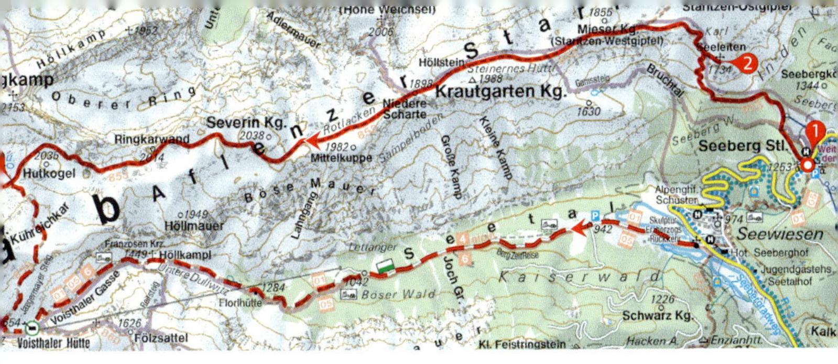

1. Tag: Seebergsattel – Seeleiten – Aflenzer Staritzen – Schiestlhaus

5.15 Std., 1250 Hm Anstieg, 340 Hm Abstieg, 13,2 km
Variante: Aufstieg von Seewiesen über Seetal und Voisthaler Hütte (s. Tour 4).
Zusatzstrecke: Hochweichsel, 2006 m, ab Niederer Scharte; rund 1 Std. hin und retour.

Die Vorfreude auf die kommenden Tage ist riesengroß. Das Hochschwab-Massiv in seiner reinsten Form steht am Wanderprogramm, dazu zwei Hüttennächtigungen, aussichtsreiche Höhenwege, urige Almen, ein idyllischer See und schroffe Felswände. Doch alles der Reihe nach. Von der Bushaltestelle **Seeberg Passhöhe** ❶ steigen wir am markierten Ludwig-Wagner-Steig auf die **Seeleiten** ❷ hoch und können uns im Gipfelbuch eintragen. In den kommenden Stunden überqueren wir den aussichtsreichen Höhenrücken der Aflenzer Staritzen, der gänzlich unproblematisch westwärts führt. Von der Niederen Scharte, 1897 m, lohnt sich ein Abstecher auf die Hochweichsel, 2006 m.

Nahe der Geländekante an der Ringkarwand blicken wir hinab in einen imposanten Talkessel, auch »Ring« genannt. Wir umgehen den Hutkogel und steigen hinab in das **Ochsenreichkar** ❸ mit einer Wasserquelle. Bei Problemen kann man hier unschwierig zur Voisthaler Hütte absteigen. Vom Ochsenreichkar steigen wir bergwärts zu einer Wegkreuzung, biegen links zum Rotgangboden ab und landen nach kurzer Wegstrecke am **Schiestlhaus** ❹, dem ersten hochalpinen Passivhaus, eröffnet im Jahr 2005. Der benachbarte Altbau wurde abgetragen.

Haben wir noch nicht genug Bewegung abbekommen, erklimmen wir die nahe liegende Eismauer oder steigen sogar noch zum Gipfelkreuz des Hochschwabs auf. In Sommermonaten sind Nachmittags- bzw. Abendgewitter keine Seltenheit, diese können mitunter heftig ausfallen. So erfüllt das Schiestlhaus als Schutzhütte ihren Zweck perfekt. Und kulinarisch spielt das Hüttenteam sowieso alle Stücke. Zur späteren Stunde lohnt sich ein Blick westwärts, wenn uns der Sonnenuntergang hinter der Riegerin im Salzatal in die Nacht entlässt.

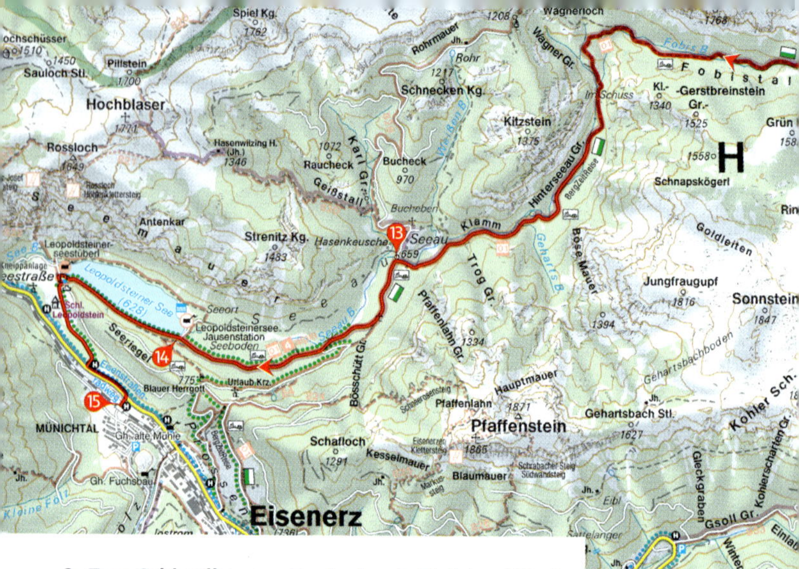

2. Tag: Schiestlhaus – Hochschwab-Gipfel – Häuslalm – Sackwiesensee – Sonnschienhütte

4.30 Std., 310 Hm Anstieg, 950 Hm Abstieg, 11,0 km

Zusatzstrecken: Von der Häuslalmhütte auf den Buchbergkogel, 1700 m; steil, unmarkiert, 45 Min. hin und retour (siehe Tour 18). Von der Sonnschienhütte auf die Pribitz (Tour 28) oder den Ebenstein (Tour 29).

Mit einem Sonnenaufgang starten wir perfekt in den zweiten Tag der Hochschwab-Überschreitung. Ist uns dieser nicht vergönnt, erhellt uns zumindest das Hüttenteam mit einem umfangreichen und schmackhaften Frühstück den Morgen. Wir kehren dem **Schiestlhaus** 4 unsere Rucksäcke zu und steigen links haltend, der Stangenmarkierung folgend, zum Gipfelkreuz am **Hochschwab** 5 empor. Mit seinen 2277 Metern kommen wir am Schwaben keinen Meter mehr höher, die Rundumsicht ist entsprechend fantastisch. Frühaufsteher erleben hier sogar den Sonnenaufgang.

Für die weitere Überschreitung steigen wir hinab zum **Fleischer-Biwak** und folgen den markierten Weitwanderwegen Nordalpenweg 01 und Nord-Süd-Weg 05 an einigen leicht zu besteigenden 2000ern vorbei in den **Rauchtalsattel** 6. An die sanft abfallenden Hundsböden schließt eine felsige Latschenlandschaft an, die uns auf schmäler werdenden Pfaden zur urigen **Häuslalmhütte** 7 mit ihren ganz besonderen Schmankerln leitet. Gipfel-

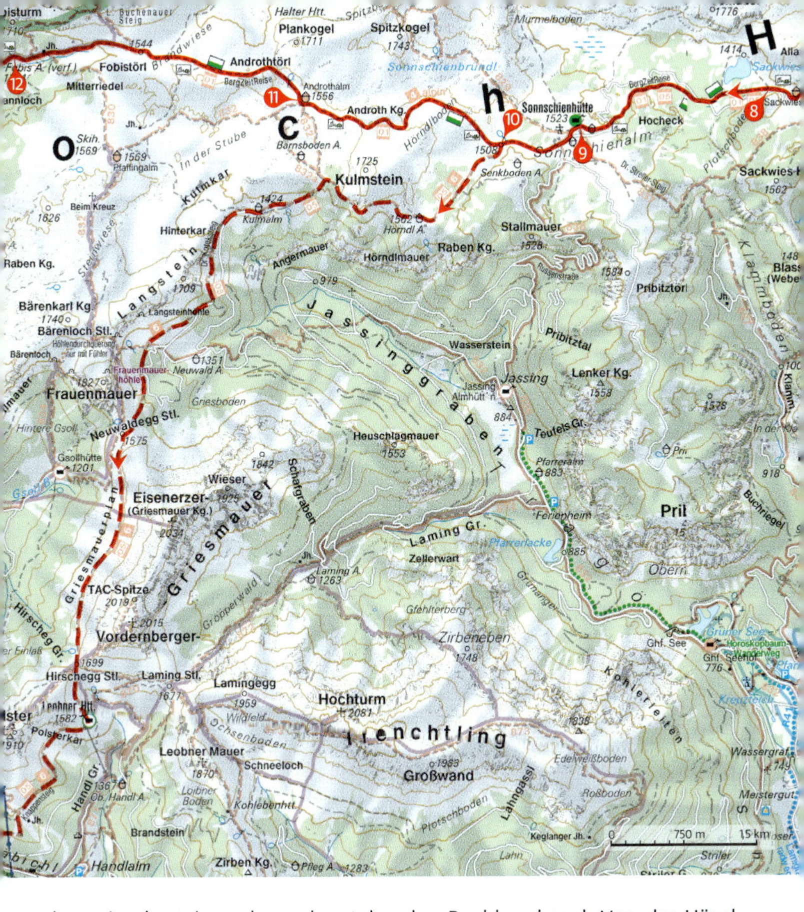

hungrige besteigen den nahe stehenden Buchbergkogel. Von der Häuslalm gehen wir zur ruhig gelegenen Sackwiesenalm und über eine kleine Geländestufe zum nicht minder idyllischen **Sackwiesensee** 8. Die weitere Wegstrecke verläuft unschwierig durch Hochwaldgelände zur weitläufigen Sonnschienalm. Nomen est omen – wir queren das Almgelände und lassen uns auf der Sonnenterrasse der **Sonnschienhütte** 9 nieder. Spüren wir noch ein Jucken in den Beinen, können wir eine Gipfeltour auf die Pribitz oder den Ebenstein einlegen. Ansonsten lohnt sich ein gemütlicher Spaziergang rund um die Sonnschienalm, um den zweiten Tag genussvoll ausklingen zu lassen.

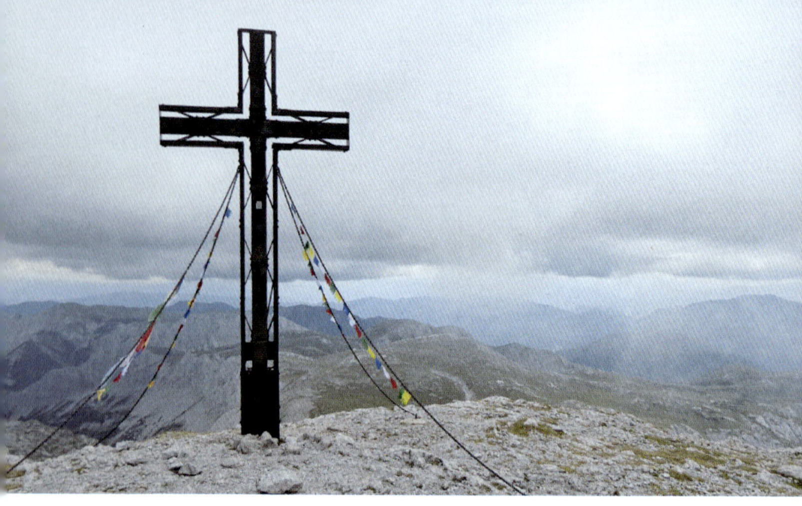

Höher geht's am Hochschwab nicht mehr.

3. Tag: Sonnschienhütte – Androthalm – Fobisalm – Seeau – Leopoldsteinersee

6.30 Std., 250 Hm Anstieg, 1140 Hm Abstieg, 19,8 km
Zusatzstrecke: Brandstein, 2003 m, ab Fobistörl; rund 2 Std. hin und retour.

Es geht abwärts mit uns, im wahrsten Sinn des Wortes. Begleitet von den morgendlichen Sonnenstrahlen, wandern wir von der **Sonnschienhütte** 9 zur Wegkreuzung **Stoanbrunn** 10. Hier zweigt links der Nord-Süd-Weg 05 Richtung Kulmalm ab (siehe Variante auf der rechten Seite).
Um den Leopoldsteinersee zu erreichen, wählen wir den rechts verlaufenden Nordalpenweg 01 zur **Androthalm** 11. Über Androthtörl, 1600 m, und Fobistörl, 1554 m, passieren wir den markanten Brandstein, der auch gerne erstiegen werden will (siehe Tour 30). An der verfallenen **Fobisalm** 12 vorbei wandern wir nahe am rauschenden Fobisbach talwärts, steigen am Schotterpfad steil hinab durch den »Schuss« in den Hinterseeaugraben und landen am Talgrund der **Seeau** 13.
Von hier ist es nur mehr ein gemütlicher Spaziergang zum **Leopoldsteinersee** 14, der zwischen Pfaffenstein und der imposanten Seemauer eingebettet liegt. Am Ostufer können wir es uns auf den Schotterbänken gemütlich machen und gerne auch die Frische des Sees am eigenen Leib erspüren. Die letzte kulinarische Stärkung der denkwürdigen Hochschwab-Überschreitung erfahren wir am Seestüberl am Westufer.
Schließlich geht es noch am Schloss Leopoldstein vorbei zur Bundesstraße; zur Linken in der Siedlung **Münichtal** 15 befindet sich die Bushaltestelle.

Variante: Sonnschienhütte – Kulmalm – Neuwaldeggsattel – Leobner Hütte – Präbichl Passhöhe
5.00 Std., 390 Hm Anstieg, 710 Hm Abstieg, 13,7 km

Wollen wir die Überschreitung nicht mit einem erfrischenden Seeblick, sondern mit einem imposanten Felsblick abschließen, wählen wir an der Wegkreuzung **Stoanbrunn** ⑩ den Nord-Süd-Weg 05 Richtung Kulmalm. Dieser verbindet anfänglich zur Hörndlalm an der Kulmspitze vorbei zur **Kulmalm**. Weiter am »Dr.-Kotek-Steig« wandern wir unterhalb der Langstein-Wand entlang, zur Linken erblicken wir unterhalb die Neuwaldalm und steigen unterhalb der Frauenmauer auf den **Neuwaldeggsattel**. Vor uns erstreckt sich bereits die schroffe Griesmauer, während wir uns leicht ansteigend dem **Hirscheggsattel** nähern. Zur Linken fasziniert der imposante Fledermausgrat, links davon leitet ein Aufstiegsweg zu zwei Gipfelzielen: der TAC-Spitze und der Vordernberger Griesmauer (siehe Tour 45). Zur Rechten erreichen wir etwas einfacher den Polster.
Geradeaus steigen wir zur **Leobner Hütte** ab und lassen auf der Sonnenterrasse bei einer Erfrischung die letzten Tage Revue passieren. Am Knappensteig wandern wir direkt hinab zur **Passhöhe** am **Präbichl** mit der Bushaltestelle.

Blick zur Jausenstation am Ostufer des Leopoldsteinersees.

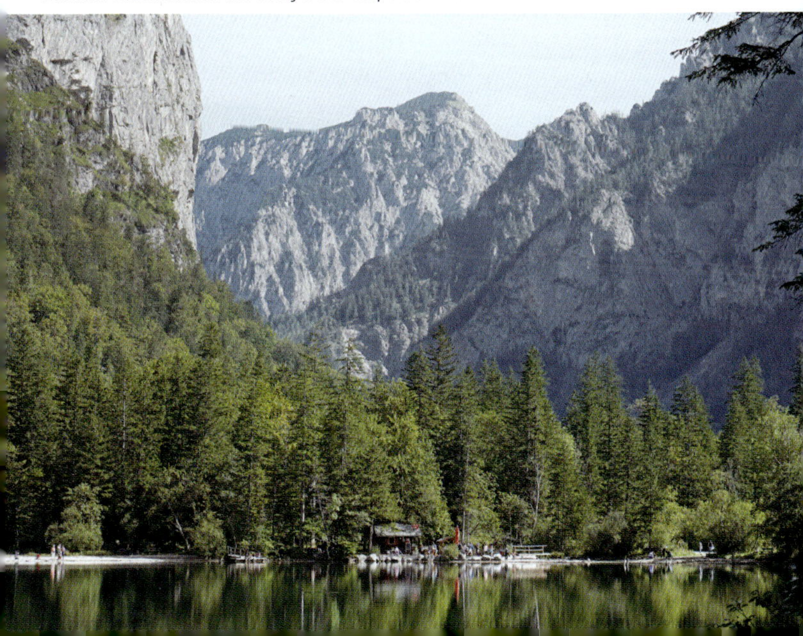

STICHWORTVERZEICHNIS

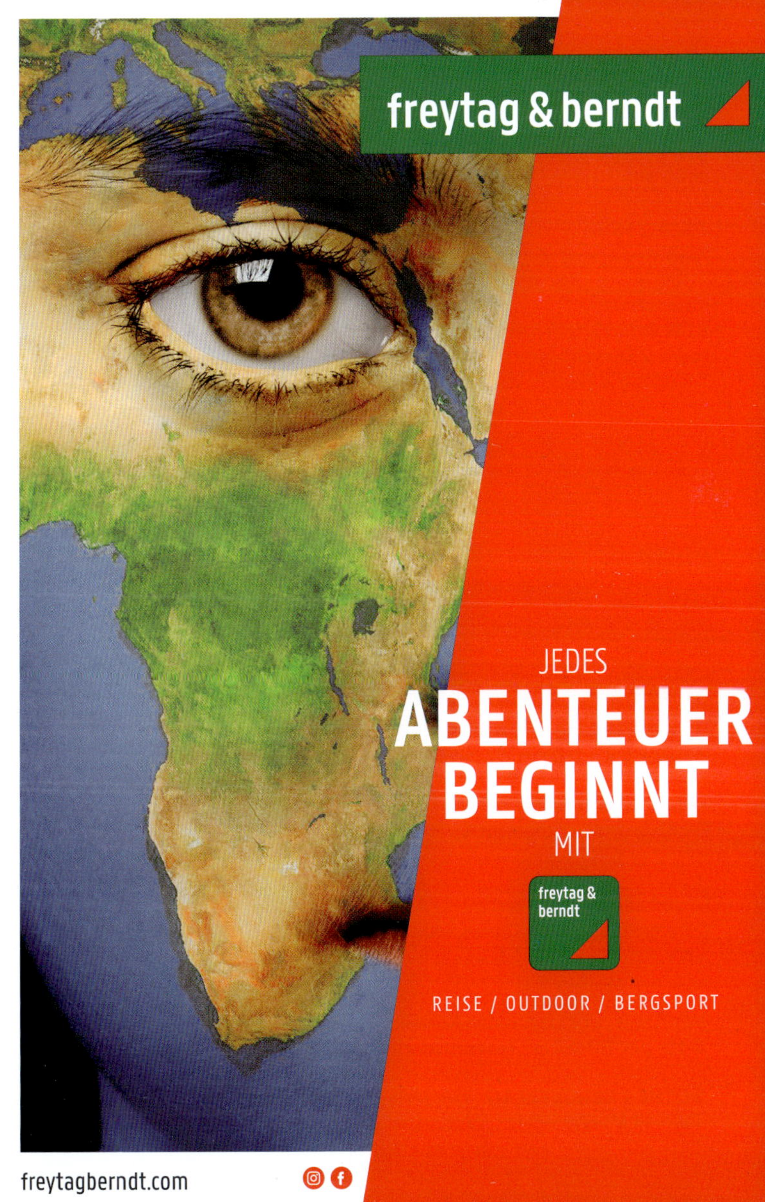

freytag & berndt
JEDES
ABENTEUER
BEGINNT
MIT
freytag & berndt
REISE / OUTDOOR / BERGSPORT
freytagberndt.com

Umschlagbild: Am Weg zum Gipfel des Höchsteins (Tour 5).

Bild im Innentitel: Buntes Treiben am Weg zum Zlackensattel (Tour 12).

Bild auf den Seiten 30/31: Am Ebenstein den Fernblick genießen (Tour 29).

Alle 162 Fotos vom Autor, ausgenommen die Fotos der Seiten 17 (Bernhard Voska) und 49 (Danja Stiegler).

Kartografie:
52 Wanderkärtchen im Maßstab 1:50.000 und 1:75.000
sowie 2 Übersichtskärtchen im Maßstab 1:225.000 und 1:450.000
© Freytag & Berndt, Wien

Die Ausarbeitung aller in diesem Führer beschriebenen Wanderungen erfolgte nach bestem Wissen und Gewissen des Autors. Die Benutzung dieses Führers geschieht auf eigenes Risiko. Soweit gesetzlich zulässig, wird eine Haftung für etwaige Unfälle und Schäden jeder Art aus keinem Rechtsgrund übernommen.

8., vollständig neu bearbeitete Auflage 2021

ISBN 978-3-7633-4582-3

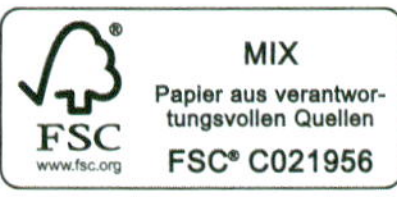

Wir freuen uns über jeden Korrekturhinweis zu diesem Wanderführer!
Bitte per E-Mail an: leserzuschrift@rother.de

ROTHER BERGVERLAG · Keltenring 17 · D-82041 Oberhaching
Tel. +49 89 608669-0 · www.rother.de